भारतीय राजनीतिक चिंतन में विचार एवं संस्थाएँ

भारतीय राजनीतिक चिंतन में विचार एवं संस्थाएँ

शुभ्रा परमार
सहायक प्रोफेसर
राजनीतिक विज्ञान विभाग, भगिनी निवेदिता कॉलेज
दिल्ली विश्वविद्यालय

PHI Learning Private Limited
Delhi-110092
2025

In fond memory of ***Shri Asoke K. Ghosh*** *(October 1942 – February 2024), Founder Chairman and Managing Director of PHI Learning, whose vision endlessly inspires.*

The Legacy Continues....

Published by Pushpita Ghosh, PHI Learning Private Limited, Rimjhim House, 111, Patparganj Industrial Estate, Delhi-110092 and Printed by Syndicate Binders, A-20, Hosiery Complex, Noida, Phase-II Extension, Noida-201305 (N.C.R. Delhi).

₹450.00

भारतीय राजनीतिक चिंतन में विचार एवं संस्थाएँ
शुभ्रा परमार

ISBN-978-93-5443-831-8 (Print Book)
ISBN-978-93-5443-986-5 (e-Book)

विषय सूची

प्रस्तावना .... *xi*
आभार .... *xiii*

अध्याय 1: प्राचीन भारत में राज्य शिल्प 1

1.1 राज्य और राष्ट्र को समझना 1
1.2 राज्य कला को समझना 4
1.3 बेनी प्रसाद द्वारा प्राचीन भारत में राज्य की व्याख्या 6
1.4 राज्य का हिंदू सिद्धांत: बेनॉय कुमार सरकार द्वारा व्याख्या 7
1.4.1 हमें राज्य की आवश्यकता क्यों है? 8
1.4.2 प्रकृति की स्थिति क्या है? 9
1.4.3 राज्य का हिंदू सिद्धांत 9
1.4.4 राज्य की उत्पत्ति 9
1.4.5 राज्य के तत्व 10
1.5 प्राचीन भारत में राज्य शिल्प 10
1.6 राज्य का हिंदू सिद्धांत 11
1.6.1 मत्स्य-न्याय का सिद्धांत (मछली का तर्क) 11
1.7 दंड का सिद्धांत 13
1.8 प्राचीन भारत में राज्य कला (राज्य की उत्पत्ति का हिंदू सिद्धांत) 13
1.9 भारतीय राजनीति में शासन कला को समझने के लिए विभिन्न ऐतिहासिक स्रोत 14
1.10 राज्य की उत्पत्ति का सिद्धांत [हिंदू राजनीतिक विचार] 15
1.10.1 मनुस्मृति 15
1.10.2 महाभारत 16
1.10.3 कौटिल्य का अर्थशास्त्र (प्रशासकों के लिए एक नियमावली) 16
1.10.4 राजत्व का हिंदू आदर्श 17
1.10.5 जैन धर्म और बौद्ध धर्म 18

1.10.6 महाजनपद और मगध 18

1.10.7 मौर्य और उनकी दुनिया 19

1.10.8 कृषि और शहरीकरण 20

1.11 राजत्व/राज्य कला की उत्पत्ति के सिद्धांत 20

1.11.1 हिंदू राजनीतिक विचार के अनुसार राजा/शासक के कर्तव्य और दायित्व... 20

1.11.2 राजा को कैसा व्यवहार करना चाहिए: राजसी गुण 21

1.11.3 राजत्व से जुड़े समारोह 22

1.12 राज्य की उत्पत्ति के विभिन्न सिद्धांत 22

1.12.1 सामाजिक अनुबंध सिद्धांत 22

1.12.2 दैवीय उत्पत्ति सिद्धांत 22

1.12.3 जैविक सिद्धांत 23

1.13 भारत की व्याख्या के विभिन्न पहलू 24

1.13.1 भारत की राजनीतिक व्याख्या 24

1.13.2 भारत की भौगोलिक व्याख्या 25

1.13.3 भारत की सांस्कृतिक व्याख्या 26

1.13.4 भारत की साहित्यिक व्याख्या 27

1.13.5 बेनी प्रसाद द्वारा प्राचीन भारत की भौगोलिक व्याख्या 28

1.13.6 भारत की नस्लीय व्याख्या 30

1.14 अभ्यास के लिए मॉडल प्रश्न 30

References 31

अध्याय 2: धम्म/धर्म की अवधारणा 33

2.1 परिचय 33

2.2 धर्म: इतिहासलेखन का अवलोकन 34

2.3 धम्म की बौद्ध व्याख्या 41

2.4 बौद्ध धर्म के मुख्य सिद्धांत 42

2.5 जॉन रॉस कार्टर की धम्म की व्याख्या 43

2.5.1 धम्म के पाँच पारंपरिक अर्थ 43

2.6 रूपर्ट गेथिन की धम्म की व्याख्या 44

2.6.1 धम्म के छह मूल अर्थ 44

2.7 निकाय: धम्म के उपयोग 45

2.7.1 सिद्धांत का विस्तृत अन्वेषण 45

2.7.2 तकनीकी अभिधम्म समझ: 45

2.7.3 पारलौकिक धम्म और त्रिगुणात्मक विभाजन 46

2.8 धम्म की बौद्ध समझ का विकास 46

2.9 मार्गरेट चटर्जी द्वारा धम्म की अवधारणा 48

2.10 मानव अस्तित्व के विभिन्न पहलू 49

2.11 अशोक का धम्म 49

2.12 अशोक के शिलालेख तालिका 50

2.13 धर्म और धम्म: तुलनात्मक विश्लेषण (समानताएँ और अंतर) 51

2.14 अभ्यास के लिए मॉडल प्रश्न 53

References 53

अध्याय 3: दंड 56

3.1 दंड की अवधारणा 56

3.2 डोनाल्ड आर. डेविस की "दंड" की व्याख्या : 57

3.3 "दंड" शब्द के कई अर्थ 58

3.4 दंडनीति का अर्थ 59

3.5 दंड या दंड की अवधारणा का विभिन्न दस्तावेजों में उल्लेख 60

3.6 दंड: न्याय का प्रशासन 61

3.7 दण्डनीति 61

3.8 डोनाल्ड आर. डेविस जूनियर द्वारा हिंदू कानून की भावना में सत्यनिष्ठा और पुनर्वास (दंड) 62

3.9 दंडनीति: शासन की कला और विज्ञान, बल का प्रशासन 62

3.10 दंड के प्रकार 63

3.11 दंड की विशेषताएँ 63

3.12 दण्ड का सिद्धांत 64

3.13 प्राचीन काल में दंड के निवारक 65

3.13.1 निवारक दण्ड व्यवस्था 65

3.13.2 सुधारात्मक दण्ड व्यवस्था 65

3.13.3 प्रतीकात्मक दण्ड व्यवस्था 65

3.13.4 प्रतिशोध और शोषण दंड 65

3.13.5 संयम और सुधार दंड 66

3.13.6 आनुपातिक दंड 66

3.14 हिंदू कानून की भावना में सदाचार और पुनर्वास (दंड), डोनाल्ड आर. डेविस जूनियर द्वारा दी गई व्याख्या 66

3.15 दंड प्रशासन में शासन की सक्रिय भूमिका 66

3.16 दंड की सकारात्मक भूमिका 66

3.17 बेंजामिन का दृष्टिकोण 67

3.18 सरकार का दृष्टिकोण 67

3.19 अभ्यास के लिए मॉडल प्रश्न 69

References 69

अध्याय 4: न्याय और नीति 70

4.1 भारतीय संदर्भ में न्याय की संकल्पना 70
4.2 न्याय के विभिन्न रूप 71
4.3 प्राचीन भारत के विचारकों के अनुसार न्याय और नीति 72
4.4 न्याय और नीति पर कौटिल्य का दृष्टिकोण 74
4.5 न्याय और नीति पर मनु के विचार 76
4.6 कामंदक का नीति सार 76
4.7 न्याय के विविध आयाम 78
4.8 प्राचीन भारत में न्यायिक प्रणाली 79
4.9 दर्शन: भारतीय दर्शन 80
4.10 न्यायशास्त्र के रूप में न्याय 80
4.11 न्याय को समझना 81
4.12 न्याय के मूल सिद्धांत 82
4.13 प्राचीन न्याय-व्यवस्था की कुछ विशेषतायें 83
4.14 नीति का अर्थ और परिभाषा 83
4.14.1 शुक्रनीति के प्रमुख विषय (मुख्य बिंदु) 84
4.15 स्मृतियाँ: पुराण 88
4.16 न्याय की अवधारणा 88
4.17 न्याय: परिभाषाएँ (विभिन्न विचारकों का दृष्टिकोण) 88
4.18 न्याय के प्रकार 89
4.18.1 प्रक्रियात्मक न्याय 89
4.18.2 प्रतिशोधात्मक न्याय 89
4.19 नीति: न्याय पर संस्थागत और व्यवस्था केंद्रित दृष्टिकोण 89
4.20 न्याय: न्याय पर बोध केंद्रित दृष्टिकोण 90
4.21 न्याय का सिद्धांत—जॉन रॉल्स 90
4.21.1 न्याय का पहला सिद्धांत 91
4.21.2 न्याय का दूसरा सिद्धांत 92
4.22 अमर्त्य सेन का न्याय पर दृष्टिकोण 93
4.23 तुलनात्मक न्याय 93
4.24 अभ्यास के लिए मॉडल प्रश्न 96
References 96

अध्याय 5: सभा और समिति 97

5.1 परिचय 97
5.2 वैदिक युग को समझना 98
5.3 राजन सभा और समिति विधाता 103

5.4 सभा और समिति 104
5.5 सभा और समिति के बीच अंतर और संबंध 105
5.6 सभा और समिति के मुख्य कार्य 107
5.7 वैदिक काल में गैर-राजतंत्रीय या गणतंत्रात्मक शासन प्रणाली, जगदीश पी. शर्मा द्वारा व्याख्या 108
5.8 प्राचीन भारत की संस्थाओं का नामकरण 109
5.8.1 संस्थाओं की संरचना 109
5.8.2 सभा की सरकार 110
5.8.3 सभा और समिति का शासन 110
5.8.4 राजाओं और समिति की सरकार 112
5.9 अभ्यास के लिए पिछले मॉडल प्रश्न 114
References 114

अध्याय 6: राष्ट्र और राज्य 115
6.1 राष्ट्र की प्रकृति 118
6.2 भारतीय राज्य की उत्पत्ति और विकास 121
6.3 राष्ट्र की संकल्पना 121
6.4 कुछ अवधारणाओं की उत्पत्ति: शतपथ ब्राह्मण का साक्ष्य 125
6.5 भारतीय राज्य की उत्पत्ति और विकास 126
6.6 राष्ट्र-राज्य 127
6.7 राष्ट्र बनाम राज्य 127
6.8 सावरकर की हिंदू राष्ट्र की अवधारणा 128
6.9 पार्थ चटर्जी की राष्ट्र की व्याख्या 129
6.10 ए.एस. अल्तेकर की राष्ट्र-राज्य की अवधारणा 130
6.11 अभ्यास के लिए मॉडल प्रश्न 132
References 132

अध्याय 7: जाति और वर्ण 133
7.1 जाति और वर्ण का ऐतिहासिक विकास 133
7.2 वर्ण और जाति का परिचय 135
7.3 प्राचीन भारत में चतुर्वर्ण और चतुराश्रम का अर्थ और महत्व 138
7.4 वर्ण (जाति) का विकास 139
7.5 वर्ण व्यवस्था और जाति व्यवस्था में अंतर 139
7.6 वर्ण बनाम जाति 140
7.7 भारतीय समाज में चार वर्ण 142
7.8 भारत में वर्ण व्यवस्था की उत्पत्ति 143

7.9 भारत में जाति (जाति व्यवस्था) की उत्पत्ति 144
7.10 भारत में जाति के सिद्धांत 145
7.10.1 पारंपरिक सिद्धांत 145
7.10.2 नस्ल आधारित सिद्धांत 146
7.10.3 राजनीतिक सिद्धांत 146
7.10.4 व्यावसायिक सिद्धांत 146
7.11 अतःनिष्कर्ष 146
7.12 जाति और वर्ण के बारे में चर्चा 147
7.13 ऋग्वेद में वर्ण जाति के संबंध में विवाद 149
7.14 प्राचीन भारत में जनजातियों का भौगोलिक विस्तार 151
7.15 निकोलस डर्क्स का जाति पर दृष्टिकोण 153
7.16 दीपांकर गुप्ता के अनुसार वर्ण और जाति 153
7.17 अभ्यास के लिए मॉडल प्रश्न 156
References 156

शब्दावली 157
Bibliography 161
अनुक्रमणिका 167

प्रस्तावना

वर्ष 2022 में, दिल्ली विश्वविद्यालय में NEP पाठ्यक्रम शुरू किया गया, जिसमें राजनीति विज्ञान ऑनर्स के छात्रों के लिए भारतीय राजनीतिक चिंतन में विचारों और संस्थाओं पर एक नया पेपर शामिल किया गया है। मुझे इस पेपर को पढ़ाने का अवसर मिला मैंने और अध्ययन सामग्री की खोज शुरू की, लेकिन मुझे प्रथम सेमेस्टर के हिंदी माध्यम के छात्रों के लिए कोई उपयुक्त पुस्तक नहीं मिली। इसलिये मुझे छात्रों के लिए एक पुस्तक लिखने की आवश्यकता महसूस हुई। मैंने उन प्रकाशकों की खोज की जो छात्रों के लिए इस पुस्तक को प्रकाशित कर सकें। फिर मेरी मुलाकात PHI Learning की मुख्य सम्पादिका श्रीमती बबीता मिश्राजी से हुई। उन्होंने मुझे इस शीर्षक पर प्रस्ताव प्रस्तुत करने के लिए प्रेरित किया। फिर हमने भारतीय राजनीतिक चिंतन में विचारों और संस्थाओं पर चर्चा, शोध और पांडुलिपि का मसौदा तैयार किया। इस पुस्तक के लेखन का उद्देश्य वर्तमान पीढ़ी में भारतीय राजनीतिक चिंतन को पुनर्स्थापित और पुनर्जीवित करना है। वर्तमान पीढ़ी को भारतीय राजनीतिक चिंतन के महत्व और सार्थकता का एहसास होना चाहिए। यह पेपर भारतीय राजनीतिक विचारों की हमारी संस्कृति के साथ ताकत और भावनात्मक संबंध प्रदान करता है और समकालीन समय में भारतीय राजनीतिक विचारों के साथ छात्रों का मजबूत संबंध तैयार करता है। इसके साथ ही यह पाठ्यक्रम हमें प्राचीन काल की समृद्ध भारतीय राजनीतिक विरासत और राजनीतिक विचारकों की याद दिलाता है।

'भारतीय राजनीतिक चिंतन में विचार एवं संस्थाएँ' भारतीय राजनीतिक सिद्धांत के अध्ययन के लिए एक व्यापक परिचय प्रदान करती है। यह पुस्तक भारतीय राजनीतिक चिंतन पर शोध आधारित और अकादमिक संलग्नता का समयोचित वर्णन प्रस्तुत करती है। एनईपी (NEP) पाठ्यक्रम पर आधारित यह पुस्तक ऐतिहासिक परिप्रेक्ष्य से प्राचीन भारतीय राजनीतिक चिंतन की नींव के लिए एक व्यापक परिचय के रूप में कार्य करती है। इसका उद्देश्य प्राचीन भारतीय समाज को संरचित करने वाले विविध सिद्धांतों और दर्शन में अंतर्दृष्टि प्रदान करना है। संस्थागत इतिहास पर ध्यान केंद्रित करते हुए, पुस्तक एक संस्था के रूप में राज्य के विभिन्न घटकों से अवगत कराते हुए, यह दर्शाती है कि कैसे ये न केवल राजनीतिक बल्कि शासन और राज्यकाल के सामाजिक, आर्थिक, धार्मिक और नैतिक आयामों को भी शामिल करते हैं।

यह पुस्तक प्राचीन भारत में राज्य के इतिहास और संरचना पर दृष्टिकोण प्रस्तुत करती है, जिसमें राजनीतिक अवधारणाओं, संगठनों, प्रकारों, वास्तुकला और शासन पर चर्चा की गई है। यह उन

मानदंडों, कर्तव्यों और जिम्मेदारियों की खोज करती है जो राज्य और उसकी संस्थाओं को नियंत्रित करते हैं। यह प्राचीन ग्रंथों के विभिन्न विद्वानों की व्याख्याओं से उत्पन्न वैचारिक परिवर्तनों पर भी प्रकाश डालती है।

प्राचीन और मध्यकालीन साहित्य से प्रेरणा लेते हुए, यह पुस्तक भारतीय राजनीतिक चेतना की प्रमुख अवधारणाओं को संबोधित करती है, जिसमें धर्म (धम्म), दंड, नीति, न्याय, सभा, समिति, राज्य, राष्ट्र, वर्ण और जाति शामिल हैं। यह छात्रों को इन अवधारणाओं से परिचित कराती है, जो प्राचीन भारतीय सामाजिक और राजनीतिक विचारों को समझने के लिए सैद्धांतिक और वैचारिक स्तंभों के रूप में कार्य करता है। इसके अलावा, यह छात्रों को धर्म और दंड की अवधारणाओं और प्राचीन भारत के न्याय, नीति (नैतिकता), सभा (विधानसभा) और समिति प्रथाओं में इस्तेमाल की जाने वाली विधियों के बारे में बताती है। यह राज्य और राष्ट्र के विकास का भी वर्णन करती है और वर्ण के कामकाज और जाति से इसके अंतर को समझाती है।

'भारतीय राजनीतिक चिंतन में विचार एवं संस्थाएँ' भारतीय राजनीतिक चिंतन के अध्ययन का एक व्यापक परिचय प्रदान करती है। यह पुस्तक भारतीय राजनीतिक चिंतन के लिए एक आधारभूत ग्रंथ के निर्माण का एक महत्वपूर्ण प्रयास है जो एक गहन आवश्यकता को पूर्ण करती है। यह पुस्तक एक सामयिक और अमूल्य संदर्भ सामग्री है, जो छात्रों और विद्वानों दोनों के लिए अपरिहार्य है। यह पुस्तक समयोचित और अत्यंत आवश्यक है क्योंकि इसकी तुलना में कोई भी पाठन सामग्री उपलब्ध नहीं है।

मुझे राजनीति विज्ञान के छात्रों के लिए यह पाठ्यपुस्तक प्रस्तुत करते हुए खुशी हो रही है। यह पेपर पहली बार दिल्ली विश्वविद्यालय द्वारा बी.ए. (ऑनर्स) राजनीति विज्ञान के छात्रों के लिए एक विषय विशिष्ट कोर के रूप में पेश किया गया है, जो यूजीसीएफ (UGCF) 2022-एनईपी (NEP) 2020 पर आधारित है। यह पुस्तक मुख्य रूप से बी.ए. राजनीति विज्ञान के छात्रों की जरूरतों को पूरा करती है। दर्शनशास्त्र और इतिहास के छात्र भी अपने पाठ्यक्रम के अध्ययन के लिए इस पाठ्यपुस्तक को मूल्यवान पा सकते हैं।

मुझे उम्मीद है कि छात्रों और शिक्षकों को यह पुस्तक उनके लिए उपयोगी लगेगी। भविष्य के संस्करण में इस पुस्तक को बेहतर बनाने के लिए पाठकों से किसी भी रचनात्मक प्रतिक्रिया का स्वागत है।

शुभ्रा परमार, पीएच.डी.

आभार

सबसे पहले मैं ईश्वरीय शक्ति के समक्ष नतमस्तक होकर अपनी श्रद्धा के फूल अर्पित करती हूँ, जिनकी प्रेरणा और आशीर्वाद से यह पुस्तक समय पर पूर्ण हो सकी। इस पुस्तक को लिखने का श्रेय मेरे उन सभी राजनीति विज्ञान के आदरणीय प्राध्यापकों, गुरुजनों, शिक्षकों और सहयोगियों को जाता है, जिन्होंने मेरे विद्यार्थी जीवन से लेकर यहां तक के निरंतर प्रगतिशील एवं संघर्षशील सफर में मेरा मार्गदर्शन किया।

मैं दिल्ली विश्वविद्यालय में राजनीति विज्ञान विभाग की विभागाध्यक्ष प्रोफेसर रेखा सक्सेना को उनकी अकादमिक उत्कृष्टता, अमूल्य मार्गदर्शन, समर्थन और प्रेरणा के लिए अपनी गहरी कृतज्ञता और हार्दिक धन्यवाद व्यक्त करना चाहती हूँ। मैं हरियाणा केंद्रीय विश्वविद्यालय की प्रो वाइस चांसलर प्रोफेसर सुषमा यादवजी को उनके समर्थन और मेरी क्षमताओं में दिखाए गए विश्वास की सराहना करती हूँ।

मैं विशेष रूप से भगिनी निवेदिता कॉलेज की प्रिंसिपल प्रोफेसर राज भारद्वाज को उनके अटूट प्रोत्साहन और प्रेरणा के लिए धन्यवाद देती हूँ। मैं प्रोफेसर आलोक दत्ता विभागाध्यक्ष राजनीति विज्ञान विभाग, भगिनी निवेदिता कॉलेज के प्रति अपना आभार व्यक्त करती हूँ। साथ ही, मैं प्रोफेसर निर्मला राणा और प्रोफेसर पूनम डागर को उनके प्रोत्साहन और प्रेरणा के लिए धन्यवाद देती हूँ।

मैं अपने सभी आदरणीय गुरुजनों, प्रसिद्ध दार्शनिकों, सिद्धांतकारों, भगिनी निवेदिता परिवार के सदस्यों, विशेष रूप से राजनीति विभाग के प्रोफेसरों और सहयोगियों का आभार प्रकट करती हूँ जिन्होंने हमेशा मुझे प्रोत्साहित किया। मैं मेरे मिरांडा हाउस कॉलेज दिल्ली विश्वविद्यालय के राजनीति विज्ञान के शिक्षकों, मेरे लक्ष्मीबाई कॉलेज के सहयोगियों, ओपन लर्निंग कैंपस के प्रोफेसर तपन बिस्वाल और डॉ. देवेंद्र कक्कड़ को समर्थन और प्रोत्साहन देने के लिए हार्दिक धन्यवाद करती हूँ।

इस पुस्तक के लेखन में, प्रत्यक्ष और अप्रत्यक्ष रूप से, कई लोगों ने योगदान दिया है, जिनकी मैं ऋणी हूँ। इस पुस्तक के माध्यम से PHI पाठ्यपुस्तक परियोजना को आगे बढ़ाना मेरे लिए वास्तव में गर्व की बात है। यह सम्मान प्रदान करने के लिए मैं PHI Learning प्रबंधन की आभारी हूँ।

मैं, PHI Learning की श्रीमती बबीता मिश्रा, (प्रकाशन संपादक) PHI Learning Private Limited की पूरी टीम, विशेष रूप से सुश्री पल्लवी घोष (ब्रांड रणनीतिकार) को उनके अटूट समर्थन और पुस्तक लिखने के दौरान धैर्य के लिए अपना हार्दिक आभार व्यक्त करना चाहती हूँ।

मैं अपने समर्पित माता-पिता, बहन, भाई, बेटी और जीवनसाथी के प्रति भी अविश्वसनीय रूप से आभारी हूँ, जिन्हें मेरी प्रतिभा पर अविश्वसनीय और अडिग विश्वास था। उनके निरंतर समर्थन ने मुझे यह असाइनमेंट पूरा करने में मदद की। मैं डॉ. तन्नी मोइत्रा को उनकी व्यावहारिक टिप्पणियों और समर्थन के लिए धन्यवाद देती हूँ।

मैं अपने दोस्तों, सहकर्मियों और भगिनी निवेदिता कॉलेज और शारदा विश्वविद्यालय के साथी शिक्षकों की प्रेरणा के लिए आभारी हूँ। अंत में, लेकिन उतना ही महत्वपूर्ण, मैं अपने सभी अद्भुत छात्रों को उनकी व्यावहारिक टिप्पणियों और सिफारिशों के लिए धन्यवाद देना चाहती हूँ।

शुभ्रा परमार, पीएच.डी.

अध्याय 1

प्राचीन भारत में राज्य शिल्प

1.1 राज्य और राष्ट्र को समझना

'अंतर्राष्ट्रीय कानून के एक व्यक्ति के रूप में राज्य में निम्नलिखित योग्यताएँ होनी चाहिए: (क) एक स्थायी आबादी; (ख) एक परिभाषित क्षेत्र; (ग) सरकार; और (घ) अन्य राज्यों के साथ संबंध बनाने की क्षमता।'

अनुच्छेद 1, मोंटेवीडियो कन्वेंशन

राज्यों के अधिकारों और कर्तव्यों पर मोंटेवीडियो कन्वेंशन दिसंबर 1933 में अमेरिकी राज्यों के सातवें अंतर्राष्ट्रीय सम्मेलन में हस्ताक्षरित एक संधि थी। कन्वेंशन का महत्व यह था कि इसने 'राज्य' को परिभाषित करने के लिए एक आधुनिक और अंतरराष्ट्रीय स्तर पर स्वीकृत सैद्धांतिक दृष्टिकोण दिया। इसके सबसे अधिक संदर्भित खंडों में से अनुच्छेद 1 है जो एक इकाई द्वारा राज्य के रूप में स्वीकृति प्राप्त करने के लिए आवश्यक शर्तों को निर्धारित करता है। यह ध्यान रखना महत्वपूर्ण है कि 20वीं सदी की शुरुआत से ही राज्य का दर्जा मूल रूप से अंतरराष्ट्रीय कानून द्वारा विनियमित विषय रहा है। जॉन डन ने सही टिप्पणी की है कि आधुनिक राज्य 'राजनीतिक अनुभव का प्रमुख संस्थागत स्थल' है। मिलर के विवरण के अनुसार, राज्य अंतरराष्ट्रीय संबंधों का प्राथमिक केंद्र है। द्वितीय विश्व युद्ध से पहले केवल 75 राज्य अस्तित्व में थे और 2005 तक लगभग 200 हो गए थे। इसलिए आज हम राज्य की आधुनिक समझ के सबसे अधिक आदी हैं; हालाँकि, यह ध्यान देने योग्य है कि आधुनिक राज्य के ढांचे के भीतर हमारा वर्तमान अस्तित्व सदियों से विकसित और परिवर्तित हुआ है। ऐतिहासिक रूप से, हमने 'राजनीतिक अनुभव' के विभिन्न संस्थागत रूपों को देखा है।

निकोलो मैकियावेली (1469–1527), इतालवी राजनीतिक सिद्धांतकार जो अपने प्रसिद्ध राजनीतिक ग्रंथ द प्रिंस के लिए जाने जाते हैं, को 16वीं शताब्दी में "राज्य" शब्द के पहले प्रयोग का श्रेय दिया जाता है। ग्रंथ के आरंभ में, मैकियावेली ने "राज्य" (इतालवी में स्टेटो, जिसका अर्थ है "स्थिति") शब्द का प्रयोग तटस्थ अर्थ में "सर्वोच्च राजनीतिक शक्ति के संगठन के सभी रूपों, चाहे गणतंत्र या राजसी" को शामिल करने के लिए किया है। मैकियावेली के लिए एक मजबूत और

शक्तिशाली राजकुमार द्वारा नेतृत्व और निर्मित राज्य वह उपकरण होगा जिसके द्वारा राजकुमार अपना शासन स्थापित करेगा और इटली को रोमन चर्च सहित विदेशी शक्तियों से मुक्त करेगा। राज्य राजकुमार का साधन है जो गणतंत्र या रियासत को इस तरह से आकार देना चाहता है कि यह उस समय के विभिन्न नगर-गणराज्यों और रियासतों में पाए जाने वाले राजनीतिक शासन के रूपों से अधिक प्रभावी हो। क्वेंटिन स्किनर ने स्पष्ट किया है कि इस अवधि के आसपास अंग्रेजी बोलने वाले दुनिया में इस शब्द पर चर्चा शुरू हुई और इसने आधुनिक अर्थ के करीब एक अर्थ प्राप्त किया, जो राजकुमार के व्यक्तित्व से अलग एक अमूर्त, अवैयक्तिक इकाई को संदर्भित करता है। मैकियावेली की राज्य की अवधारणा फ्लोरेंस से पश्चिम, इंग्लैंड और फ्रांस तक प्रसारित की गई और उनकी अवधारणा का उपयोग और संशोधन विभिन्न राजनेताओं और विधायकों द्वारा किया गया जिन्होंने मैकियावेली की अवधारणा का उपयोग उस राजनीतिक व्यवस्था को मजबूत करने के लिए करना चाहा जिसमें वे रहते थे। राज्य की अवधारणा को जेंटिली, बोडिन, ग्रोटियस और हॉब्स जैसे राजनीतिक विचारकों द्वारा फिर से तैयार किया गया जिसने बाद में मैकियावेली की धारणा को बदल दिया।

राज्य की धारणा को एक शताब्दी की अवधि में नए सिरे से समझ मिली और फ्रांसीसी राजनीतिक दार्शनिक जीन बोडिन (1530–1596) की 'सिक्स बुक्स ऑफ द रिपब्लिक', जो 1576 में प्रकाशित हुई, के हाथों में रूपांतरित हुई। बोडिन ने संप्रभुता की अवधारणा को संप्रभु, राजा के हाथों में केंद्रित करके पेश किया और प्रचारित किया। एक संप्रभु राजा के बारे में बोडिन का विचार फ्रांस में एक पृष्ठभूमि चरम राजनीतिक हिंसा और अस्थिरता के कारण आया था, जो फ्रांसीसी प्रोटेस्टेंट (ह्यूगनॉट्स) और कैथोलिक राजाओं के बीच धार्मिक संघर्ष से प्रेरित था, जिसका परिणाम 1572 में सेंट बार्थोलोम्यू दिवस नरसंहार था। बोडिन ने तर्क दिया कि शक्ति और अधिकार एक ही निर्णयकर्ता, राजा के पास केंद्रित होना चाहिए और उनका मानना था कि एक सुव्यवस्थित समाज के लिए एक 'पूर्ण और सतत शक्ति', अर्थात संप्रभु की आवश्यकता होती है ।फ्रांसीसी द्वारा प्रस्तुत संप्रभुता के प्रमुख पहलुओं में से एक यह था कि समाज में कानून और व्यवस्था तभी कायम रह सकती है जब एक शक्ति के पास क्षेत्रीय अधिकार क्षेत्र में एक अलग विशेषाधिकार हो। बोडिन ने तर्क दिया कि अराजकता को दबाने और राजनीतिक स्थिरता की संभावनाओं को सुनिश्चित करने के लिए एक शक्तिशाली संप्रभु की आवश्यकता होती है।

थॉमस हॉब्स (1588–1679) जिन्होंने 1651 में 'लेविथान' प्रकाशित किया, ने राजा और उसके राज्य में निर्णयों को लागू करने के लिए एक मजबूत केंद्रीय प्राधिकरण के लिए तर्क दिया। हॉब्स का प्राथमिक विचार राजनीतिक दायित्व के सिद्धांत के आसपास राज्य संप्रभुता की स्थापना था और तर्क दिया कि राज्य के गठन से पहले, व्यक्ति 'प्रकृति की स्थिति' में रहते थे, जहाँ उन्हें 'सभी को भयभीत रखने के लिए कोई सामान्य शक्ति' नहीं थी । एक व्यापक प्राधिकरण की अनुपस्थिति में, कोई शांति या सुरक्षा नहीं हो सकती क्योंकि व्यक्तियों को एक-दूसरे को नुकसान पहुँचाने से रोकने के लिए कुछ भी नहीं था। प्रकृति की स्थिति एक ऐसी स्थिति है जिसमें कोई नियम नहीं है और इसलिए कोई न्याय नहीं है; आपसी भय और असुरक्षा इसकी परिभाषित विशेषताएँ हैं। हॉब्स के अनुसार, केवल एक संप्रभु राज्य की स्थापना—एक 'सामाजिक अनुबंध' के माध्यम से जहां संप्रभु सुरक्षा का वादा करता है और प्रजा आज्ञा मानने का वादा करती है—समाज के लिए स्वतंत्रता और उद्योग विकसित

करने के लिए आवश्यक सुरक्षा और व्यवस्था की स्थिति बना सकती है। केंद्र में एक संप्रभु शासक के साथ राज्य की आधुनिक धारणा यूरोप में बार-बार होने वाली हिंसा, गृहयुद्ध, धार्मिक संघर्ष और हथियारों की दौड़ की पृष्ठभूमि में उभरी। यूरोप बारहमासी युद्ध से ग्रस्त था और 1555 से 1648 के बीच 112 युद्ध लड़े गए थे।

राज्य को व्यावहारिक रूप से 'युद्ध मशीन' के रूप में पहचाना जाने लगा। राज्य के निर्माण और संगठित युद्ध के बीच एक घनिष्ठ संबंध था और यूरोप की ऐतिहासिक स्थिति चार्ल्स टिली की टिप्पणी में प्रसिद्ध रूप से व्यक्त की गई है, 'युद्ध ने राज्य बनाया और राज्य ने युद्ध किया।' मैक्स वेबर ने 19वीं शताब्दी में लिखते हुए जोर दिया, 'राज्य को सबसे पहले और सबसे महत्वपूर्ण रूप से परिभाषित करने वाली चीज है 'भौतिक बल के वैध उपयोग का एकाधिकार'। राज्य का सबसे आवश्यक गुण शक्ति थी जो कानून को लागू करने के अपने कार्य के माध्यम से प्रकट होती थी कि यह नियमों का एक समूह है जिसके पीछे एक संगठित शक्ति है जिसे विद्रोही व्यक्तियों के खिलाफ बल प्रयोग करने का अधिकार है। इस मोड़ पर यह ध्यान रखना महत्वपूर्ण है कि आधुनिक और पूर्व-आधुनिक राज्य के विपरीत, मध्ययुगीन यूरोप (लगभग 500–1500 ई.) ने राज्य की मैकियावेलियन अवधारणा से अलग एक राजनीतिक संरचना प्रस्तुत की। मध्यकालीन काल में यूरोप काफी हद तक विकेंद्रीकृत था और अलग-अलग अभिनेताओं के बीच साझा था—न केवल राजकुमार, बल्कि पोप, पवित्र रोमन सम्राट और ड्यूक और काउंट भी, जिनमें से कई रक्त से संबंधित थे। अक्सर क्षेत्र विभाजित, बिखरे हुए, असंबद्ध होते थे, और कोई प्रभावी केंद्र या राजधानी मौजूद नहीं थी जो अपने अलग-अलग क्षेत्रों पर विशेष रूप से और प्रभावी रूप से अपनी इच्छा को लागू करने में सक्षम हो। इस विकेंद्रीकृत राजनीतिक संरचना को मध्यकालीन सामंतवाद के रूप में पहचाना जाता है, जिसे अक्सर राजनीतिक शक्ति के विखंडन, निजी कब्जे में सार्वजनिक शक्ति और निजी समझौतों के माध्यम से सुरक्षित सशस्त्र बलों की विशेषता होती है। राजा के पास विभाजित राज्य में अपने अधिकार का विस्तार करने के लिए प्रशासनिक और वित्तीय क्षमता दोनों का अभाव था और वह स्थानीय स्तर पर न्याय करने के लिए प्रतिनिधियों, आमतौर पर एक काउंट या ड्यूक को नियुक्त करता था। स्थानीय काउंट राजा के आदेश पर 'पूर्ण सैन्य, न्यायिक और वित्तीय शक्ति' का प्रयोग करते थे। काउंट और ड्यूक ने युद्ध लड़कर, कानून और न्याय का प्रशासन करके और कराधान के माध्यम से राजस्व जुटाकर अपनी शक्ति को मजबूत किया, वे तेजी से मालिकाना बन गए। 'वे वस्तुतः स्वतंत्र शासक बन गए'। समय के साथ, काउंट और ड्यूक के स्थानीय सत्ता आधार इस हद तक बढ़ गए कि वे शाही सत्ता की अपनी इच्छा को लागू करने की क्षमता को चुनौती दे सकते थे। राज्य के विपरीत जिसकी कमोबेश एक स्वीकृत परिभाषा है, एक अवधारणा के रूप में 'राष्ट्र' की कोई आम तौर पर स्वीकृत परिभाषा नहीं है। राष्ट्र और राज्य एक ही चीज़ नहीं हैं, बल्कि कई घटक साझा करते हैं।

एंथनी डी. स्मिथ राष्ट्र को 'ऐतिहासिक क्षेत्र, आम मिथकों और ऐतिहासिक यादों, एक जनसमूह, सार्वजनिक संस्कृति, एक आम अर्थव्यवस्था और सभी सदस्यों के लिए आम कानूनी अधिकारों और कर्तव्यों को साझा करने वाली नामित मानव आबादी' के रूप में परिभाषित करते हैं। बेनेडिक्ट एंडरसन राष्ट्र को 'एक कल्पित राजनीतिक समुदाय, और स्वाभाविक रूप से सीमित और संप्रभु दोनों के रूप में कल्पित' के रूप में परिभाषित करते हैं। राष्ट्र पहचान के बारे में है, 'आत्म-पहचान' के अर्थ में

हम कौन हैं। राष्ट्र का संबंध किसी व्यक्तिपरक चीज़ से है, भले ही वह सामूहिक व्यक्तिपरकता हो, जों राज्यों की वस्तुनिष्ठ विशेषताओं से अलग हो। यह न केवल एक नया तत्व जोड़ रहा है, बल्कि 'राज्य' की धारणा की तुलना में 'राष्ट्र' की धारणा को मौलिक रूप से बदल रहा है।

राज्य संस्थाओं, संरचनाओं और प्रणालियों के बारे में है, राष्ट्र पहचान के बारे में है; राज्य सामूहिक वस्तुनिष्ठता के बारे में है, राष्ट्र सामूहिक व्यक्तिपरकता के बारे में है। इसलिए राष्ट्रीय पहचान का निर्माण चयन की एक प्रक्रिया है, उन तत्वों को एक साथ लाना जो एक पहचान बनाने के लिए एक साथ अच्छी तरह से फिट होते हैं जिससे लोग पहचान कर सकते हैं। राष्ट्र को इतिहास में वापस खोजने, मौजूदा राष्ट्र को उसकी ऐतिहासिक जड़ों से जोड़ने के प्रयास, ऐतिहासिक घटनाओं, व्यक्तियों और कथाओं के साथ एक वास्तविक जीवित समुदाय की राष्ट्रीय पहचान को रेखांकित करने के लिए जानबूझकर की गई कार्रवाई हैं। इसलिए, राज्य और राष्ट्र एक दूसरे से अभिन्न रूप से जुड़े हुए हैं और शासक और प्रजा के बीच एक वैध संबंध सक्रिय पुष्टि और राष्ट्र-राज्य के विचार के माध्यम से परिकल्पित एकजुटता की भावना के बिना स्थापित नहीं हो सकता है।

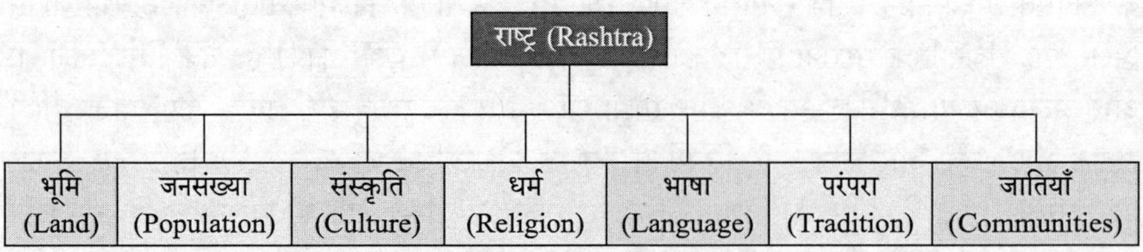

- **भूमि (Land):** राष्ट्र की भौगोलिक सीमा—पर्वत, नदियाँ, वन आदि।
- **जनसंख्या (Population):** विभिन्न जातियाँ, समुदाय और जनजातियाँ।
- **संस्कृति (Culture):** कला, संगीत, जीवनशैली, आचार-विचार।
- **धर्म (Religion):** धार्मिक विश्वास, पूजा-पद्धति, उपासना स्थल।
- **भाषा (Language):** संवाद और अभिव्यक्ति का माध्यम—संस्कृत, प्राकृत आदि।
- **परंपरा (Tradition):** रीति-रिवाज, लोकाचार, उत्सव।
- **जातियाँ (Communities)**: सामाजिक ढांचा—वर्ण व्यवस्था, जनजातियाँ।

1.2 राज्य कला को समझना

- **राजा (King):** सर्वोच्च शासक, नीति निर्धारण और युद्धों का नेतृत्व करता था।
- **मंत्री (Ministers):** प्रशासन, रक्षा, वित्त आदि विभागों की देखरेख करते थे।
- **सभा/परिषद:** राजा को सलाह देने वाली संस्था, जैसे मंत्रिपरिषद, जनसभा।
- **सेना (Army):** राज्य की रक्षा के लिए।
- **न्यायपालिका (Judiciary):** न्याय और कानून व्यवस्था।
- **कर व्यवस्था (Tax System):** जनता से कर संग्रह और राजकोष का प्रबंधन।

- **प्रशासनिक तंत्र (Administration):** दैनिक कार्यों और शासन व्यवस्था को लागू करने की प्रणाली।

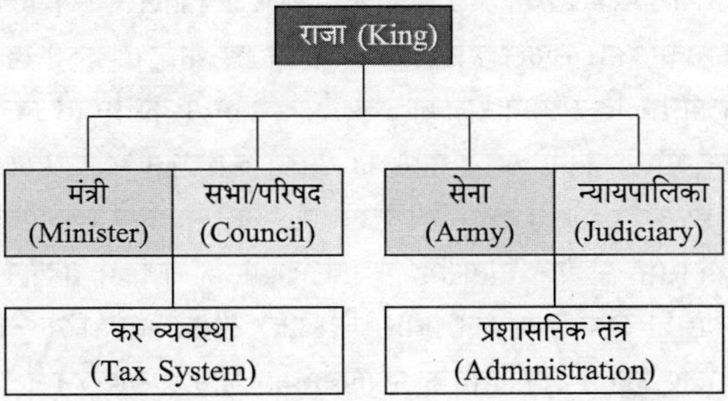

"राज्य कला" शब्द को आमतौर पर 'राज्य के मामलों को संचालित करने की कला' के रूप में परिभाषित किया जाता है। इसमें राज्य को चलाने के उद्देश्य से राष्ट्रीय हित के लिए रणनीतियों का विकास शामिल है और इसमें राज्य के अधिकार क्षेत्र के भीतर सभी डोमेन जैसे घरेलू और विदेशी मामले, कूटनीति और प्रशासन शामिल हैं। राज्य कला राज्य का एक महत्वपूर्ण पहलू है क्योंकि यह बनाई गई नीतियों के माध्यम से इसके अस्तित्व, निरंतरता, अस्तित्व और सफलता को सुनिश्चित करता है।

राज्य कला को समझने के लिए, इसे राजनीतिक सिद्धांत और राजनीतिक दर्शन से अलग करना आवश्यक है जो राजनीति विज्ञान के क्षेत्र में बौद्धिक अभ्यास के अन्य क्षेत्रों का निर्माण करते हैं। राजनीतिक सिद्धांत राजनीतिक घटनाओं, प्रक्रियाओं और संस्थाओं और वास्तविक राजनीतिक व्यवहार को दार्शनिक या नैतिक मानदंड के अधीन करके दर्शाता है। यह सर्वोत्तम राजनीतिक व्यवस्था के प्रश्न पर विचार करता है, जो एक बड़े और अधिक मौलिक प्रश्न का एक हिस्सा है; अर्थात्, जीवन का आदर्श रूप जिसे एक मनुष्य को एक बड़े समुदाय के भीतर जीना चाहिए। दूसरी ओर, राजनीतिक दर्शन क्या है, राजनीतिक दर्शन आदर्श राजनीतिक सिद्धांत का एक हिस्सा है, क्योंकि यह अवधारणाओं के बीच अंतर-संबंध स्थापित करने का प्रयास करता है। तीसरा रूप जिसमें राजनीतिक वसीयतनामा, उपदेशात्मक राजनीतिक लेखन और राजनीतिक सलाह शामिल है, उसे राज्य कला के सिद्धांत के रूप में पहचाना जा सकता है।

शासन कला का इतिहास प्राचीन ग्रीस में पाया जा सकता है; जिस तरह राजनीतिक सिद्धांत की उत्पत्ति प्लेटो से पता लगाई जा सकती है, उसी तरह शासन कला के सिद्धांत का पता उसके समकालीन इसोक्रेट्स से लगाया जा सकता है। इसोक्रेट्स (436–338 ईसा पूर्व) एक प्राचीन यूनानी वक्ता थे जो अपने वक्तृत्व कौशल और यूनानी शासकों को राजनीतिक सलाह के रूप में लिखे और दिए गए भाषणों के लिए प्रसिद्ध थे। वर्ष 346 में फिलिपस नामक अपने एक प्रमुख भाषण में इसोक्रेट्स ने अपना प्रवचन लिखा जिसे उन्होंने मैसेडोन के फिलिप द्वितीय को भेजा था जिसमें उनसे फारस के खिलाफ युद्ध में स्पार्टा के साथ संयुक्त नेतृत्व ग्रहण करके फारस पर आक्रमण में हेलेनिक शहरों का नेतृत्व करने का आग्रह किया गया था। कहा जाता है कि उन्होंने टिप्पणी की थी कि वह अपने साथी

नागरिकों और फिलिप दोनों को यह समझाने की उम्मीद करते हैं कि हेलेनिक शहरों का मेल-मिलाप और मैसेडोनियन राजा के नेतृत्व में फारसियों के खिलाफ अभियान उनके लिए फायदेमंद होगा।

इसी तरह, उनके दो प्रमुख प्रवचन, एड निकोक्लेम और निकोक्लेस, निकोक्लेस को संबोधित थे, जिनकी प्रशंसा उनके उदार और सफल शासन के लिए की गई थी, जो अत्यधिक करों के माध्यम से अपने विषयों पर अत्याचार किए बिना राजकोष को फिर से भरने का प्रयास किया गया था। प्राचीन ग्रीस राज्य के प्रबंधन और राजनीतिक व्यवहार को ढालने की कला में शासकों को प्रशिक्षित करने के लिए जाना जाता है। अपने प्रसिद्ध कार्य रिपब्लिक में, प्लेटो ने अपने राजनीतिक दर्शन के माध्यम से सिरैक्यूज़ के डायोनिसस को एक तानाशाह से एक दार्शनिक राजा में बदलने के अपने असफल प्रयास का वर्णन किया है। अपने असफल प्रयास के बाद, उन्होंने भविष्य के नेताओं को प्रशिक्षित करने और बनाने के लिए अपनी अकादमी की स्थापना की। जॉन ई. ताशजेन ने इस संदर्भ में टिप्पणी की कि अकादमी की रणनीति राजनीतिक नेता को सत्ता का आदमी बनने से पहले पकड़ना था: टहनी को समय रहते मोड़ दिया जाना चाहिए।

राज्य शिल्प का इतिहास समय अवधि में निरंतरता का रहा है और यह ग्रीस तक ही सीमित नहीं रहा है। यह धारणा एक उल्लेखनीय भौगोलिक सीमा के भीतर पनपी जिसमें अन्य यूरोपीय देश, मेसोपोटामिया, प्राचीन भारत, चीन और मध्ययुगीन अरब दुनिया शामिल हैं। कौटिल्य का अर्थशास्त्र और राजधर्म की अवधारणा प्राचीन भारत में शासन कला का प्रतिनिधि उदाहरण है। इसी तरह इस्लामी साहित्य की एक पूरी शैली मध्यकाल में उभरी जिसे राजकुमारों के लिए दर्पण के रूप में जाना जाता है। राजकुमारों के लिए दर्पण एक शासक या भावी शासक को शाही शक्ति के प्रयोग और निकाय-राजनीति की भलाई के बारे में सलाह देता है और संस्थाओं के कामकाज के लिए अभिप्रेत था। निज़ाम अल-मुल्क का काम सियासतनामा शीर्षक से दरबार के संगठन और कामकाज पर अत्यंत मूल्यवान सामग्री प्रदान करता है और महान सेल्जूक्स के तहत प्रशासनिक संस्थान इस शैली का सबसे महत्वपूर्ण उदाहरण है। 15वीं शताब्दी में रचित निकोलो मैकियावेली का द प्रिंस फिर से शासन कला का एक उत्कृष्ट उदाहरण है। यूरोप में राज्य शिल्प सिद्धांत 18वीं शताब्दी तक जारी रहा जब 1773 और 1774 में डिडेरो ने सेंट पीटर्सबर्ग में कैथरीन द ग्रेट को राजनीतिक सलाह दी।

1.3 बेनी प्रसाद द्वारा प्राचीन भारत में राज्य की व्याख्या

बेनी प्रसाद द्वारा "हिंदू राज्य" की अवधारणा (Beni Prasad Concept of Hindu State) इतिहास और राजनीतिक सिद्धांत के संदर्भ में एक महत्वपूर्ण विचार है, जो मुख्य रूप से भारतीय इतिहास के मध्यकालीन और प्राचीन काल के विश्लेषण से जुड़ा हुआ है।

हालाँकि हिंदू राजनीतिक संरचनाओं के विकास का पता लगाना असंभव है, लेकिन वे मूल रूप से ग्रीक राजनीतिक संस्थाओं जितनी ही पुरानी हैं। पिछली शताब्दी में प्राच्य अध्ययनों में अविश्वसनीय विकास के बावजूद, छठी शताब्दी ईसा पूर्व से पहले भारत का कोई राजनीतिक इतिहास मौजूद नहीं है। कई राजाओं की तिथियाँ अनिश्चित हैं, और अधिकांश हिंदू कवियों, दार्शनिकों, व्याकरणविदों, कानूनी विद्वानों और राजनीतिक लेखकों की सटीक तिथियाँ निर्धारित करना असंभव है। इसके अतिरिक्त,

हिंदू राजनीतिक संस्थाओं के राजनीतिक और व्यावहारिक कामकाज के अध्ययन के लिए बहुत कम स्रोत सामग्री उपलब्ध है, और प्रशासनिक और राजकोषीय शब्दों की व्याख्या करना चुनौतीपूर्ण है।

सैकड़ों या हज़ारों साल अलग-अलग लिखे गए ग्रंथों से इकट्ठी की गई तस्वीर अपने पूरे रूप में आकर्षक हो सकती है, लेकिन यह किसी विशेष युग को सटीक रूप से प्रतिबिंबित नहीं कर सकती है। किसी एक क्षेत्र के लिए दूर के स्थानों से दस्तावेजों का उपयोग करना भी संभव नहीं है। किसी भी दस्तावेज़ को, सामान्य रूप से, स्वतंत्र रूप से माना जाना चाहिए और तिथियों की अप्रत्याशितता और विषय की सामान्य अस्पष्टता के कारण केवल सबसे विश्वसनीय आधार पर दूसरों से जोड़ा जाना चाहिए। सामाजिक संरचना, स्थान, नस्लीय बनावट और आर्थिक स्थितियों का हिंदू राजनीतिक व्यवस्थाओं के कामकाज पर महत्वपूर्ण प्रभाव पड़ा।

प्राचीन भारत के राज्य की व्याख्या करते समय, बेनी प्रसाद ने भूगोल, कृषि की प्रधानता, जनसंख्या और सरकार के स्वरूप, जाति, गाँव, उद्योग और वाणिज्य, संघ, नस्लीय विशेषताएँ, सरकार की बनावट, समूह और धर्म के प्रभावों की जाँच की।

1.4 राज्य का हिंदू सिद्धांत: बेनॉय कुमार सरकार द्वारा व्याख्या

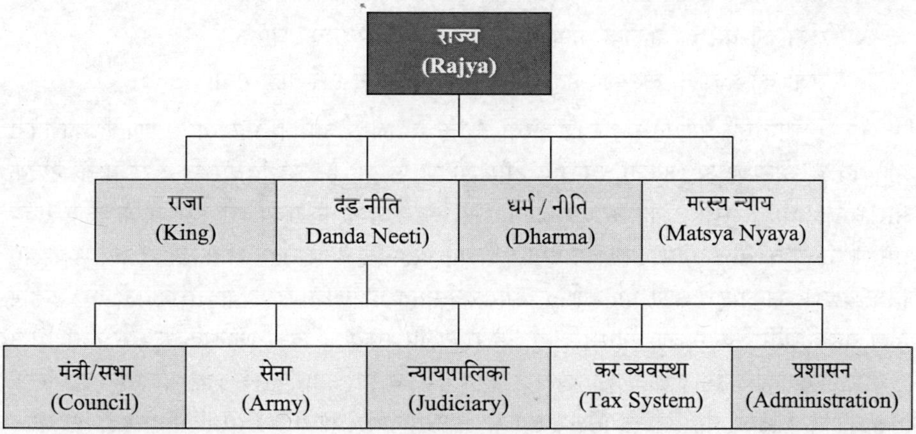

- **राजा (King):** राज्य का सर्वोच्च प्रमुख।
- **दंड नीति (Danda Neeti):** शासन और अनुशासन का उपकरण; यह राज्य की शक्ति का प्रतीक है।
- **धर्म (Dharma):** नीति, न्याय और नैतिकता का आधार।
- **मत्स्य न्याय (Matsya Nyaya):** अराजकता की स्थिति, जहाँ बलवान निर्बलों को खा जाता है — यह दंड नीति की आवश्यकता को सिद्ध करता है।

हिंदू विचारकों ने राज्य को गैर-राज्य से अलग करके समझने की कोशिश की।

1.4.1 हमें राज्य की आवश्यकता क्यों है?

चूँकि मानव सभ्यता पहले अनिवार्य रूप से एक आदिवासी सभ्यता थी, इसलिए सभी लोगों को समान अधिकारों का हकदार माना जाता था। संसाधनों पर नियंत्रण के लिए लड़ाई और एक अलग अर्थव्यवस्था के उद्भव—या कई स्तरों पर संगठित समाज—ने राज्य की अवधारणा को जन्म दिया। मत्स्य न्याय के रूप में जाने जाने वाले प्राचीन भारतीय दर्शन में मछली के कानून की अवधारणा का उल्लेख किया गया है। कहावत के अनुसार, "बड़ी मछली छोटी मछली को खाती है", जिसका तात्पर्य है कि ताकतवर कमजोर को खाते हैं, प्रकृति के इस मौलिक नियम की व्याख्या की जाती है। इसे 'जंगल के कानून' के बराबर माना जाता है। जैसे सूखे के दौरान बड़ी मछली छोटी मछली को खा जाती है, वैसे ही अराजकता की स्थिति में कोई शासक नहीं होता और ताकतवर कमजोर को खा जाता है। नतीजतन, शासक की आवश्यकता को निरपेक्ष माना गया। न्याय का प्रशासन और कानून और व्यवस्था का रखरखाव राज्य के दो मुख्य कर्तव्य हैं, जो दोनों अपने नागरिकों और पूरे राष्ट्र की सुरक्षा सुनिश्चित करने के लिए आवश्यक हैं।

हिंदू राज्य व्यवस्था (राजधर्म) में राजा का मुख्य कर्तव्य ही यह माना गया कि वह मत्स्य न्याय को रोककर न्याय और धर्म की स्थापना करे। इसलिए:

- राज्य की स्थापना का मूल उद्देश्य अराजकता समाप्त करना है।
- राजा को धर्म का पालक माना गया, न कि सिर्फ सत्ता का धारक।
- राजा को प्रजा के कल्याण हेतु कर्मरत धर्मराज के रूप में देखा गया।

मत्स्य न्याय का सिद्धांत यह स्पष्ट करता है कि समाज में शासन और न्याय प्रणाली का होना अनिवार्य है, अन्यथा अराजकता, अन्याय और शोषण फैलता है। यह विचार हिन्दू राज्य के नैतिक और धर्म-आधारित स्वरूप का आधार बनाता है। हिंदू विद्वानों ने राज्य को समझने के लिए राज्य और गैर-राज्य के बीच अंतर करने का प्रयास किया। उन्होंने इसे गैर-राज्य से तर्कसंगत रूप से अलग करके देखा। उनका दृष्टिकोण ऐतिहासिक और तर्कसंगत दोनों था। दूसरे शब्दों में कहें तो, उन्होंने पहले यह निर्धारित करने का प्रयास किया कि राज्य गैर-राज्य से विश्लेषणात्मक रूप से कैसे भिन्न है, और फिर उन्होंने उस प्रक्रिया की कल्पना करने का प्रयास किया जिसके द्वारा राज्य-पूर्व स्थिति ने राज्य को जन्म दिया, या, अधिक विशेष रूप से, कैसे राज्य गैर-राज्य से उभरा। इन दो मुद्दों का मुख्य समाधान मछली तर्क, या मत्स्य न्याय सिद्धांत में खोजा गया था।

हिंदू कानूनी शब्दावली में, मत्स्य-न्याय, उदाहरण के लिए, एक अभिव्यंजक तकनीकी शब्द है। मत्स्य न्याय के रूप में जाना जाने वाला प्राचीन भारतीय दर्शन मछली के कानून का संदर्भ देता है।

जैसा कि हम देखेंगे, सरकार के हिंदू विचार की नींव का यह विश्वास था कि मानव स्वभाव भ्रष्ट है। लोगों को नियंत्रित रखने के लिए मजबूत नेता के बिना, मजबूत लोग कमजोर लोगों को नष्ट कर सकते हैं। कौटिल्य के अनुसार, "यदि दंड का उपयोग नहीं किया जाता है, तो यह मत्स्य न्याय की स्थिति को जन्म देता है, क्योंकि दंड देने वाले की अनुपस्थिति में मजबूत लोग कमजोर लोगों को खा जाते हैं।" महाभारत के शांतिपर्व में कहा गया है, "जैसे बड़ी मछली पानी में छोटी मछलियों को खा जाती है, वैसे ही जब दंड की छड़ी लेकर राजा पृथ्वी की रक्षा नहीं करता है, तो मजबूत लोग कमजोर लोगों को नष्ट कर देते हैं।"

1.4.2 प्रकृति की स्थिति क्या है?

हुकर का तर्क है कि संघर्ष प्रकृति की स्थिति में अंतर्निहित है। हॉब्स के अनुसार, प्रकृति में कोई अधिकार नहीं है और सब कुछ युद्ध की स्थिति में है। स्पिनोरा के अनुसार, प्राकृतिक दुनिया संघर्ष और शक्ति के अधिकार की स्थिति में मौजूद है। इस प्रकार, गैर-राज्य को अराजकता और "सभी के विरुद्ध सभी के बीच संघर्ष" के रूप में देखा जाता है। गैर-राज्य में प्रत्येक व्यक्ति के पास अधिकार की एक अवधारणा होती है, दो व्यक्तियों के पास अधिकार की दो अवधारणाएँ होती हैं, और दस व्यक्तियों के पास अधिकार की दस अवधारणाएँ होती हैं। इस प्रकार, प्रत्येक व्यक्ति अधिकार की अपनी परिभाषा की पुष्टि करता है और हर दूसरे व्यक्ति की परिभाषा को अस्वीकार करता है। इस प्रकार वे एक-दूसरे का अपमान करते हैं।"

1.4.3 राज्य का हिंदू सिद्धांत

मुख्य देवता, ब्रह्मदेव ने स्थिति पर विचार किया और निष्कर्ष निकाला कि मानव सभ्यता तभी टिक सकती है जब एक सम्राट की मदद से एक कानूनी व्यवस्था स्थापित की जाए और उसे कायम रखा जाए। सिद्धांत बताते हैं कि मनुष्यों को एक शासक देकर, भगवान ने जंगल के नियमों से बचने में मानवता की सहायता की। मजबूर करने, प्रतिबंधित करने और मजबूर करने की क्षमता एक राज्य को वह बनाती है जो वह है।

1. कोई दंड नहीं, कोई राज्य नहीं
2. कोई राज्य नहीं, कोई धर्म नहीं
3. कोई राज्य नहीं, कोई संपत्ति नहीं

1.4.4 राज्य की उत्पत्ति

इस मामले पर प्रकाश डालने के लिए कोई वर्तमान साक्ष्य नहीं है, न ही भविष्य में कोई होने की संभावना है। उन परिस्थितियों को समझने के लिए जिनके तहत मानव जाति ने शुरू में खुद को एक राजनीतिक संगठन से जोड़ा, हमारे पास केवल कहानियों और मिथकों की धुंधली रोशनी है। प्राचीन भारतीय संस्थाओं को अक्सर दैवीय गतिविधि द्वारा स्थापित माना जाता था, और राज्य अलग नहीं था।

यद्यपि दिग्घनिकाय और महाभारत में मतभेद हैं, फिर भी राज्य की शुरुआत के बारे में छिटपुट सिद्धांत हैं। शांतिपर्व आगे बताते हुए कहता है कि राजतंत्र या कानून के बिना समृद्धि की अवधि के बाद, नैतिक पतन हुआ।

प्राचीन भारतीय दार्शनिकों के बहुमत की तरह, हॉब्स का मानना था कि शुरू में अराजकता थी और राज्य अपूर्ण दुनिया में समाज के व्यवस्थित जीवन और उन्नति के लिए एक आवश्यक संस्था थी, जैसा कि हम ऐतिहासिक समय से जानते हैं। डॉक्स का दावा है कि सरकार-पूर्व युग की प्राकृतिक स्थिति हिंदू पौराणिक कथाओं के स्वर्ण युग के लगभग बराबर थी।

1.4.5 राज्य के तत्व

राजतंत्र में, राजा को राज्य की आधारशिला और आवश्यक घटक के रूप में देखा जाता था, जो राज्य के भाग्य का निर्धारण करता था।

कौटिल्य द्वारा "राजा राज्य का आधार है" (राज्य राज्यम) कथन इस पर जोर देता है। राज्य के अलावा, अमात्य और पूर्व शब्द नौकरशाही सरकार, राष्ट्र भूमि और जनसंख्या, दंड सैन्य नीति और मित्र विदेशी संबंधों को दर्शाते हैं।

अर्थशास्त्र में जनपद (राष्ट्र का थोड़ा भिन्न रूप) और दुर्ग (एक किलाबंद शहर) का उल्लेख है चार चीजें थीं जिन्हें राज्य बढ़ावा देना चाहता था, अर्थात्:

- **धर्म:** नैतिक रूप से सही व्यवहार, ब्राह्मणों और बड़ों के प्रति सम्मान
- **अर्थ:** आर्थिक समृद्धि
- **काम:** लोगों के रोजमर्रा के सुख
- **मोक्ष:** आध्यात्मिक ज्ञान/मुक्ति

1.5 प्राचीन भारत में राज्य शिल्प

राज्य: अर्थ और परिभाषा

यह एक राजनीतिक इकाई है जो समान स्तर पर अन्य देशों के साथ बातचीत करने की क्षमता रखती है, एक निश्चित क्षेत्र और वहां रहने वाले लोगों पर संप्रभुता रखती है, और एक कुशल सरकार है। मैक्स वेबर के समाजवादी सिद्धांत (लोक प्रशासन और नौकरशाहों के सिद्धांत में पाया गया) के अनुसार, 'यह एक राजनीतिक समूह है जो एक निश्चित क्षेत्र के अंदर शारीरिक बल, या हिंसा के अनन्य उपयोग का दावा करने में सफल रहा है।'

यह दुनिया को छोटे-छोटे हिस्सों में तोड़ने जैसा है। यह एक सीमित क्षेत्र के लिए सबसे महत्वपूर्ण राजनीतिक संगठन है और इसके निवासी किसी क्षेत्र की राजनीतिक स्वतंत्रता और स्वायत्तता के निवासियों का प्रतीक हैं। राज्य कला का अर्थ है राज्य के मामलों का कुशल प्रबंधन; राजकौशल निमलिखित उदेशो को दर्शाता है:-

- राज्य की उत्पत्ति का सिद्धांत
- राजत्व/शासन का सिद्धांत
- सद्गुण, उद्यम जो एक राजा में होना चाहिए
- एक राजा/शासक को अपने राज्य को कैसे बनाए रखना चाहिए
- राजनीतिक दायित्व: लोगों को राजा/शासक की आज्ञा क्यों माननी चाहिए
- भारतीय राजनीतिक विचारों में राज्य कला को समझने के स्रोत

राज्य एक सरकारी इकाई है जिसके पास एक निश्चित क्षेत्र और उसमें रहने वाले लोगों पर शासन करने का अधिकार होता है, साथ ही अन्य राज्यों के साथ समान स्तर पर बातचीत करने की क्षमता भी होती है।

सरकारी शिल्प

- राज्य के मामलों का कुशल प्रबंधन।
- हिंदू विद्वानों द्वारा इसे समझने के लिए राज्य को गैर-राज्य से अलग करने का प्रयास।
- उनका दृष्टिकोण ऐतिहासिक और तर्कसंगत दोनों था।
- उन्होंने यह देखने का प्रयास किया कि एक राज्य एक गैर-राज्य से किस प्रकार भिन्न है।
- राज्य एक गैर-राज्य से विकसित हुआ।

1.6 राज्य का हिंदू सिद्धांत

मनुस्मृति के अनुसार, लोगों ने स्थिति की पूर्ण अराजकता के कारण पीड़ा के जीवन से खुद को मुक्त करने के लिए भगवान ब्रह्मा, निर्माता से संपर्क किया। कानून और व्यवस्था को बनाए रखने और दुष्टों को दंडित करने के लिए, निर्माता ने उन्हें सम्राट की भूमिका प्रदान की।

मनु का तर्क है कि राजा को सामाजिक उथल-पुथल के कारण आतंक के दौर में भगवान द्वारा नियुक्त किया गया था। इस प्रकार मनु का तर्क है कि राज्य का निर्माण समय के साथ विकसित होने वाली संस्था के बजाय अचानक हुआ था।

प्राचीन समय के विपरीत, जब शासक के अपने निर्णय ने राज्य को अनुमति दी थी, आधुनिक समय में राज्य को समाज के निर्णय द्वारा अनुमोदित पाया जाता है। दण्ड विचार ने वास्तव में मनु और कौटिल्य के युगों के दौरान राज्य को एक क्रिस्टलीकृत शक्ति में बदल दिया।

चूँकि राजा अनिवार्य रूप से मानव रूप में एक देवता है, इसलिए राजनीतिक कर्तव्य की उनकी दिव्य अवधारणा लोगों में यह विचार डालने के लिए बनाई गई थी कि उन्हें राजा की आज्ञा का पालन करना चाहिए, भले ही वह अभी भी एक छोटा बच्चा हो। उन्होंने कहा कि राजा का कर्तव्य गलत काम करने वालों को दंडित करना है क्योंकि सामाजिक व्यवस्था बनाए रखने के लिए दंड का डर आवश्यक है। बदले में, प्रजा को करों का भुगतान करना पड़ता था, जिसका उपयोग राजा द्वारा खजाना स्थापित करने और सामाजिक कल्याण पहलों को वित्तपोषित करने के लिए किया जाता था।

1.6.1 मत्स्य-न्याय का सिद्धांत (मछली का तर्क)

मत्स्य न्याय (Matsya Nyaya) एक प्राचीन हिन्दू राजनीतिक सिद्धांत है, जिसे अक्सर "मछली का न्याय" या "मछली का नियम" कहा जाता है। यह अवधारणा उस स्थिति को दर्शाती है जिसमें शासन का अभाव हो—अर्थात् जब कोई शासन व्यवस्था नहीं होती, तब शक्तिशाली व्यक्ति या समूह निर्बलों को निगल लेते हैं, जैसे बड़ी मछली छोटी मछली को खा जाती है।

मत्स्य न्याय का अर्थ

मत्स्य न्याय = मत्स्य (मछली) + न्याय (न्याय या नियम)

इसका तात्पर्य है कि जब राज्य (या सरकार) नहीं होता, तो "बड़ी मछली छोटी मछली को खा जाती है", यानी ताकतवर कमजोरों पर अत्याचार करते हैं और अराजकता फैल जाती है।

शास्त्रीय सन्दर्भ

यह अवधारणा मनुस्मृति और महाभारत जैसी ग्रंथों में उल्लेखित है। उदाहरण के लिए, मनुस्मृति में कहा गया है कि:

> *"बलवान निर्बल को निगल जाते हैं, यदि राजा न हो — इस कारण ही भगवान ने राजा की सृष्टि की।"* (मनुस्मृति 7.20)

मत्स्य-न्याय सिद्धांत ने इनमें से प्रत्येक मुद्दे का प्राथमिक समाधान प्रदान किया। "न्याय" का अर्थ है तर्क, या "मछली का तर्क", और "मत्स्य" का अर्थ है मछली। एक गैर-राज्य एक कानूनविहीन समाज है जहाँ लोग एक-दूसरे का शिकार करते हैं और कोई न्याय नहीं होता। यह सबसे खराब प्रकार की बुराई है। प्राचीन भारतीयों का मानना था कि राजा को एक मजबूत सेनापति होना चाहिए जिसका नेतृत्व सभी द्वारा सम्मानित किया जाता हो और राजत्व की स्थिति सैन्य आवश्यकता से उत्पन्न होती है। केवल तभी जब राष्ट्र के नेता के पास ताकत, जोश, बुद्धिमत्ता और ऊर्जा होती है, तो युद्ध में सफलता सहज होती है। ऋग्वेद में एक खंड है जो लोगों (वीसा) द्वारा राजा चुनने के बारे में बोलता है।

मत्स्य न्याय का शाब्दिक अर्थ है 'मछली का कानून'। यह प्रकृति का मूलभूत नियम है कि छोटी मछलियाँ बड़ी मछलियों का शिकार बन जाती हैं या मजबूत लोग कमजोर लोगों को खा जाते हैं। सरकार या कानून के शासन की अनुपस्थिति में मानव समाज का अनुशासन बिगड़ जाएगा और समाज के कमज़ोर सदस्यों को नष्ट कर देगा या उनका फ़ायदा उठाएगा।

कौटिल्य हिंदू राजनीति विज्ञान के इतिहास में अग्रणी लोगों में से एक हैं। अर्थशास्त्र के अनुसार, जब कोई राज्य बनता है, तो मछली तर्क का शासन होता हैं। जब दंड देने वाला कोई नहीं होता है, तो बलवान कमज़ोर को खा जाते हैं।

1.7 दंड का सिद्धांत

दंड में प्रतिबंध लगाने, सामाजिक नियंत्रण को खत्म करने और एक इकाई के रूप में कार्य करने की शक्ति है, एक राज्य वही रहता है जो वह है। जब दंड अनुपस्थित होता है, तो प्राकृतिक स्थिति या मत्स्य न्याय मौजूद होता है। राजनीतिक सिद्धांत चर्चा हमेशा दंड की धारणा को सबसे ऊपर रखती है क्योंकि गैर-राज्य संस्थाओं में संपत्ति और धर्म का अस्तित्व नहीं होता है। मनु ने दंड को अप्रतिबंधित अधिकार की एक तुलनीय अवधारणा के रूप में समझा। हिंदू राजनीतिक दर्शन के अनुसार, दंड एक दोधारी तलवार है जो दोनों दिशाओं में वार करती है।

1.8 प्राचीन भारत में राज्य कला (राज्य की उत्पत्ति का हिंदू सिद्धांत)

राज्य के निर्माण के बारे में मनु के दृष्टिकोण के अनुसार, समुदाय में अव्यवस्था भय पैदा करती है, यही कारण है कि भगवान ने राजा की स्थापना की। इंद्र, पवन, यम, सूर्य, अग्नि, वरुण, चंद्रमा और कुबेर के अमर कणों को मिलाकर राजा बनाया गया। उन्होंने राजनीतिक कर्तव्य का एक दिव्य दर्शन प्रस्तुत किया, जिसे लोगों को राजा की आज्ञा का पालन करना सिखाने के लिए बनाया गया था, जब वह अभी भी एक शिशु था और उसे एक मानव देवता के रूप में सम्मान और आदर देना था। चूंकि राजा की स्थापना उसकी प्रजा की सुरक्षा पर आधारित थी, इसलिए इस दायित्व को उसकी मौलिक जिम्मेदारी माना जाता है। उसे कानून और व्यवस्था और सभी जातियों को बनाए रखना भी माना जाता है। यह देखते हुए कि सामाजिक व्यवस्था को बनाए रखने के लिए दंड की संभावना आवश्यक थी, उन्होंने गलत काम करने वालों को दंडित करना राजा की एक महत्वपूर्ण जिम्मेदारी के रूप में पहचाना। बदले में, प्रजा को करों का भुगतान करना पड़ता था, जिसका उपयोग राजा सामाजिक कल्याण कार्यक्रमों को निधि देने और कठिन समय के लिए एक खजाना स्थापित करने के लिए करता था। जो शासक अपने दायित्वों का पालन नहीं करता है, वह मर जाएगा और नरक में जाएगा।

मनु के अनुसार, सरकार का लक्ष्य व्यक्तियों को समृद्धि, आनंद और नैतिक गुण (धर्म, अर्थ और कर्म) प्राप्त करने में सहायता करना था। इसलिए, अपने मंत्रियों के सहयोग से, राजा से इन लक्ष्यों को पूरा करने के लिए लगातार प्रयास करने की अपेक्षा की जाती थी। उसे अपने लोगों को बाहरी और आंतरिक खतरों से बचाना था और उनकी सुरक्षा सुनिश्चित करनी थी। अशांति की साजिश रचने वाले या चोर या लुटेरे होने वाले व्यक्तियों के अलावा, आंतरिक विरोधियों में बेईमान सरकारी कर्मचारी भी शामिल थे जिन्होंने जनता को सताने के लिए अपने अधिकार के पदों का दुरुपयोग किया। मनुस्मृति के अनुसार, राज्य को सामान्य कानून को बनाए रखना चाहिए, यह सुनिश्चित करना चाहिए कि सभी

वर्ण अपने दायित्वों (धर्म) का पालन करें और बाहरी प्रभाव से स्वतंत्र राज्य के अंदर आंतरिक सद्भाव बनाए रखें। इसके अलावा, महत्वपूर्ण वस्तुओं की लागत को विनियमित करने वाला कानून राज्य द्वारा बनाया जाना चाहिए। विभिन्न समूहों के बीच विवादों या संकटों को निपटाने के लिए राज्य के पास हस्तक्षेप करने का अधिकार है। राज्य की यह भी जिम्मेदारी है कि वह सुनिश्चित करे कि उसके नागरिकों को गुणवत्तापूर्ण शिक्षा मिले और शिक्षकों और छात्रों दोनों की ज़रूरतों को पूरा किया जाए। इन जिम्मेदारियों को पूरा करने के लिए, राजा को कर लगाने और सीधे-सादे रास्ते से भटकने वाले किसी भी व्यक्ति को दंडित करने का भी अधिकार है। कौटिल्य का अर्थशास्त्र एक उल्लेखनीय ग्रंथ है जो प्राचीन भारत में मौर्य काल के दौरान दुनिया को दिया गया था। यह राजनीतिक व्यवस्था और अर्थ की गहन समझ प्रदान करता है।

वह सप्तांग या सात अंगों के सिद्धांत को राज्य की संरचना से जोड़ता है, भले ही यह कौटिल्य के तथ्यों या अवधारणा पर पूरी तरह से आधारित न हो। एक राज्य सात अलग-अलग भागों से बना होता है, जिनमें से प्रत्येक का एक अलग कार्य होता है और राज्य के समग्र रूप से कार्य करने के लिए आवश्यक होता है। चूँकि कौटिल्य के चालाक और क्रूर तरीके और नीतियाँ युद्ध सहित राज्य कला की रणनीति को दर्शाती थीं, इसलिए उन्हें भारतीय मैकियावेली कहा जाता था। "शक्ति ही सही थी" और पूर्ण अराजकता को "प्रकृति" की स्थिति की विशेषता माना जाता है। कौटिल्य के अर्थशास्त्र में अनुबंधवादियों द्वारा विकसित सामाजिक अनुबंध सिद्धांत को स्पष्ट रूप से नहीं बताया गया है।

1.9 भारतीय राजनीति में शासन कला को समझने के लिए विभिन्न ऐतिहासिक स्रोत

मनुस्मृति

- मनुस्मृति में, जिसे कभी-कभी मानव धर्मशास्त्र भी कहा जाता है, पौराणिक प्रथम मनुष्य मनु और उनके शिष्य की कहानी लिखी गई है, जो संभवतः 200 और 400 ईसा पूर्व के बीच की है। यह संस्कृत ग्रंथ, जिसका मूल रूप से सर विलियम जोन्स ने 1794 में अंग्रेजी में अनुवाद किया था, का उपयोग ब्रिटिश औपनिवेशिक प्राधिकरण द्वारा भारतीय व्यक्तिगत कानून विकसित करने के लिए किया गया था।

शांति पर्व

महाभारत की अठारह पुस्तकों (पर्वों) में से एक, ऐसा कहा जाता है कि इसे बुद्धिमान वेद व्यास ने लिखा था।

- संभवतः तीसरी और चौथी शताब्दी ईसा पूर्व और ईस्वी (ईसवी) के बीच लिखा गया था

अर्थशास्त्र

अर्थशास्त्र की रचना चौथी शताब्दी ईसा पूर्व में "कौटिल्य" द्वारा की गई थी, जिन्हें "चाणक्य" और "विष्णु गुप्त" के नाम से भी जाना जाता है। इस अर्थशास्त्र में एक इसी शासन प्रणाली का विधान किया गया हा जिसका राजा या शासन का कल्याण संपादन करने के लिए शासन करता है।

अग्ना सुत्त

दीघ निकाय के सुत्त पिटक, या "चर्चा की टोकरी" में 27वाँ सुत्त। इसमें जीवन, परिवार, समाज और राज्य की शुरुआत के बारे में बौद्ध विचार शामिल हैं।

दो स्पष्ट धाराएँ—ब्राह्मणिक (हिंदू) और श्रमणिक (बौद्ध)

हिंदू राजनीतिक विचार में राज्य कला

- "मत्स्य न्याय" (मछलियों का कानून) प्रकृति की स्थिति को इंगित करता है;
- राज्य निर्माण का दैवीय से अर्ध-दैवीय दृष्टिकोण।
- सरकार, समाज और राज्य को अलग करने वाली एक धुंधली रेखा है।
- धर्म राज्य और समाज के सार्वभौमिक नैतिक कोड या कानूनों के समूह के रूप में।
- लौकिक और आध्यात्मिक क्षेत्रों के बीच अंतर स्पष्ट नहीं है।

बौद्ध राजनीतिक विचार में राज्य कला

- सामाजिक अनुबंध की राज्य धारणा का जन्म।
- राज्य एक नैतिक संस्था है जो धर्म से अपना अधिकार प्राप्त करती है और लोगों को इस दुनिया में नैतिक जीवन जीने और अन्य (पारलौकिक) दुनिया में मोक्ष (निब्बाण) प्राप्त करने के लिए मार्गदर्शन करती है।
- यह दो क्षेत्रों, धर्म और अना को अलग रखने का प्रयास करता है, लेकिन धीरे-धीरे उन्हें चक्रवती धम्मिको धम्मराज (चक्रवती सम्राट) की अवधारणा में मिला देता है।

1.10 राज्य की उत्पत्ति का सिद्धांत [हिंदू राजनीतिक विचार]

1.10.1 मनुस्मृति

- प्रकृति की स्थिति: औपचारिक रूप से संरचित राज्य की स्थापना से पहले का जीवन
- हॉब्स के तरह सभी के खिलाफ सभी के युद्ध के समान, युद्ध की स्थिति थी क्योंकि कोई सद्भाव, शांति या सद्भावना नहीं थी।
- यह मत्स्य न्याय था जिसने जीत हासिल की; अराजकता, शक्ति ही अधिकार है।
- अपने कष्टपूर्ण जीवन से बचने के लिए, लोग भगवान ब्रह्मा की शरण में गए, जिन्होंने अराजकता को समाप्त करने और बुराई को दंडित करके तथा अच्छाई को बचाकर कानून और व्यवस्था को बनाए रखने के लिए राजा की स्थापना की।
- सृष्टि के समय राजा में सभी महत्वपूर्ण देवताओं के दिव्य गुण समाहित थे।
- चंद्रमा की शीतलता, सूर्य का तेज, यम का क्रोध, कुबेर का धन और इंद्र की शक्ति।

1.10.2 महाभारत

- राज्य/राजत्व की अर्ध-संविदात्मक उत्पत्ति: समाज में शांति और व्यवस्था की आवश्यकता पर आधारित।
- प्रकृति की स्थिति: पहले, कोई राज्य नहीं था, कोई राजा नहीं था, कोई दंड नहीं था, कोई अनुशासन नहीं था और दंड देने वाला कोई नहीं था, धर्म का पालन करके सामंजस्यपूर्ण और खुशहाल जीवन व्यतीत किया।
- समय के साथ, समाज का पतन हो गया। वासना और क्रोध ने मानवीय गुणों को बदनाम कर दिया।
- समय के साथ समाज का पतन हो गया। काम और क्रोध ने मानवीय गुणों को कलंकित कर दिया। मनुष्य धर्म छोड़कर सही और गलत की दृष्टि खो बैठा। समाज अराजकता में डूब गया। धर्म में शक्ति - मत्स्यन्याय।
- तब ऋषियों और देवताओं ने भगवान विष्णु (सृष्टि के स्वामी - प्रजापति) से संपर्क किया और उनसे मनुष्यों में से एक को चुनने का अनुरोध किया जो बाकी सभी पर श्रेष्ठता का हकदार हो। अनिच्छा से विष्णु ने विराज को अपनी कुछ शक्तियां दीं। लेकिन विराज के वंश में एक भ्रष्ट शासक वेन का जन्म हुआ। भगवान ने वेन को हटाकर उसके पुत्र पृथु को राजा बनाया।
- तदनुसार राजा पृथु और ऋषियों (मुनियों) के बीच ब्रह्मा की उपस्थिति में शांति, व्यवस्था, अनुशासन और धर्म को सर्वोपरि बनाए रखने के लिए एक समझौता हुआ।
- शासक को शासन की शपथ दिलाई गई - निर्भयता से शांति और व्यवस्था और उन सभी कार्यों को पूरा करना जिनमें धर्म समान रूप से निवास करता है। प्रिय और अप्रिय की परवाह किए बिना सभी नागरिकों को समान दृष्टि से देखें।
- राज्य, राष्ट्र, जनपद, पुर - राज्य को दर्शाने के लिए प्रयुक्त शब्द।

इस प्रकार, शांति, व्यवस्था, समृद्धि और धर्म को बनाए रखने के लिए ईश्वरीय हस्तक्षेप से राज्य की उत्पत्ति हुई। राज्य प्रत्येक व्यक्ति को उसकी स्थिति और जीवन के चरण के अनुसार धर्म का पालन करते हुए अपने कर्तव्यों का पालन सुनिश्चित करके व्यक्तिगत और सामान्य वस्तुओं की प्राप्ति को सक्षम बनाता है।

1.10.3 कौटिल्य का अर्थशास्त्र (प्रशासकों के लिए एक नियमावली)

- मौर्य शासन की स्थापना के साथ, भारत में एक व्यवस्थित प्रशासनिक व्यवस्था अस्पष्ट हो गई।
- चंद्रगुप्त मौर्य के प्रधान मंत्री कौटिल्य या चाणक्य ने राजनीति और प्रशासन पर पहले के कार्यों की शिक्षाओं को शामिल करते हुए अर्थशास्त्र लिखा।
- राजनीति और प्रशासन पर पहले के कार्यों की शिक्षाओं को शामिल करते हुए अर्थशास्त्र।
- प्रकृति की स्थिति - मत्स्यन्याय - शक्ति ही अधिकार है
- ऐसा इसलिए है क्योंकि मानव स्वभाव में निहित कमज़ोरियाँ हैं - वासना, लालच, सत्ता/प्रभुत्व के लिए प्रयास, अहंकार, स्वार्थ।

- मत्स्यन्याय से थके हुए लोग मनु के पास राजा के रूप में उनका नेतृत्व करने, शांति, व्यवस्था और धर्म की स्थापना करने के लिए आए
- इसके लिए, उन्होंने अपने अनाज का 1/6 भाग और व्यापार/व्यवसाय से होने वाले लाभ का 1/10 भाग देने पर सहमति व्यक्त की।
- इस प्रकार, राज्य की उत्पत्ति शांति, व्यवस्था और लोगों के कल्याण को बनाए रखने के लिए हुई।
- यह राज्य की उत्पत्ति के संविदात्मक सिद्धांत का समर्थन नहीं करता है।

1.10.4 राजत्व का हिंदू आदर्श

हिंदू राजत्व उस व्यक्ति के लिए निस्वार्थता की पराकाष्ठा थी जिसका सम्मान हिंदू लोगों पर शासन करना था। कौटिल्य द्वारा निर्धारित राजा के कार्यक्रम में उसे केवल साढ़े चार घंटे सोने, तीन घंटे भोजन और आराम करने तथा शेष घंटे राज्य प्रबंधन के लिए दिए जाते हैं। राजा को ज्ञान के चार क्षेत्रों—दर्शन (अन्विकसाकी), अर्थशास्त्र (वार्ता) और शासन विज्ञान (दंडनीति) में शिक्षा दी जाती थी, ताकि वह इस कर्तव्य को कुशलतापूर्वक निभा सके।

इसके अलावा, राजा को आत्म-नियंत्रण सीखना पड़ता था और घमंड, लालच, वासना और क्रोध को हराना पड़ता था। उसे शिकार, जुआ, बहुत अधिक शराब पीने और महिलाओं से दूर रहना पड़ता था। हिंदू शासक अपने राज्य को अपनी संपत्ति के बजाय एक पवित्र विश्वास के रूप में मानते थे। मेवाड़ के राजा राणा संग्राम सिंह, जो सिसोदिया थे, इस दर्शन का एक प्रमुख उदाहरण थे। उन्होंने एक बार घोषणा की थी कि वह अपना सिंहासन त्याग देंगे, उन्होंने खुद की तुलना एक टूटी हुई मूर्ति से की थी जो पूजा के लिए उपयुक्त नहीं है क्योंकि उन्होंने एक हाथ, एक आंख खो दी थी और उनका एक पैर बुरी तरह क्षतिग्रस्त हो गया था।

हालाँकि, कुलीनों और अन्य अधिकारियों ने उसे सिंहासन त्यागने से मना कर दिया, यह दावा करते हुए कि उसकी शारीरिक सीमाएँ वीरता और वीरता से लड़ते समय लगे घावों के कारण थीं, जिससे मेवाड़ को जीत मिली थी। इसलिए, उन्होंने घोषणा की कि वह उस शानदार सिंहासन की भव्यता को आगे बढ़ाने के लिए सबसे योग्य व्यक्ति था। इसलिए, महाभारत के अनुसार, शासन करना हर समय समाज में सर्वोच्च धर्म (कर्तव्य) है।

वैदिक काल

वैदिक ग्रंथों में वैदिक राजनीति में गणतंत्रात्मक तत्वों के अस्तित्व का उल्लेख मिलता है। जहाँ संस्थाएँ व्यक्तिगत रूप से और संयुक्त रूप से अस्तित्व में थीं, जो गैर-राजशाही या कुलीन शासन का संकेत देती हैं। पुरु साम्राज्य सबसे पहला वैदिक 'राज्य' था, जिसका गठन एक 'सुपर जनजाति' द्वारा किया गया था, जिसने कई जनजातियों को एक नई इकाई में शामिल किया था। प्रारंभिक वैदिक काल या ऋग्वेदिक काल (1500 ई.पू.–1000 ई.पू.)

राजनीतिक संरचना

सामाजिक समूह: कुल (परिवार) – ब्राह्म – विसु-जन

आदिवासी सभाओं को सभा और समितियां कहा जाता था।

उदाहरणः – भरत, मत्स्य, यदु

सामाजिक संरचना

व्यापार वस्तु विनिमय प्रणाली के माध्यम से किया जाता था, लेकिन बाद में निष्क नामक सिक्के प्रचलन में आए।

उत्तर वैदिक काल या चित्रित ग्रे वेयर चरण (1000 ई.पू. – 600 ई.पू.)

राजनीतिक संरचना:

- बलिदान राजसूय, वाजकेय और अश्वमेध थे सभाएँ और समितियाँ कम हो गई।

सामाजिक संरचना

- वर्ण व्यवस्था अधिक विशिष्ट हो गई।
- महिलाओं को सार्वजनिक सभा में भाग लेने की अनुमति नहीं थी।
- गोत्रों को संस्थागत बना दिया गया।

1.10.5 जैन धर्म और बौद्ध धर्म

- बौद्ध धर्म और जैन धर्म की उत्पत्ति मगध, बिहार में हुई और आज भी ये काफी लोकप्रिय हैं।
- बौद्ध धर्म में, अष्टांगिक मार्ग ध्यान अभ्यास में उचित दृष्टिकोण का पालन करना, सही शब्द बोलना, आठ क्रियाएं करना, धार्मिक जीवन जीना, सही प्रयास करना, सचेतनता का अभ्यास करना और सही ध्यान के साथ ध्यान केंद्रित करना शामिल है।
- सत्य, अहिंसा, चोरी न करना, अनासक्ति और तृष्णा पर नियंत्रण जैन धर्म के पाँच व्रत हैं। वे सही कार्य, सही ज्ञान और सही धारणा के तीन रत्नों का भी पालन करते हैं।
- जैन अपने इतिहास और विचारों को चौबीस अग्रदूतों की एक पंक्ति के माध्यम से वापस खोजते हैं।
- बौद्ध अरविंदन नीलकंदन का अनुसरण करके अपने अभ्यास का पालन करते हैं।
- जबकि बुद्ध की शिक्षा निस्संदेह ब्राह्मणवादी वर्ण-जाति दर्शन की तुलना में अधिक सामाजिक रूप से समावेशी थी, इसने सामाजिक को कमजोर करने या खत्म करने की कोशिश नहीं की।

1.10.6 महाजनपद और मगध

- छठी शताब्दी ईसा पूर्व में बड़े राज्यों के उदय के साथ पहला क्षेत्रीय विचार धीरे-धीरे मजबूत हुआ, जिसमें शहरों को सत्ता की सीट माना जाता था। पारंपरिक साहित्य के अनुसार छठी शताब्दी ईसा पूर्व में भारत में सोलह बड़े राज्य (महाजनपद) मौजूद थे, जिनमें से प्रत्येक में कई कृषि बस्तियाँ (जनपद) शामिल थीं। वे हैं कुरुम, मत्स्य, अस्सक, वज्जि, मल्ल, गांधार,

कम्बोज, मगध, वत्स, कोसल, शूरसेन, पंचाल, कुरुम, मत्स्य, चेदि, अवंती।

- अलग राजधानी शहर, राजाओं ने सेनाएँ संगठित की थीं, और कर एकत्र किए जाते थे और उन्हें "भग्गा" कहा जाता था।
- गणतंत्र सरकार की केंद्रीय विशेषता इसका संयुक्त चरित्र था। जनजातियों के प्रतिनिधि और परिवारों के मुखिया राजधानी की सार्वजनिक सभा (संथागर) में बैठते होंगे। यह सब तब शुरू हुआ जब उत्तर वैदिक युग के जनों या जनजातियों ने अपनी भौगोलिक बस्तियाँ स्थापित करने का निर्णय लिया।
- विधानसभाओं पर कुलीन वर्गों का प्रभुत्व था। इससे यह साबित होता है कि गणतंत्र प्रणाली मूलतः कुलीनतंत्रीय थी।
- **मगध:** मौर्य वंश, बृकद्रथद, प्रद्योत, हर्यंक और शैशुंग द्वारा शासित द्वितीय शहरीकरण के "महान साम्राज्यों" में से एक थे।
- **भूगोल:** यह क्षेत्र भारतीय राज्य बिहार के आधुनिक पटना और गया जिलों के अनुरूप था।
- **इतिहास:** पाटलिपुत्र और मगध के जीवंत विवरण इंडिका और एरियन और जुआनरंग की यात्रा डायरियों में उपलब्ध हैं।

1.10.7 मौर्य और उनकी दुनिया

चूँकि मौर्य चौथी शताब्दी के उत्तरार्ध में आए थे, इसलिए बहुत सारे डेटा ऐतिहासिक संदर्भ पर प्रकाश डालते हैं। एक ही बल द्वारा नियंत्रण मुख्य लक्ष्य था, क्योंकि मौर्यों ने उपमहाद्वीप के एक बड़े हिस्से पर कब्जा कर रखा था। कृषि का विस्तार करना और श्रम गतिशीलता को बढ़ाना साम्राज्य के पुनर्निर्माण के लिए इस्तेमाल की जाने वाली दो रणनीतियाँ थीं। अर्थशास्त्र को इस प्रभावी और सुव्यवस्थित निरंकुश और सिविल सेवा के आधार पर तैयार किया गया था। मौर्य साम्राज्य पाटलिपुत्र (शाही राजधानी) तोसली उज्जैन सुवर्णगिरी तक्षशिला (पूर्व) (पश्चिम) (दक्षिण) (उत्तर) शासक – चंद्रगुप्त मौर्य – बिंदुसार – अशोक – दशरथ मौर्य – संप्रति – शालिशुक – देववर्मन – शतधन्वन – बृहद्रथ तक फैले थे। सामाजिक संरचना: मौर्य समाज में सात जातियाँ या समूह थे। इनमें खेतिहर, किसान, दार्शनिक, योद्धा, शिल्पकार, न्यायाधीश और पार्षद शामिल थे। गणराज्य अभिजात वर्ग और गणराज्य सरकार के गैर-राजशाही रूप हैं। हलव और यौधेय नामक जनजातियों में भी गणतंत्रात्मक सरकारें थीं। "गण" शब्द का अर्थ एक प्रकार की सरकार से है, जहाँ सत्ता किसी एक व्यक्ति के पास नहीं बल्कि लोगों के समूह के पास होती है, क्योंकि गण में मजबूत और विशिष्ट संवैधानिकता होती थी। प्राचीन भारत में कई तरह के गैर-राजतंत्रीय राज्य थे, जैसा कि कई आधुनिक यूनानी लेखकों की अंतर्दृष्टिपूर्ण गवाही से प्रमाणित होता है।

गणराज्यों में विशेषाधिकार प्राप्त वर्ग- प्राचीन भारत में, ब्राह्मणों के पास बहुत सारे सामाजिक विशेषाधिकार थे। अर्थशास्त्र IX से यह प्रदर्शित होता है कि कुछ गणराज्यों में, सैन्य और व्यापारी वर्ग के पास समान राजनीतिक शक्ति थी। इस प्रकार गण राज्य में शासक वर्ग काफी बड़ा था।

इतिहास

छठी शताब्दी ईसा पूर्व में, मद्रास, पुरुस, पंचाल, सिबिस और विदेह में गणराज्य थे। ऐतिहासिक रूप से, प्राचीन भारत के उत्तर-पश्चिम और उत्तर-पूर्व में गणराज्य फल-फूल रहे थे।

200 ईसा पूर्व से 400 ईस्वी तक आगरा-जयपुर क्षेत्र में अर्जुनय गणराज्य के रूप में फले-फूले। पंजाब और सिंधु घाटी मुख्य रूप से 500 ईसा पूर्व से 400 ईस्वी तक गणराज्यों का क्षेत्र था।

1.10.8 कृषि और शहरीकरण

पूरे देश में, कृषि सबसे आम व्यवसाय रहा है। दर्ज इतिहास के दौरान, दुनिया भर में कृषि पद्धतियाँ लगभग अपरिवर्तित रहीं हैं। नतीजतन, एक प्रचलित विशेषता यह रही है कि कृषि करने से रूढ़िवादिता पैदा होती है। सामाजिक और राजनीतिक जीवन का ढाँचा महत्वपूर्ण रूप से नहीं बदला है क्योंकि कोई महत्वपूर्ण आर्थिक बदलाव नहीं हुआ है। संस्थाओं का स्वरूप और चरित्र कुछ हद तक कृषि की सर्वोच्चता द्वारा निर्धारित किया गया है, साथ ही उन्हें एक प्रभावशाली परिमितता भी प्रदान की गई है।

ऐसा माना जाता है कि भारत में शहरीकरण की शुरुआत लगभग 600 ईसा पूर्व हुई थी और इसके परिणामस्वरूप पहले ऐतिहासिक शहरों की स्थापना हुई। प्राचीन और मध्यकालीन भारत के राजाओं ने कई राजधानी जिलों का निर्माण किया जो अंततः शहर बन गए।

इसे 4 चरणों में विभाजित किया जा सकता है—

1. **प्रारंभिक चरणः** लगभग 10,000 ईसा पूर्व की शुरुआत
2. **त्वरण चरणः** (1950–2020)
3. **मंदी चरणः** (1961–71)
4. **अंतिम चरणः** जब शहरी आबादी 70% से अधिक हो जाती है

ऋग्वेद के नौवें और दसवें मंडलम में, राजनीति की अवधारणा, जैसा कि भारतीय इतिहासलेखन में समझा जाता है, को अस्पष्ट तरीके से चित्रित किया गया है। इसके बाद यह विकसित हुआ और रामायण और महाभारत में बुनियादी रूपरेखा प्राप्त की, जो राज्य के आदर्श रूपों के अंगों की चर्चा में परिलक्षित होती है। हालाँकि, इसे पौराणिक कथाओं के रूप में संदर्भित किया जाता है और ऐतिहासिक रूप से इसे विद्वानों की मान्यता नहीं मिली है। इस प्रकार, राजनीतिक सिद्धांत दीघ निकाय से लिया गया है, और इसके अध्ययन से, बुद्ध के बाद के वर्षों में सरकार, प्रशासन और कौशल के बारे में विचारों का उदय हुआ। सच में, अंबेडकर ने कहा कि बुद्ध अधिकांश पौराणिक लेखन के लेखक थे।

1.11 राजत्व/राज्य कला की उत्पत्ति के सिद्धांत

1.11.1 हिंदू राजनीतिक विचार के अनुसार राजा/शासक के कर्तव्य और दायित्व

- धर्म, शांति और व्यवस्था को बनाए रखना प्राथमिक दायित्व है

- बाहरी और आंतरिक दोनों तरह के खतरों से व्यक्तियों की सुरक्षा करना।
- उचित दंडनीति के माध्यम से धर्म को बनाए रखना
- दुष्टों को दंडित करके, अच्छे लोगों को पुरस्कृत करके और असहाय और निर्दोष लोगों की रक्षा करके धर्म को कायम रखना।
- राजा वह होता है जो अपनी प्रजा की रक्षा करता है और उसे खुश रखता है। राजा राज्य की जनता की भलाई और धन के लिए जिम्मेदार होता है
- अपने समुदाय की भलाई और गतिविधियों को अपने से पहले प्राथमिकता देना।
- राजा का कल्याण और खुशी लोगों के साथ जुड़ी हुई है।
- निष्पक्षता, कठोरता और न्याय की दंडनीति की शिक्षाओं को निष्पक्षता के साथ लागू करें।
- प्रत्येक नागरिक को समान रूप से देखें, इस बात की परवाह किए बिना कि क्या मूल्यवान है और क्या नहीं।
- राज्य को बनाए रखना और बढ़ाना

1.11.2 राजा को कैसा व्यवहार करना चाहिए: राजसी गुण

राजा को ईश्वर का अंश माना जाना चाहिए, जो पृथ्वी पर सर्वोच्च देवता "प्रजापति" का प्रतिनिधित्व करता है, जो एक दृश्य रूप में है। राजा को ईमानदार, विश्वसनीय और सभ्य होना चाहिए। उसके लिए सीधा और ईमानदार, दयालु और समझदार होना ज़रूरी है, लेकिन यथार्थवादी और वस्तुनिष्ठ भी होना चाहिए।

राजा को अपनी इंद्रियों पर नियंत्रण रखना चाहिए और आत्म-संयम का अभ्यास करना चाहिए, तभी वह दुश्मनों को परास्त कर सकता है और लोगों के जीवन में धर्म को बनाए रख सकता है। उसे साधन संपन्न, उद्यमी, मेहनती, जीवंत और उत्साही भी होना चाहिए।

- राजा पुरोहित, मंत्री और परिषद जैसे धर्मी सलाहकारों को बनाए रखना चाहिए।
- लोगों के पालन-पोषण, विकास और कल्याण के लिए यज्ञ या बलिदान करना चाहिए।
- हमेशा अपने लोगों के लिए एक आदर्श बनना चाहिए।
- राजा को अपने क्षेत्र में श्रेष्ठता प्राप्त करने के लिए निरंतर प्रयास करना चाहिए तथा हर संभव तरीके से अपने प्रतिद्वंद्वियों और शत्रुओं को परास्त करना चाहिए।
- उसका संयम सूर्य, बादल या वर्षा के समान होना चाहिए।
- धर्म की रक्षा के लिए उसे दण्डनीति का पालन करना चाहिए।

राजा का जीवन एक मिशन है, तथा उसे निरंतर अपने आपको याद दिलाना चाहिए कि वह केवल अपने सामाजिक कर्तव्यों का पालन करने के लिए राजा है, सांसारिक सुख-सुविधाओं का आनंद लेने के लिए नहीं। राजा को अपनी प्राथमिकताओं को त्यागना होगा। राजा को हमेशा निष्पक्ष, बहादुरी से तथा धर्म के अनुसार कार्य करना चाहिए। उसे हमेशा अपने से पहले अपनी प्रजा के हितों को प्राथमिकता देनी चाहिए। वास्तव में, राजा को अपने नागरिकों के साथ निष्पक्षता से, अपने परिवार

के सदस्यों की तरह व्यवहार करना चाहिए, तथा उसे सभी को अनुशासित करना चाहिए, यहाँ तक कि अपने प्रिय व्यक्ति और पुत्रों को भी।

1.11.3 राजत्व से जुड़े समारोह

महाभारत के अश्वमेध पर्व में उल्लेख है कि अभिषेक (राज्याभिषेक) के बाद अक्सर दिग्विजय (विजय) होती थी, जिसमें राजा अपनी सेना को आस-पास के क्षेत्रों पर अपनी संप्रभुता सुनिश्चित करने के लिए भेजता था। राजसूय समारोह में अग्निस्तोम, पंचवत्तीय, इंद्रतुरीय, अपामार्ग होम, अभिषेकनिया और अन्य जैसे अनुष्ठानों की एक श्रृंखला का प्रदर्शन शामिल था।

संवैधानिक राजतंत्र

वैदिक काल में राजा की दिव्यता का सिद्धांत ज्ञात नहीं था। लोगों की अपने राजा के चुनाव में काफी भागीदारी होती थी। वैदिक काल में राजतंत्र लगभग निर्वाचित था, जिसमें कुलों (जनजातियों) के प्रमुखों की राजा के चुनाव में आवाज़ होती थी।

राजा को आनंद (प्रेय) के बजाय भलाई (श्रेय) का साधक होना चाहिए। उसे ईमानदार, विश्वसनीय और गुणी होना चाहिए। उसे सीधा और कर्तव्यनिष्ठ, दयालु और मेहमाननवाज़ होना चाहिए, लेकिन निष्पक्ष और व्यावहारिक होना चाहिए। राजा को विभिन्न स्रोतों से ज्ञान इकट्ठा करना चाहिए और इसे लागू करना चाहिए ताकि नैतिक नियमों को बरकरार रखा जा सके। एक राजा को हर चीज़ से ऊपर सत्य और अहिंसा को बनाए रखना चाहिए। एक राजा जो राजधर्म के आदर्शों को बनाए रखता है, वह कमज़ोरों के प्रति शत्रुता नहीं रखता, अपने विरोधियों को नीचा नहीं दिखाता, किसी से भी घृणा नहीं करता, जल्दबाजी में काम नहीं करता।

1.12 राज्य की उत्पत्ति के विभिन्न सिद्धांत

1.12.1 सामाजिक अनुबंध सिद्धांत

- राज्यों के निर्माण के लिए लोकप्रिय व्याख्याओं में से एक सामाजिक अनुबंध सिद्धांत यह मानता है कि राजा और उसकी प्रजा के बीच एक अनुबंध ही राज्य को जन्म देता है।
- इस प्रकार, नव-अभिषिक्त राजा से यह अपेक्षा की जाती थी कि वह राष्ट्र और उसके नागरिकों को बाहरी खतरों से बचाए और राज्य के अंदर कानून और व्यवस्था प्रदान करे। हालाँकि, आरंभिक वैदिक ग्रंथों ने यह स्पष्ट कर दिया था कि राजा को राक्षसों के विरुद्ध एक प्रभावी लड़ाई का नेतृत्व करने के लिए चुना गया था, न कि यह दावा करने के लिए कि राज्य सौदे का परिणाम था।

1.12.2 दैवीय उत्पत्ति सिद्धांत

- प्राचीन भारतीय राजनीति में राज्य और राजत्व की उत्पत्ति के सिद्धांत को सार्वभौमिक रूप से स्वीकार नहीं किया गया था। इस दृष्टिकोण का मानना था कि राजा नहीं, बल्कि समाज

कानून बनाता है और राजा उनके अधीन होता है। लोगों ने शासक से ज़्यादा समुदाय को महत्व दिया था। राजा से स्नेह और दया के साथ काम करने की अपेक्षा की जाती थी, और उसे उदासीनता से काम करने की अनुमति नहीं थी।

- भारत के साहित्य के सबसे महान कार्यों में से एक महाकाव्य रामायण ने भी यह स्पष्ट रूप से स्पष्ट किया कि शासक दिव्य वंश का था और गैर-राज्य क्षेत्र का वर्णन किया जहाँ लोग मछलियों की तरह एक साथ रहते थे।
- हालाँकि, कुछ प्राचीन शास्त्र, जैसे मनुस्मृति, बताते हैं कि राज्य की उत्पत्ति दिव्य से हुई है। मनुस्मृति का एक उदाहरण है कि "भगवान ने अपनी पूरी सृष्टि की सुरक्षा के लिए राजा का निर्माण किया।" महाभारत, एक और महान महाकाव्य, बताता है कि एक राजा एक ऐसा व्यक्ति होता है जो स्वर्ग से धरती पर राजा के रूप में उतरा और श्रेष्ठ प्रतिभा और क्षमता से संपन्न होता है।
- अग्नि पुराण के अनुसार, राजा भगवान विष्णु के अवतार या रूप थे, जो सांसारिक पालनकर्ता हैं। कुछ सम्राटों ने चक्रवर्ती जैसी उपाधियाँ धारण कीं, जिसका अर्थ है "सार्वभौमिक सम्राट", हालाँकि कुछ मौर्य सम्राटों ने उन्हें देवनामप्रिय जैसी उपाधियाँ प्रदान कीं, जिसका अर्थ है "भक्तिपूर्ण सम्राट"।

भगवान द्वारा बनाए गए राजा के दिव्य तत्व

- राजशाही निरंकुशता के "दिव्य अधिकार" के सिद्धांत का समर्थन करने के लिए लंबे समय से आह्वान किया जाता रहा है। यह दावा करता है कि एक राजा के पास अपने विषयों पर पूर्ण या लगभग असीमित अधिकार होता है क्योंकि उसे भगवान द्वारा चुना जाता है और वह केवल उसके प्रति उत्तरदायी होता है।
- एक शासक जो अपने दायित्वों का पालन नहीं करता है वह मर जाएगा और नरक में जाएगा। प्रकृति की स्थिति: हुकर के अनुसार संघर्ष प्राकृतिक स्थिति है। संघर्ष की स्थिति क्योंकि अराजकता थी, शक्ति ही अधिकार है, और सभी के विरुद्ध सभी के हॉब्सियन युद्ध पर मत्स्य न्याय की विजय थी।
- लोग भगवान ब्रह्मा के पास गए, जिन्होंने अराजकता को समाप्त करने और शांति और व्यवस्था को बनाए रखने के लिए राजा की स्थापना की, ताकि वे अपने भयानक जीवन से मुक्त हो सकें। राजा के पास दिव्य गुण थे जब उसे बनाया गया था। लेकिन राजा भगवान का सबसे अच्छा और एकमात्र अवतार था, जिसे संघर्ष ने धर्म को बनाए रखने के लिए मजबूर किया। उनसे पारस्परिक संबंधों में धर्म को बनाए रखने की भी उम्मीद की जाती थी। परिणामस्वरूप, राज्य और राजा को दैवीय रचना माना जाता था।

1.12.3 जैविक सिद्धांत

इस दृष्टिकोण के अनुसार, शरीर में प्रत्येक अंग एक विशिष्ट उद्देश्य को पूरा करता है और राज्य जीवित चीजों के समान हैं। राजा, या संप्रभु, मंत्री, भूमि और लोग, राजकोष, सेना, मित्र और सहयोगी राज्य के सात घटक हैं। यह राजा है जो सात घटकों या वर्गों में सबसे महत्वपूर्ण है।

राज्य के प्रमुख तत्व

कौटिल्य ने राज्य की सात प्रकृतियाँ या आवश्यक अंग गिनाए। वे इस प्रकार थे:

1. स्वामी (कुबेर)
2. अमात्य (मंत्री)
3. जनपद (जनसंख्या)
4. दुर्गा (किलेबंद राजधानी)
5. कोष (राजकोष)
6. दण्ड (सेना)
7. मित्र (सहयोगी और मित्र)

इस दृष्टिकोण के अनुसार, शरीर में प्रत्येक अंग का एक निश्चित कार्य होता है और राज्य जीवों के समान होते हैं। सिद्धांत यह मानता है कि शरीर के प्रत्येक अंग का इष्टतम स्वास्थ्य और प्रभावी संचालन जीव के समग्र स्वास्थ्य के लिए आवश्यक है।

शिव नीतिसार राज्य और मानव शरीर के बीच तुलना करते हैं। शुक्राचार्य के अनुसार राजा सिर है, मंत्री आंखें हैं। फुटेज क्षेत्र है, हाथ फव्वारा है, सेना हृदय है, और मुंह सोना है। महाभारत के अनुसार, राज्य के ठीक से काम करने के लिए प्रत्येक घटक आवश्यक है, और वह इस दृष्टिकोण से सहमत हैं।

1.13 भारत की व्याख्या के विभिन्न पहलू

1.13.1 भारत की राजनीतिक व्याख्या

प्राचीन भारत में, ग्रामीण और शहरी तत्वों का अनुपात संभवतः अब की तुलना में काफी अधिक था। जनसंख्या स्वयं अब की तुलना में काफी अधिक बिखरी हुई थी क्योंकि यह बहुत छोटी थी। जाति ने आबादी को कम से कम चार और अक्सर कई और सामाजिक, व्यावसायिक या सामाजिक समूहों में विभाजित करके लोकतंत्र के मौलिक नैतिक आधार को बाधित किया, जिन्हें अलग-अलग डिग्री में माना जाता है। जाति ने सरकार की प्रणाली के रूप में अभिजात वर्ग पर भी हमला किया। समुदाय की बौद्धिक, वैवाहिक और आर्थिक शक्ति विभिन्न भागों में वितरित की गई थी, और इसने एक समूह में पोसेरिना की एकाग्रता को प्रदर्शित किया, शायद इसे दूसरों पर शासन करने की क्षमता प्रदान की। लोकतंत्र और अभिजात वर्ग के समाप्त होने के बाद राजशाही सरकार का सबसे प्रचलित रूप बनी रही। जब सामाजिक, आर्थिक और भौगोलिक चर एक साथ आते हैं, तो कोई भी चीज परिस्थितियों से मेल नहीं खा सकती। भूमि का कोई भी महत्वपूर्ण क्षेत्र केवल राजशाही के माध्यम से ही एकजुट हो सकता है।

जाति, जो सामाजिक व्यवस्था की आधारशिला के रूप में कार्य करती थी, भूगोल, नस्ल और आर्थिक सिद्धांतों के साथ हिंदू राजनीति में एक प्रमुख घटक थी। पूरे राज्य के लिए सरकार की प्रणाली के रूप में अभिजात वर्ग या लोकतंत्र को खारिज करने के अलावा, इसका राजशाही राज्य की विशेषताओं, प्रकृति और संचालन पर महत्वपूर्ण प्रभाव पड़ा। जाति कार्य को एक अर्थ, एक नैतिक उपदेश या एक धार्मिक विचार में बदल देती है। यह अनिवार्य रूप से समूह के उत्थान की सेवा में

व्यक्तिगत मूल्यों का त्याग करती है। यह लगभग व्यक्तित्व के इनकार की तरह लगता है क्योंकि यह विशिष्टता के मूल में जाता है। यह इस विचार को खारिज करता है कि प्रत्येक व्यक्ति स्वभाव से सार्वभौमिक है और उसे खुद को व्यक्त करने की स्वतंत्रता है जैसा कि वे उचित समझते हैं।

1.13.2 भारत की भौगोलिक व्याख्या

- भारतीय राजनीतिक इतिहारा की प्रवृत्ति भौगोलिक कारकों रो प्रेरित थी।
- यद्यपि हिमालय ने उत्तर के चारों ओर एक अभेद्य दीवार बना दी है, लेकिन उत्तर-पश्चिम की ओर खुलने वाले मार्ग ने आप्रवासियों और आक्रमणकारियों की लहरों को आने दिया, जो नई संस्थाओं, विचारों और सभ्यता के रूपों को साथ लेकर आए।
- उत्तर पश्चिमी दर्रे के कारण भारत और मध्य पूर्व के बीच व्यापार और सामान्य संचार आसान हो गया।
- सर ऑरेल स्टीन की खुदाई और खोजों ने प्रदर्शित किया है कि आज जो विशाल रेगिस्तान अंतर-संचार का समर्थन करता है, वह दो सहस्राब्दी पहले इतना सूखा नहीं था, और सभ्यता के समृद्ध केंद्र कभी बलूचिस्तान और सीस्तान में थे। दूसरी शताब्दी ईसा पूर्व के बाद ही, जब भूमि धीरे-धीरे सूख गई, तो इन स्थलों को छोड़ दिया गया।
- भारत की सीमाओं के भीतर उत्तर, उत्तर-पश्चिम, उत्तर-पूर्व, मध्य भारत और पश्चिमी तट पर पहाड़ियाँ और घाटियाँ हैं, जो कठिन परिस्थितियों में रहने वाली जनजातियों और कुलों को आश्रय प्रदान करती थीं और उन्हें अपनी विशिष्ट संस्थाओं पर दबाव बनाने में सक्षम बनाती थीं।
- उत्तर में, विशाल सिंधु-गंगा के मैदान, समतल और नीरस, ने राजनीतिक संगठन के स्वरूप को काफी हद तक निर्धारित किया है।
- वैदिक काल में पंजाब को "सप्त सिंधु" या "सात नदियों की भूमि" कहा जाता था। वैदिक काल में पंजाब में वह क्षेत्र शामिल था, जहाँ सात नदियाँ बहती थीं। ये नदियाँ हैं- सतलुज, झेलम, रावी, व्यास, चिनाब, सरस्वती और सिंधु।

अवेस्ता के सप्तर्षि के विपरीत सात नदियाँ, अज्ञात या अस्थिर पहचान वाली सात प्रमुख नदियों का समूह हैं। सात नदियों की गणना कैसे की गई, यह पूरी तरह से स्पष्ट नहीं है। उत्तरी भारत/पूर्वी पाकिस्तान में भी वे पाई जाती हैं। यदि सरस्वती और पाँच प्रमुख भारतीय नदियों (सतलज, रावी, चिनाब, झेलम, व्यास, बाद की सभी सिंधु की सहायक नदियाँ) को शामिल किया जाए, तो एक नदी, संभवतः कुभा, अनुपस्थित है। अन्य संभावनाओं में अर्जिकिया या सुषोमा शामिल हैं; सिंधु के पूर्व और पश्चिम दोनों ओर नादिस्तुति सूक्त में दस नदियों की सूची भी देखें। सरस्वती को "सात बहनों वाली" कहा जाता है, जिसका अर्थ है आठ नदियों का समूह, जिसमें सात की संख्या व्यक्तिगत सदस्यों से बड़ी है।

(i) सप्त-सिंधु क्षेत्र पूर्व में सरस्वती, पश्चिम में सिंधु और बीच में सतुद्रु, विपासा, असिक्नी, पारुष्णी और वितरता पाँच नदियों रो घिरा हुआ था।

(ii) सप्त-सिंधु को फारसी हप्ता-हिंदू आदि कहा जाता था।

(iii) इस क्षेत्र और सभ्यता के निवासियों, सप्त-सैंधवों को फारसियों द्वारा हप्ता-हैंदव आदि कहा जाता था। इस शब्द का प्रयोग जोरास्ट्रियन अवेस्ता में किया गया है।

- भारत विंध्य और सतपुड़ा द्वारा दो हिस्सों में विभाजित है। पहाड़ियों और पर्वतों की ये श्रृंखलाएँ एक ओर उत्तर और दूसरी ओर दक्कन और कृष्ण के दक्षिण के देश के बीच मुक्त संपर्क रखती हैं। लेकिन, उन्होंने दोनों क्षेत्रों को नस्ल, भाषा और आंशिक रूप से संस्कृति में अलग-अलग बना दिया है।
- कृषि पूरे देश का प्रमुख व्यवसाय रहा है। कृषि की पद्धति व्यावहारिक रूप से हर जगह और पूरे दर्ज इतिहास में एक जैसी रही है।
- इसलिए कृषि के प्रयास से जो संरक्षण पैदा होता है, वह एक सामान्य विशेषता रही है।
- अधिकांश आबादी बिखरे हुए गांवों में रहती है। प्राचीन भारत में ग्रामीण और शहरी तत्वों का अनुपात अधिक था।

- हिंदू साहित्य में चरागाह और जंगल का उल्लेख यह धारणा देता है कि देश में इतनी घनी आबादी नहीं थी। इसने समुदाय की बौद्धिक, सैन्य और आर्थिक शक्ति को विभिन्न वर्गों में वितरित किया।
- उद्योग और वाणिज्य प्रत्येक इलाके में कई लोगों द्वारा किया जाता था। उद्योग ने हमेशा खुद को गिल्ड में संगठित करने की प्रवृत्ति दिखाई है। मध्ययुगीन यूरोप में, उद्योग एक साथ सार्वजनिक और निजी, सहयोगी और व्यक्तिगत उद्यम की प्रणाली के तहत चलाया जाता था।
- उत्पादन की इकाई व्यक्तिगत मास्टर कारीगर की कार्यशाला थी; लेकिन कारीगर अपने शिल्प संघ में पूर्ण सदस्यता के आधार पर ही मास्टर के रूप में अपनी स्थिति बनाए रखता था।

1.13.3 भारत की सांस्कृतिक व्याख्या

- यह स्वीकार किया जाना चाहिए कि किसी दिए गए धर्म के लोगों का एक समूह अक्सर एक दूसरे समूह से महत्वपूर्ण मनोवैज्ञानिक लक्षणों में भिन्न होता है। जन्मजात विशेषताएँ भारत में हर जगह समान नहीं रही हैं।
- तमिल चरित्र जिसने पूरे दक्षिण भारत को इतना प्रभावित किया है। मराठों का स्वभाव जो अपनी बौद्धिक और नैतिक संरचना के मामले में जेउटन के करीब आते हैं, बंगाल या पंजाब के लोगों से बहुत अलग है।
- फिर भी, सभी विविधताओं के पीछे कुछ सामान्य विशेषताओं को पहचानना संभव है। भारतीय स्वभाव एक भावनात्मक प्रवाह और कंपन प्रदर्शित करता है जो अनुशासन और संगठन की कठोरता और संबद्ध जीवन में आधार एकरूपता के खिलाफ़ है।
- बौद्ध संघ जो हिंदू धार्मिक जीवन में संगठन का अधिकतम प्रतिनिधित्व करता था, तीव्र स्थानीयता की भावना से प्रेरित था। जैन संप्रदाय अधिक ढीले थे, जबकि ब्राह्मण चर्च के व्यवस्थितकरण के बिल्कुल खिलाफ़ थे।

- अनुष्ठान और जाति में, अनुशासन की एक सीमा निर्धारित की गई थी और संगठन की एक मात्रा का प्रयास किया गया था।
- संगठन की कमी ब्राह्मण साहित्य में व्याप्त सर्वोच्चता की ब्राह्मणवादी जंजीरों को दूर करने में बहुत मदद करती है।

1.13.4 भारत की साहित्यिक व्याख्या

ऐतिहासिक रचनाएँ, जैसे कि कानून या राजनीति पर कुछ रचनाएँ, निश्चित रूप से बहुत हैं, लेकिन अधिकांशतः वे सैद्धांतिक हैं और संस्थाओं के व्यावहारिक कामकाज के बारे में कोई जानकारी नहीं देती हैं। सामान्य साहित्य, धार्मिक या धर्मनिरपेक्ष, अत्यंत गहन जाँच के बाद ही कुछ देता है। शास्त्रीय, चीनी और अरब लेखकों द्वारा भारत के बारे में लिखे गए विदेशी विवरण अधिक मूल्यवान हैं, लेकिन वे बहुत कम और दूर-दूर तक फैले हुए हैं और उनमें से कुछ सीधे हमारे पास नहीं आए हैं। शिलालेख और सिक्के, जिन्हें हाल ही में बहुत से विद्वानों ने खोजा और पढ़ा है, हिंदू राजनीतिक संस्थाओं की संरचना और कामकाज के अध्ययन का वास्तविक आधार हैं, लेकिन उनमें प्रशासनिक और वित्तीय शब्दों की व्याख्या करना मुश्किल है। अनिश्चित तिथियों के साथ, अल्प और बिखरी हुई सामग्री पर आधारित चर्चा, सबसे अच्छे रूप में औपचारिक होने के लिए बाध्य है। इसके अलावा, प्राचीन समय के शब्दों और दस्तावेजों में आधुनिक या पूर्वकल्पित गति को पढ़ने का जोखिम है, जिसका वातावरण फिर से पकड़ना बहुत मुश्किल है। कोई व्यक्ति प्राचीन भारत की राजनीति को केवल "प्राच्य निरंकुशता" के रूप में खारिज करने के लिए प्रेरित हो सकता है, जिसके लिए आगे के विश्लेषण और मूल्यांकन की आवश्यकता नहीं है। या कोई प्राचीनता में आधुनिक समय की भावना और आदर्शों को शामिल कर सकता है। फिर, हमारे दस्तावेजों की प्रकृति ऐसी है कि अलग-अलग बयान आसानी से आकर्षक परिकल्पनाओं और सामान्यीकरणों के लिए खुद को ढाल लेते हैं। ऋग्वेद के संबंध में प्रोफेसर कीथ द्वारा दी गई चेतावनी हिंदू साहित्य, पुरालेख और मुद्राशास्त्र के क्षेत्र में बहुत कुछ लागू होती है। वह लिखते हैं, "विभिन्न परिकल्पनाओं को विश्वसनीय साक्ष्यों के साथ तैयार करना और उनका समर्थन करना आसान है, जिसके लिए एकमात्र प्रभावी आपत्ति यह है कि अन्य परिकल्पनाएँ भी उतनी ही वैध हैं और तथ्य इतने अपूर्ण हैं कि निष्कर्ष निकालना संभव नहीं है"। प्राचीन हिंदुओं की राजनीति और संस्थाओं को स्पष्ट करने के सभी प्रयासों का मूल सिद्धांत सावधानी ही होना चाहिए। एक और सावधानी, जो उतनी ही आवश्यक है, वह है "सूचनाओं को संयोजित करने" के हमेशा मौजूद प्रलोभन का विरोध करना। सैकड़ों या हज़ारों वर्षों से अलग किए गए ग्रंथों से निर्मित एक तस्वीर। अपनी पूर्णता में आकर्षक हो सकता है लेकिन हर एक के लिए सत्य नहीं हो सकता है। इसी तरह, दूर-दूर के क्षेत्रों से प्राप्त दस्तावेजों का उपयोग एक ही क्षेत्र के लिए नहीं किया जा सकता है। तिथियों की अनिश्चितता और पूरे विषय की अस्पष्टता में, प्रत्येक दस्तावेज़ को, एक सामान्य नियम के रूप में, अपने आप से ही संभाला जाना चाहिए और फिर केवल सबसे सुरक्षित संभव आधार पर दूसरों से जोड़ा जाना चाहिए। केवल सबसे कठोर आलोचनात्मक मानकों का अनुप्रयोग ही विषय को स्पष्ट करने का काम कर सकता है और, यह तुलनात्मक राजनीति के विज्ञान में एक नया अध्याय जोड़ सकता है।

1.13.5 बेनी प्रसाद द्वारा प्राचीन भारत की भौगोलिक व्याख्या

प्राचीन भारत के विभिन्न स्रोत ऐतिहासिक रचनाएँ हैं; कानून या राजनीति, सामान्य साहित्य, धार्मिक या धर्मनिरपेक्ष पर काम। शास्त्रीय, चीनी और अरब लेखकों द्वारा भारत के विदेशी विवरण, शिलालेख और सिक्के प्रोफेसर कीथ प्राचीन भारत की राजनीति को बिना किसी और विश्लेषण के या आधुनिक समय की भावना और आदर्शों को पुरातनता में आयात किए बिना केवल 'ओरिएंटल निरंकुशता' के रूप में खारिज करने के खिलाफ चेतावनी देते हैं। हिंदू राजनीतिक संस्थाओं की प्रकृति और कार्यप्रणाली काफी हद तक भूगोल, नस्लीय विशेषताओं, सामाजिक संगठनों और आर्थिक स्थितियों से प्रभावित थी। सबसे महत्वपूर्ण भौगोलिक कारक हैं। हिमालय उत्तर में एक अभेद्य दीवार की तरह था, जबकि उत्तर-पश्चिम में लगातार आप्रवासियों और आक्रमणकारियों की सीमाएँ बनी रहीं, जो नई तरह की सभ्यता, नए विचार और संस्थाएँ लेकर आए, जिससे भारत और भारत के बीच वाणिज्यिक और सामान्य संपर्क में सुविधा हुई। सर ऑरेल स्टीन द्वारा हाल ही में किए गए उत्खनन से यह साबित हुआ है कि वर्तमान में अंतर-संचार को बाधित करने वाला व्यापक रेगिस्तान 2000 साल पहले इतना शुष्क नहीं था। बलूचिस्तान और सिस्टेन में सभ्यता के समृद्ध स्थल मौजूद थे, जो दूसरी शताब्दी ईसा पूर्व के बाद धीरे-धीरे भूमि के सूखने के साथ ही वीरान हो गए। उत्तर, उत्तर-पश्चिम, उत्तर-पूर्व, मध्य भारत और पश्चिमी तट पर पहाड़ियाँ और घाटियाँ, जो जनजातियों और कुलों को आश्रय प्रदान करती थीं, उन्हें अपनी विशिष्ट संस्थाओं पर दबाव बनाने में सक्षम बनाती थीं। उत्तरी क्षेत्र सिंधु-गंगा के मैदानों वाला विशाल मैदान है, समतल और नीरसता ने राजनीतिक संगठन के स्वरूप को निर्धारित किया। ग्रीस में जिमरन ने कहा था, "प्रत्येक छोटा मैदान, जो अपनी पर्वतीय बाधाओं के भीतर मजबूती से बंद है, और जिसकी आबादी अच्छी मिट्टी के अपने छोटे से हिस्से पर केंद्रित है, ऐसा लगता है कि यह अपनी ही एक पूरी दुनिया है। चरागाह भूमि पर, दर्रे पर और दूसरी तरफ खेतों और बागों में अपना रास्ता बनाओ, और तुम्हें नई परंपराएँ और रीति-रिवाज, नए कानून और नए भगवान और सबसे अधिक संभवत: एक नई बोली मिलेगी। तुम एक नए राष्ट्र में होगे"।

उत्तर भारत सुरक्षित है क्योंकि यहाँ कोई पहाड़, झील या महंगी नदियाँ नहीं हैं जो सरकारी सीमाओं की स्थिरता को खतरे में डाल सकती हैं। चूँकि राजनीतिक सिद्धांत और जनमत उस महान साम्राज्य की तरह हैं जो समुद्र तक फैला हुआ है, सार्वभौमिक प्रभुत्व, हर राज्य अपने पड़ोसियों पर अतिक्रमण करना चाहेगा। सरकारी संस्थाओं का गठन और संचालन निरंतर लड़ाई या युद्ध की तैयारी से प्रभावित होता है, जो अन्य प्रकार के शासन पर राजशाही का समर्थन करता है। क्षेत्रीय स्वशासन आमतौर पर प्रबल होगा। विंध्य और सतपुड़ा भारत के दक्कन क्षेत्र को आधे में विभाजित करते हैं। ये पर्वत श्रृंखलाएँ कृष्णा के दक्षिण और उत्तर और दक्कन के बीच अप्रतिबंधित यात्रा की अनुमति देती हैं, जिसे लोकप्रिय रूप से टेबल लैंड के रूप में जाना जाता है। भाषा, नस्ल और कुछ हद तक संस्कृति के मामले में दो क्षेत्रों को अलग बनाती हैं। दक्कन का पठार भौगोलिक रूप से सुदूर दक्षिण से अलग है, और यह नस्ल, भाषा और संस्कृति के मामले में काफी अलग है। राजनीतिक विभाजन: भारत तीन प्रमुख क्षेत्रों में विभाजित है: उत्तर, दक्षिण और पूरा दक्कन क्षेत्र। तमिलकम, जो मद्रास के दक्षिणी भाग से केप कोमोरिन तक फैला हुआ है। आर्यों के संपर्क और प्रभाव के बावजूद इसकी सभ्यता हज़ारों सालों से अपने आप बनी हुई है। इसमें आर्यों का खून ज़्यादा नहीं मिला है। भाषा

में संस्कृत की बहुत कम शब्दावली का इस्तेमाल किया गया है। राजनीतिक संस्थाएँ कई महत्वपूर्ण तरीकों से अलग हैं।

भारतीय उपमहाद्वीप के दक्षिण-पश्चिम को मालाबार तट के रूप में जाना जाता है। आम तौर पर, यह भारत के पश्चिमी तट को संदर्भित करता है, जो कोंकण से कन्याकुमारी तक फैला हुआ है। भौगोलिक रूप से, यह केरल और कर्नाटक के कनारा क्षेत्र को शामिल करता है, जो उपमहाद्वीप के दो सबसे गीले क्षेत्र हैं। भारत के सुदूर दक्षिण-पश्चिम में, समुद्र और पश्चिमी पर्वत द्वारा बाहरी प्रभावों से सुरक्षित। कोंकण के रूप में जाना जाने वाला भूमि का एक छोटा सा क्षेत्र समुद्र और पश्चिमी घाटों से घिरा हुआ है, जिसने इसे अपनी अनूठी संस्थाओं को बनाए रखने और विकसित करने की अनुमति दी। हालाँकि यह एक अलग देश है, सिंहल द्वीप, जिसे कभी-कभी सीलोन के रूप में जाना जाता है, राजनीतिक और ऐतिहासिक रूप से दक्षिणी भारत और कुछ हद तक पूरे भारत से जुड़ा हुआ है।

किसी भी प्रशासनिक सर्वेक्षण में उत्तर, दक्कन, दक्षिण और सीलोन को अलग-अलग संबोधित किया जाना चाहिए। फिर भी, उन्होंने अक्सर एक-दूसरे को प्रभावित किया है। इसके अतिरिक्त, कुछ स्थितियाँ तुलनीय थीं, जिसने उनकी परिस्थितियों को कुछ मायनों में समान बना दिया। आर्थिक जीवन का क्षेत्र वह है जहाँ भारत का उत्तर और राष्ट्र का बाकी हिस्सा एक-दूसरे से सबसे अधिक मिलता-जुलता है। पूरे देश में अधिकांश कार्यबल कृषि में कार्यरत था। लगभग हर जगह कृषि का अभ्यास अनिवार्य रूप से एक ही तकनीक का उपयोग करके किया गया है। उनका अपना आकार और व्यक्तित्व कुछ हद तक कृषि के प्रभुत्व से आकार लेता था।

अधिकांश लोग बिखरी बस्तियों में रहते हैं। प्राचीन भारत में, ग्रामीण और शहरी क्षेत्रों का अनुपात आज की तुलना में काफी बड़ा था। खारवेल का हाथीगुम्फा शिलालेख (अनुवाद "हाथी गुफा" शिलालेख) उदयगिरि के पास, भुवनेश्वर अंतर्राष्ट्रीय हवाई अड्डे से लगभग 5 किलोमीटर (3.1 मील) पश्चिम में स्थित है। हाथीगुम्फा शिलालेख में शामिल विषयों में एक सम्राट की जीवनी है, जिसने प्राचीन भारत के एक क्षेत्र पर शासन किया था जो आज पूर्व में ओडिशा में या उसके करीब है। इसमें सार्वजनिक कार्यों की पहल, धार्मिक सिद्धांतों, सैन्य अभियानों के लक्ष्यों, समाज और संस्कृति के बारे में भी विवरण शामिल हैं। विदेशी अभिलेखों के अनुसार, प्राचीन काल में भारत की जनसंख्या अपने वर्तमान आकार की लगभग एक तिहाई थी।

सरकार का स्वरूप

राज्य का विशिष्ट आकार और संचार अवरोध प्रत्यक्ष या प्रतिनिधि प्रशासन को एक प्रकार के केंद्रीय प्राधिकरण के रूप में असंभव बनाते हैं। जाति ने लोगों को कम से कम चार और आमतौर पर अधिक नस्लीय, व्यावसायिक और सामाजिक समूहों में विभाजित किया, जिससे लोकतंत्र की मौलिक नैतिकता कमजोर हुई। जाति से अभिजात वर्ग को भी नुकसान हुआ क्योंकि इसने एक समूह में शक्ति के संचय को रोका जो उसे दूसरों पर शासन करने की अनुमति दे सकता था। अपने आप में, यह एक विशाल भौगोलिक क्षेत्र के एकीकरण का प्रतिनिधित्व कर सकता है। समूह के सदस्य जो इस बात के प्रति सचेत हो जाते हैं कि समूह के साथ उनका जुड़ाव समाज में उनके स्थान को कैसे प्रभावित करता है, उन्हें समूह चेतना के रूप में जाना जाता है। गाँव, जो क्षेत्र की आम संस्कृति को साझा करता है, कृषि में वर्चस्व की सामाजिक और राजनीतिक इकाई है। यह आमतौर पर रोजमर्रा

की जिंदगी के दौरान अपने आप में एक दुनिया की तरह प्रतीत होगा। इसकी सामूहिक चेतना सभी पहलुओं में मजबूत होगी। गांवों की बढ़ती संख्या को एक साथ जोड़कर, स्थानीय सरकार का एक उच्च विभाजन बनाया जा सकता है।

1.13.6 भारत की नस्लीय व्याख्या

जाति व्यवस्था का सिद्धांत मानवीय गरिमा को नकारना है। इसका प्रभाव सरकार के स्वरूप पर भी पड़ता है। यह क्षत्रियों को सत्ता सौंपता था। राजा के साथ अक्सर ब्राह्मण पुजारी और मंत्री होते थे। ब्राह्मण परिषदों या समितियों को अक्सर कानूनी मुद्दों को सुलझाने का काम सौंपा जाता था। प्रत्येक समूह जिसने चेतना प्राप्त कर ली है, वह अपने क्षेत्र में स्वायत्त या लगभग स्वायत्त हो जाता है। यह कार्यात्मक संगठन की ओर झुकाव को बढ़ावा देता है। धर्म का लक्ष्य शासकों के जीवन के साथ-साथ आम जनता के जीवन को प्रभावित करना था। इसने राजा को दयालु, करुणामय होना और लोगों के कल्याण के लिए प्रयास करना सिखाया। यह राज्य से आध्यात्मिक रूप से श्रेष्ठ था। धर्म में परिवर्तन से राजनीति प्रभावित होने की संभावना थी। कई सम्राटों ने दुनिया के त्याग पर जोर देने वाली धार्मिक शिक्षाओं के परिणामस्वरूप अपने बेटों या रिश्तेदारों के पक्ष में त्यागपत्र दे दिया। सिक्के, कुछ मुहरें, प्राचीन शहरों और इमारतों के खंडहर, गुफाएँ, और विदेशी पर्यवेक्षकों (अरब, यूनानी और चीनी) की कहानियाँ और हिंदू इतिहास या जीवनी जैसे कि बिल्हण का विक्रमांकदेवचरित, कल्हण की राजतरंगिणी और बाणभट्ट का हर्षचरित, आदि को अभिलेखीय अभिलेखों में जोड़ा गया है। भारतीय स्रोतों को हिंदू साहित्य, संस्कृत, मिश्रित संस्कृत, पाली, ब्राह्मण, बौद्ध और जैन ग्रंथों द्वारा बढ़ाया गया था।

हालांकि नस्लीय प्रभावों को ठीक से पहचानना मुश्किल है, फिर भी यह सच है कि किसी दिए गए क्षेत्र में अधिकांश पुरुष अक्सर महत्वपूर्ण मनोवैज्ञानिक तरीकों से अन्य समूहों से भिन्न होते हैं। उदाहरण के लिए, तमिल चरित्र अद्वितीय है और इसने पूरे दक्षिण भारत पर एक स्थायी छाप छोड़ी है। मराठा बंगाल या पंजाब के निवासियों की तरह बिल्कुल भी नहीं हैं। यहां तक कि कहा जाए तो कुछ ऐसे गुण हैं जो भारतीयों को अन्य देशों के लोगों से काफी अलग करते हैं। किसी जाति या उपजाति के लिए अलग विधायी, कार्यकारी या न्यायिक तंत्र होना दुर्लभ था। ब्राह्मण साहित्य प्रभुत्व के दावों से भरा पड़ा है, जिसे अव्यवस्था के कारण काफी हद तक खारिज कर दिया गया है। हिंदुओं के राजनीतिक जीवन पर जाति का बहुत प्रभाव है। सामाजिक कानूनों की नींव की खोज की गई। इसका राजशाही राज्य की संरचना, गतिशीलता और प्रकृति पर गहरा प्रभाव पड़ा। कार्य को एक लक्ष्य, एक नैतिक उपदेश या एक धार्मिक विचार में बदल दिया जाता है। जाति द्वारा व्यक्ति के मूल्यों की बलि दी जाती है।

1.14 अभ्यास के लिए मॉडल प्रश्न

- राज्य से आपका क्या अभिप्राय है? राज्य और राष्ट्र में क्या अंतर है?
- 'प्राचीन भारतीय राज्य कला' के सिद्धांत और व्यवहार का विश्लेषण करें।

- बिनॉय कुमार सरकार द्वारा राज्य के हिंदू सिद्धांत को परिभाषित करें।
- मत्स्य-न्याय क्या है? प्राचीन भारत में इसकी प्रासंगिकता क्या है?
- बेनी प्रसाद द्वारा प्राचीन भारत में राज्य के अर्थ को परिभाषित करें।
- राजत्व और शासन कला की उत्पत्ति के सिद्धांतों का वर्णन करें।
- 'प्राचीन काल' में कौटिल्य की राज्य की अवधारणा का वर्णन करें।
- प्राचीन भारत के संदर्भ में राज्य की उत्पत्ति के सिद्धांत क्या हैं?
- प्राचीन भारत की राजनीतिक, सामाजिक, भौगोलिक, साहित्यिक और नस्लीय व्याख्या को आप कैसे परिभाषित करेंगे?
- प्राचीन भारतीय राजनीति में शासन कला का अध्ययन करने के लिए विभिन्न ऐतिहासिक स्रोत क्या हैं?

REFERENCES

A.S.Altekar, State and Government in Ancient India, Motilal Banarsidass Publishers Pvt. Ltd., 2001, pp. 75–76.

Anthony D. Smith, *National Identity*, Penguin, London, 1991, p. 43.

Benedict Anderson, *Imagined Community*, Verso, New York, 1983, p. 6.

Beni Prasad, The state in Ancient India: Study in the structure and Practical working of Political Institutions in North India in Ancient Times, The Indian Press, Allahabad, 1928, pp. 1–16.

Benoy Kumar Sarkar, "The Hindu Theory of the State", Political Science Quarterly, Vol. 36, No. 1. (March 1921), pp. 79–90.

C.E. Bosworth, "An Early Arabic Mirror for Princes: Tāhir Dhū l-Yamīnain's Epistle to His Son 'Abdallāh (206/821)," *Journal of Near Eastern Studies*, Jan., 1970, Vol. 29, No. 1 (Jan., 1970), pp. 25–41.

Charles Tilly, Charles, 'Reflections on the History of European state-making' in Tilly, C.) ed ,(.*The formation of National States in Europe*, Princeton University Press, Princeton, 1975, p. 42.

Clifford Angell Bates, "The Trajectory of Machiavelli's Concept of State in Early Modern Politics," *Dialogi Polityczne*, November 2022, 1(32), pp. 9–10.

D.N. Jha, *Ancient India: In Historical Outline*, Manohar Publishers and Distributors, 2005. pp. 78.

George H. Sabine, "The Concept of the State as Power," *The Philosophical Review*, Jul., 1920, Vol. 29, No. 4 (Jul., 1920), p. 302.

J. Crawford, *The Creation of States in International Law*, 2nd edition, Claredon Press, 2006, p. 4.

J.D.B. Miller, *A World of States*, Croom Helm, London, 1981.

John Dunn, *The Cunning of Unreason*, Harper Collins, New York, 2000, p. 66.

John E. Tashjean, "On Theory of Statecraft," *The Review of Politics*, Vol. 35, No. 3 (Jul., 1973), p. 379.

John E. Tashjean, "On Theory of Statecraft," *The Review of Politics* , Jul., 1973, Vol. 35, No. 3 (Jul., 1973), p. 378.

Joseph Strayer, *Feudalism*, Van Nostrand, Princeton 1965, p. 30.

Original text: https://treaties.un.org/doc/Publication/UNTS/LON/Volume%20 165/v165.pdf

Quentin Skinner, 'The State' in Ball, T., Farr, J. and Hanson, R.) eds ,(.*Political Innovation and Conceptual Change*, Cambridge University Press, Cambridge 1989, p. 326.

René Grotenhuis, *Nation-Building as Necessary Effort in Fragile States*, Amsterdam University Press, 2016, pp. 28, 33.

Richard Devetak, The Modern State, in Richard Devetak, Anthony Burke, Jim George (eds.), *An Introduction to International Relations*, Cambridge University Press, Cambridge, p. 138.

See, John E. Tashjean, "On Theory of Statecraft," *The Review of Politics*, Vol. 35, No. 3 (Jul., 1973).

See, Louise Marlow (ed.), *Medieval Muslim Mirrors for Princes: An Anthology of Arabic, Persian and Turkish Political Advice*, Cambridge University Press, 2023.

See, Robin Waterfield, *Plato of Athens: A Life in Philosophy*, Oxford University Press, New York, 2023.

Statecraft Definition and Meaning—Merriam-Webster.

अध्याय 2

धम्म/धर्म की अवधारणा

2.1 परिचय

"जब पृथ्वी के राष्ट्रों को एक के बाद एक भेजा गया, तो ईश्वर ने प्रत्येक को एक विशेष कार्य दिया, वह शब्द जो प्रत्येक को दुनिया से कहना था, शाश्वत से विशिष्ट शब्द जो प्रत्येक को बोलना था। जब हम राष्ट्रों के इतिहास पर नज़र डालते हैं, तो हम लोगों के सामूहिक मुँह से यह शब्द गूंजते हुए सुन सकते हैं, जो क्रिया में बोला गया था, उस राष्ट्र का आदर्श और परिपूर्ण मानवता के लिए योगदान। पुराने दिनों में मिस्र के लिए, यह शब्द धर्म था; फारस के लिए यह शब्द पवित्रता था; चाल्डिया के लिए यह शब्द विज्ञान था; ग्रीस के लिए यह शब्द सौंदर्य था; रोम के लिए यह शब्द कानून था; और भारत को, जो उनके बच्चों में सबसे बड़ा था, उसने भारत को एक ऐसा शब्द दिया जो पूरी तरह से एक में समाहित था, शब्द धर्म। यह दुनिया के लिए भारत का शब्द है।"

— *एनी बेसेंट, थियोसोफिकल सोसायटी का अधिवेशन, 1898*

एनी बेसेंट ने 1898 में थियोसोफिकल सोसायटी के वार्षिक अधिवेशन के दौरान अपने संबोधन में धर्म के महत्व को उल्लेखनीय रूप से व्यक्त किया, जिसमें उन्होंने कई महत्वपूर्ण बिंदुओं पर प्रकाश डाला:

(i) *धर्म* शब्द और इस शब्द के अंतर्गत आने वाली धारणाएँ भारतीय सभ्यता को भारत के विचार और संस्कृति में आंतरिक रूप से परिभाषित करती हैं।

(ii) *धर्म* एक ऐसा सार है जो भारत के लिए अद्वितीय है और यह वह अवधारणा भी है जो दुनिया में भारत का प्रतिनिधित्व करती है। यह "वह है जिसे भारत दुनिया को सिखाने के लिए बनाया गया था"। यह ध्यान रखना दिलचस्प है कि अवेस्तान सहित इंडो-यूरोपीय भाषा परिवार में धर्म का कोई समानार्थी शब्द नहीं है और संभवतः "ऋग्वेदिक भजनों के कवियों द्वारा आविष्कृत एक नवशब्द है।" उनके अनुसार धर्म "आंतरिक प्रकृति है, जो प्रत्येक व्यक्ति में विकास और विकास के एक निश्चित चरण तक पहुँच चुकी है। यह आंतरिक प्रकृति ही है जो बाहरी जीवन को आकार देती है, जिसे विचारों, शब्दों और कार्यों द्वारा व्यक्त किया जाता है, आंतरिक प्रकृति जो इसके आगे के विकास के लिए उपयुक्त

वातावरण में पैदा होती है।" इसलिए, धर्म प्रकृति में व्यक्तिपरक है, क्योंकि प्रत्येक मनुष्य के लिए वातावरण अलग है और जो व्यक्ति अपनी सहज प्रकृति के अनुसार कार्य (कर्म) करता है, वह धर्म के साथ जुड़ जाता है। धर्म इस प्रकार कार्यों के साथ अभिन्न रूप से जुड़ा हुआ है और इसलिए इस शब्द का अक्सर कर्तव्य, नैतिकता, कानून, धार्मिकता या धर्म के रूप में अनुवाद किया जाता है। जबकि इसका अर्थ ये सभी और बहुत कुछ है, इसका अर्थ इन अनुवादों द्वारा व्यक्त किए गए अर्थ से कहीं अधिक गहरा और व्यापक है।

2.2 धर्म: इतिहासलेखन का अवलोकन

धर्म संभवतः भारतीय साहित्यिक इतिहास के विद्वानों के बीच सबसे विस्तृत रूप से चर्चित और बहस किए जाने वाले विषयों में से एक है। उपरोक्त चर्चा से यह स्पष्ट है कि 19वीं शताब्दी के अंत तक भारत में धर्म चर्चा का एक अनिवार्य घटक बन गया था। हालाँकि, इस विषय पर चर्चा 18वीं शताब्दी के उत्तरार्ध से शुरू हुई थी, जब सर विलियम जोन्स ने 1776 में मनुस्मृति के अंग्रेजी अनुवाद को प्रकाशित किया था, जिसे मानव धर्मशास्त्र के रूप में भी जाना जाता है। मनुस्मृति वास्तव में अंग्रेजी में अनुवादित होने वाले पहले संस्कृत ग्रंथों में से एक था और इस पाठ का अनुवाद करने का प्राथमिक उद्देश्य आबादी पर शासन करने के लिए अंग्रेजों द्वारा हिंदू रीति-रिवाजों के बारे में ज्ञान एकत्र करना था।

इस अवधि में धर्म पर लेखन ने इसे प्रमुख रूप से "हिंदू कानून" के रूप में पहचाना। भारत में औपनिवेशिक काल के दौरान बड़े ऐतिहासिक अभ्यास के एक हिस्से के रूप में धर्म पर अध्ययन भारत में शुरू हुआ।

भारतीय कानूनी इतिहास पर विशेष रूप से अकादमिक, व्यवस्थित और वस्तुनिष्ठ लेखन तब शुरू हुआ जब न्यायशास्त्र के विद्वानों और कानून के इतिहासकारों ने भारतीय कानूनी चेतना और इसकी प्राचीनता की ऐतिहासिक जड़ों का पता लगाने की कोशिश करने के अलावा इस बात पर भी बहस शुरू की कि क्या "धर्म" की अवधारणा को नियमों की एक औपचारिक प्रणाली के रूप में माना जा सकता है।

धर्म ने प्राचीन भारतीय सभ्यता को महत्वपूर्ण रूप से परिभाषित किया है, यह भारतीय इतिहास के संगठित अध्ययन के उद्भव के बाद से गंभीर शोध का विषय रहा है। धर्म पर अध्ययन के शुरुआती वर्ष शब्द को परिभाषित करने और उसका अनुवाद करने में कठिनाई का खुलासा किया । धर्म शब्द का अर्थ संदर्भ, पाठ की शैली या धार्मिक परंपरा के आधार पर बहुत अधिक बदल जाता है, इसलिए इसे किसी सटीक समकक्ष में प्रस्तुत नहीं किया जा सकता है। दूसरे शब्दों में, धर्म शब्द का उपयोग विभिन्न अर्थों में किया जाता है, उदाहरण के लिए, जिस तरह धर्म का सही अनुवाद कानून या न्याय हो सकता है, उसी तरह इसका सही अनुवाद नैतिकता, सद्गुण, शिक्षा, न्याय, बलिदान, प्रकृति, आधार और धर्म आदि में भी किया जा सकता है।

आगे के अध्ययनों ने धर्म की वैधता को एक कानूनी अवधारणा के रूप में समझाने पर ध्यान केंद्रित करके नई अंतर्दृष्टि पेश की। विद्वानों ने इस बात पर बहस शुरू की कि किस हद तक धर्म को 'कानून' के रूप में योग्य माना जा सकता है और धर्मशास्त्रों को किस हद तक 'संहिताबद्ध कानूनी ग्रंथ'

माना जा सकता है। रॉबर्ट लिंगट, डंकन डेरेट, वर्नर मेन्स्की और ए.डी. माथुर जैसे विद्वानों को इस चर्चा में महत्वपूर्ण योगदानकर्ता माना जांता है। लिंगट इस विषय पर व्यवस्थित चर्चा शुरू करने वाले पहले लोगों में से एक थे। हालाँकि उन्होंने धर्मशास्त्रों के संहिताकरण से पहले किसी भी औपचारिक कानून की अनुपस्थिति के कारण धर्म को सकारात्मक कानून होने से इनकार कर दिया, लेकिन उनका मानना था कि धर्म अभी भी कानून के रूप में योग्य हो सकता है क्योंकि यह व्यक्तियों को उनके संबंधित नियमों के भीतर बांधता है। इसके अलावा, व्यावहारिक क्षेत्र में धर्म के माध्यम से ही न्याय भी दिया जाता है। डंकन एम. डेरेट ने वास्तविकता में विवादों को सुलझाने में धर्मशास्त्र ग्रंथों की भूमिका को प्रदर्शित करने के लिए धर्म के अध्ययन को आगे बढ़ाया। उनके कई लेख लंबे समय से चले आ रहे विवादों को सुलझाने में धर्म मानदंड ग्रंथों के वास्तविक अनुप्रयोग का एक दिलचस्प विवरण देते हैं।

धर्म को कानून के रूप में योग्य मानने की पिछली मान्यताओं के विपरीत, मेन्स्की ने तर्क दिया कि प्राचीन भारत कानून की एक समान प्रणाली द्वारा नियंत्रित नहीं था। उनका तर्क है कि चूंकि भारत के एक बड़े हिस्से में कानून रीति-रिवाजों के रूप में प्रचलित था और इसलिए अलिखित था, इसलिए हिंदू कानून को केवल शास्त्र या लिखित ग्रंथों को देखकर पूरी तरह से पुनर्निर्मित नहीं किया जाना चाहिए। वे भारतीय इतिहास के अधिकांश समय में एक मजबूत राजनीतिक केंद्र की अनुपस्थिति को देखते हुए पारंपरिक हिंदू कानूनी प्रणाली में कानूनी एकरूपता से भी बचते हैं। माथुर भी धर्म को कानून के रूप में स्वीकार नहीं करते हैं; इसके बजाय वे व्यवहार को वह मानते हैं जिसे कानून कहा जा सकता है। उनका तर्क है कि धर्म कानून की बाहरी सीमा निर्धारित करता है और साथ ही इस अर्थ में इसका मूल भी बनाता है कि धर्म न्याय, समानता या अच्छे विवेक की अवधारणाओं जैसे दार्शनिक विचारों को शामिल करता है और उनका प्रतिपादन करता है। इस तरह से, वे कहते हैं, धर्म को निश्चित रूप से कानून का आधार बनाने और कानून के निर्माण के उद्देश्य को आगे बढ़ाने के लिए लिया जा सकता है, लेकिन इसे कानून के समकक्ष नहीं समझा जा सकता है। धर्म के अध्ययन में एक और महत्वपूर्ण योगदान ऐतिहासिक पृष्ठभूमि पर चिंतन की एक श्रृंखला के साथ आया जिसमें धर्मशास्त्र साहित्य का निर्माण किया गया था। वेंडी डोनिगर और पैट्रिक ओलिवेल ने मनुस्मृति के अपने अनुवादों में उन

प्रचलित ऐतिहासिक परिस्थितियों का अध्ययन किया है जिसमें पाठ लिखा गया था। डोनिगर मनु की रचना को एक गहरे सामाजिक-राजनीतिक संकट के भीतर समझाते हैं जो भारत में विधर्मी पंथों के उदय के कारण वैदिक ब्राह्मणवादी आदर्शों के पतन के साथ आया था। मनु पुराने वैदिक रीति-रिवाजों के एक बड़े पुनर्मूल्यांकन के रूप में उभरा, जिसमें रूढ़िवादी ब्राह्मणवाद को लचीलापन प्रदान करने और इसके अस्तित्व को सुनिश्चित करने के लिए कई महत्वपूर्ण बदलाव शामिल किए गए। ओलिवेल इसी तरह की पंक्तियों पर तर्क देते हैं, लेकिन विशेष रूप से समाज में जोरदार बौद्ध उपस्थिति और पाठ की रचना के लिए ब्राह्मणों के परिणामस्वरूप पतन पर जोर देते हैं। उनका अध्ययन महत्वपूर्ण है क्योंकि वे साहित्य की इस शैली के उद्भव के साथ धर्म की प्रकृति और अर्थ में हुए उल्लेखनीय विकास की व्याख्या करते हैं और इस प्रकार धर्म की हमारी समझ में एक और आयाम जोड़ते हैं।

पैट्रिक ओलिवेल द्वारा संपादित पुस्तक "धर्म: इसके अर्थगत, सांस्कृतिक और धार्मिक इतिहास में अध्ययन" धर्म के अध्ययन में कार्यप्रणाली और विषय में नई अंतर्दृष्टि दोनों के संदर्भ में एक और महत्वपूर्ण योगदान है। पुस्तक किसी को यह विश्वास दिलाती है कि इस विषय के साथ वर्षों के विद्वत्तापूर्ण जुड़ाव के बावजूद, इस शब्द और अवधारणा को समझने की बहुत गुंजाइश है।

धर्म पर अध्ययन सामान्य रूप से ब्राह्मणवादी स्रोतों और विशेष रूप से धर्मशास्त्र साहित्य पर केंद्रित थे। वर्तमान संग्रह इस अर्थ में अग्रणी है कि ब्राह्मणवादी, बौद्ध और जैन जैसी विभिन्न परंपराओं के ग्रंथों को एक साथ रखकर जांचा जाता है, न कि किसी विशेष ग्रंथ को अलग से अध्ययन किया जाता है। यह विधि विद्वानों की इस धारणा से आती है कि विभिन्न सामाजिक-राजनीतिक, धार्मिक या दार्शनिक परंपराएँ एक-दूसरे को प्रभावित करती हैं क्योंकि वे एक-दूसरे के साथ निरंतर संवाद में रहती हैं। एक-दूसरे के विश्वदृष्टिकोण की अस्वीकृति और स्वीकृति दोनों ही शब्दों के अलग-अलग समझ हासिल करने के तरीके पर प्रभाव डालती है जो बदले में शब्द के अर्थपूर्ण विकास की ओर ले जाती है। अपने निबंध में ओलिवेल ने देखा कि "यह पहचानना महत्वपूर्ण है कि शब्द शून्य में मौजूद नहीं होते हैं; उनका उपयोग ऐसे व्यक्तियों और समूहों द्वारा किया जाता है जिनका अपना इतिहास और

रुचियां होती हैं और जो शब्दों का उपयोग करते समय उनके अर्थ बदल देते हैं।" इस प्रकार, पुस्तक इस बारे में अनूठी अंतर्दृष्टि प्रदान करती है कि कैसे परंपराएँ समाज की प्रचलित शंब्दावली से शब्दों का चयन करती हैं और उन्हें पारंपरिक तरीकों से उपयोग करती हैं और साथ ही उन्हें पूरी तरह से नए तरीकों से पुनर्परिभाषित करती हैं। पॉल होर्श का निबंध जिसका शीर्षक है "सृष्टि मिथक से विश्व कानून तक" एक उपयोगी प्रारंभिक बिंदु के रूप में कार्य करता है क्योंकि वह सबसे प्रारंभिक साहित्यिक ग्रंथों से शुरू करता है। वह वैदिक साहित्य, ब्राह्मणों और उपनिषदों का उपयोग धर्म की उत्पत्ति और बौद्ध धर्म के उद्भव तक इसके अर्थ में होने वाले परिवर्तनों का पता लगाने के लिए करता है। वह धर्म के व्युत्पत्तिगत अर्थ की व्याख्या करके शुरू करता है, जो कि धृ है और जिसका अर्थ है 'धारण करना', 'समर्थन करना' या 'बनाए रखना'। ग्रैबमैन के विपरीत, जिन्होंने ऋग्वेद में धर्म के लगभग 20 अर्थ प्रस्तुत किए थे, होर्श सुझाव देते हैं कि ऋग्वेद में, धृ का मूल अर्थ पूरी तरह से पुराने अंशों में बचा हुआ है और इस स्तर पर धर्म की अर्थगत सीमा का विस्तार करना अनावश्यक है। उन्होंने कहा कि आरंभिक चरण में धर्म का प्रयोग एक पौराणिक ब्रह्मांडीय क्रिया के संदर्भ में किया जाता था, जिसमें ब्रह्मांड तब अस्तित्व में आया जब इंद्र और वरुण जैसे वैदिक देवताओं ने आकाश और पृथ्वी को अलग किया और आकाश को 'आधार' प्रदान किया ताकि वह नीचे न गिरे। अगले चरण में धर्म का अर्थ निरंतर 'आधार' देने के कार्य को इंगित करने के लिए बदल जाता है ताकि ब्रह्मांडीय स्थिरता को निरंतर बनाए रखा जा सके। इसके बाद, धर्म एक स्वतंत्र और स्वायत्त शक्ति में बदल जाता है जो ब्रह्मांडीय और सामाजिक व्यवस्था के 'रखरखाव' को इंगित करता है।

अर्थ में एक गहरा परिवर्तन अगले चरण में होता है जब धर्म पौराणिक क्रिया से अलग हो जाता है और यह धारणा मानव सामाजिक स्तर में प्रवेश करती है जहां मनुष्यों से बलिदान और समारोहों को करके ब्रह्मांड के रखरखाव में भाग लेने की उम्मीद की जाती है। हॉर्श का सुझाव है कि यह इस स्तर पर है कि धर्म 'विश्व कानून' बन जाता है। धर्म का यह अर्थ बाद के वेदों में और अधिक गहरा हो जाता है और अथर्ववेद में यह शब्द धर्म से धर्मः में बदल जाता है। ब्राह्मण युग से, धर्म व्यक्तियों और जातियों के विभिन्न कर्तव्यों और अधिकारों में बदल जाता है। हॉर्श का सुझाव है कि यह बाद का वैदिक अर्थ 'विश्व कानून' है जिसका उपयोग बौद्ध धर्म यह समझाने के लिए करता है कि विश्व की घटनाओं के नियमों के अनुरूप होना मुक्ति या मोक्ष की ओर ले जाता है। इसके अलावा बौद्धों ने धर्म के इस प्रतिपादन को एक दिव्य/आस्तिक मंच तक बढ़ा दिया। हॉर्श के विपरीत, ब्रेरेटन केवल ऋग्वेद को ही अपना स्रोत मानते हैं और उन अंशों का विश्लेषण करते हैं जिनमें धर्म शब्द स्वतंत्र रूप से या सत्यधर्मन, धर्मवंत, धर्मकृत जैसे यौगिकों के रूप में आता है। ऋग्वेद में इस शब्द के 63 बार आने पर ब्रेरेटन ने युवा स्तरों में इसकी बढ़ती आवृत्ति देखी है, जो बताता है कि धर्म एक विकासशील शब्दावली थी। हॉर्श के विपरीत, उनका निष्कर्ष है कि धर्म के अर्थ में बहुत कम परिवर्तन हुआ है। उनका मानना है कि समर्थन, समर्थन या रखरखाव के लिए धर्म के शब्दार्थ की सीमा को बढ़ाना अनावश्यक है। इसके बजाय, उनका सुझाव है कि ज्यादातर मामलों में इसके उपयोग को समझाने के लिए 'आधार' शब्द का उपयोग करना उचित है। पैट्रिक ओलिवेल की 'धर्म का अर्थ इतिहास: मध्य और उत्तर वैदिक काल' उन्होंने चयनित यजुर्वेदीय संहिताओं, ब्राह्मणों, शाण्यकों, उपनिषदों, श्रौतसूत्रों और गृहसूत्रों का अध्ययन किया। उनका सुझाव है कि उक्त अवधि के दौरान धर्म ने जो केंद्रीयता प्राप्त की, उसे देखते हुए इन साहित्य में इस शब्द की आवृत्ति और अर्थ सीमा में वृद्धि की उम्मीद की

जा सकती है। इसके विपरीत, उनका मानना है कि उत्तर वैदिक साहित्य में इसकी आवृत्ति और अर्थ सीमा दोनों में कमी आई है। वह दर्शाते हैं कि इस अवधि के दौरान ब्राह्मण साहित्य में धर्म ने एक विशेष अर्थ प्राप्त कर लिया था और यह वह विशेष प्रतिपादन था जिसे बौद्धों और मौर्य राजा अशोक ने अपनाया था। इसे अपनाने के बाद, उन्होंने इस शब्द को विभिन्न तरीकों से परिभाषित करके धर्म की शब्दार्थ सीमा का विस्तार किया। धर्म की इस विस्तारित धारणा को बाद में अपनाया गया और बाद के ब्राह्मण साहित्य में शामिल किया गया। उत्तर वैदिक ग्रंथों में धर्म का जो विशेष अर्थ है, वह मुख्य रूप से राजा, शाही बलिदान और कई अन्य शाही प्रतीकों से संबंधित है।

ओलिवेल बताते हैं कि यजुर्वेदीय संहिताओं में राजसूय और अश्वमेध बलिदान जैसे महत्वपूर्ण अनुष्ठान संदर्भों में धर्म और वरुण के बीच एक स्पष्ट संबंध स्थापित किया गया है। इसके अलावा, शाही शक्ति या क्षत्र और साथ ही न्यायिक क्षेत्र भी धर्म से घनिष्ठ रूप से जुड़े हुए हैं। ओलिवेल का सुझाव है कि यह विशेष धर्म ही है जिसे बुद्ध ने पारंपरिक ब्राह्मणवादी धारणाओं से उधार लिया और अपनी धार्मिक विचारधारा को व्यक्त किया। इस अपनाने के बाद, धर्म धार्मिक शब्दावली का हिस्सा बन जाता है और अधिक नैतिक और धार्मिक बन जाता है। शब्द के इस अर्थपूर्ण विकास को अशोक ने और मजबूत किया, जिन्होंने धर्म को कई अन्य अवधारणाओं जैसे नैतिकता, सदाचार, अहिंसा आदि के साथ जोड़ा। धर्म की एक अतिरंजित समझ को अंततः ब्राह्मणवादी धर्म द्वारा अपनाया गया, जिससे धर्मसूत्र और धर्मशास्त्र साहित्य का उदय हुआ।

रूपर्ट गेथिन द्वारा लिखित निबंध जिसका शीर्षक है "वह जो धम्म को देखता है, वह धम्म को देखता है: प्रारंभिक बौद्ध धर्म में धम्म" मूलतः धर्म के अर्थों की समझ है जो प्रारंभिक बौद्ध धर्म के भीतर आंतरिक रूप से विकसित हुई। उन्होंने निकाय और प्रारंभिक अभिधम्म ग्रंथों जैसे प्रारंभिक बौद्ध साहित्य की जांच की। उन्होंने धम्म के छह अलग-अलग अर्थों की पहचान की जिन्हें इन ग्रंथों में पहचाना जा सकता है। वे हैं: बुद्ध की 'शिक्षा', सामान्य रूप से 'अच्छा आचरण' लेकिन विशेष रूप से बुद्ध द्वारा निर्धारित आचरण, बौद्ध मार्ग का अनुसरण करके प्राप्त सत्य, विशेष प्रकृति या गुण, अंतर्निहित प्राकृतिक नियम या व्यवस्था और बुनियादी मानसिक या शारीरिक स्थिति या वस्तु। गेथिन ने देखा कि धर्म की बुनियादी ब्राह्मणवादी और बौद्ध समझ समान है क्योंकि दोनों वास्तविकता की प्रकृति का वर्णन करते हैं और व्यक्तियों के कार्यों को भी नियंत्रित करते हैं। हालाँकि, धम्म के अर्थ में विकास तब समझा जाता है जब यह बुद्ध के चिंतन, ध्यान और अनुभव के तरीके की प्रक्रिया का वर्णन करता है। इसलिए, बुनियादी मानसिक और शारीरिक गुणवत्ता पर आधारित धम्म की बौद्ध धारणा जिसे धम्म का बौद्ध सिद्धांत भी कहा जाता है, प्रारंभिक बौद्ध साहित्य में धर्म के अर्थ के लिए विशिष्ट जोड़ है। ओले क्वार्नस्ट्रोम द्वारा लिखित "जैन धर्म में धर्म - एक प्रारंभिक सर्वेक्षण" जैन परंपरा में धर्म के अर्थों का अध्ययन करता है। लेखक का कहना है कि इस शब्द का सबसे अधिक बार उपयोग जैन शिक्षाओं के अर्थ में होता है, जैसा कि प्रारंभिक विहित संस्कृत ग्रंथों चरंगसूत्र और सूत्रकृतांगसूत्र में स्पष्ट है। धीरे-धीरे, परंपरा के भीतर धर्म ने अतिरिक्त अर्थ ग्रहण करना शुरू कर दिया। 150–350 ईस्वी के बीच लिखे गए उमास्वाति के तत्त्वार्थसूत्र और कुंदकुंड के प्रवचनसार ने धर्म के रूप में धार्मिक व्यवहार के दस घटकों को नामित किया है। ये ग्रंथ नैतिक आचरण का अभ्यास करने में सक्षम होने के लिए मन की एक विशेष स्थिति को अपनाने पर भी जोर देते हैं। ओले का सुझाव है कि जैन परंपरा के भीतर धर्म के अर्थ में ऐसा विकास जैन धर्म के एक धर्म के रूप में परिपक्व

होने के कारण हो रहा था। वह यह भी कहते हैं कि धर्मशास्त्र में व्यक्त समकालीन ब्राह्मणवादी धर्म और संस्कृति ने जैन धर्म की समझ को प्रभावित किया। रिचर्ड डब्ल्यू. लैरीविएर का "धर्मशास्त्र, प्रथा, 'वास्तविक कानून' और 'अपोक्रिफ़ल' स्मृतियाँ" न केवल वर्तमान खंड में बल्कि कानून के रूप में धर्म और कानून संहिताओं के रूप में धर्मशास्त्रों की वैधता पर व्यापक बहस के भीतर भी एक महत्वपूर्ण योगदान है। इस निबंध में लैरीविएर धर्मशास्त्रों में लिंगाट और डेरेट की धर्म की समझ के खिलाफ तर्क देते हैं। उनका तर्क है कि धर्मशास्त्रों को कानून की पारंपरिक और पश्चिमी अवधारणा के बजाय स्थानीय रीति-रिवाजों और व्यवहार के पारंपरिक मानकों के रिकॉर्ड का प्रतिनिधित्व करने के रूप में समझा जाना चाहिए। उनके लिए, धर्म और धर्मशास्त्र कानून के स्रोतों के रूप में अधिक उपयुक्त हैं। वह डेरेट की इस राय पर आपत्ति जताते हैं कि धर्मशास्त्र सकारात्मक कानून नहीं है और इसके बजाय तर्क देते हैं कि ये ग्रंथ सकारात्मक कानूनी ग्रंथ के रूप में योग्य हैं क्योंकि उनके प्रावधान मानक मूल्यों पर आधारित हैं और एक उचित रूप से गठित प्राधिकरण द्वारा लागू किए जाते हैं। वह नारदस्मृति के श्लोक का हवाला देते हैं जो हमें बताता है कि राजा को विधर्मियों के रीति-रिवाजों को भी लागू करना पड़ता है। यह उद्धरण लैरीविएर की धर्म की स्थानीय या विशिष्ट रीति-रिवाजों और धर्मशास्त्रों को सकारात्मक कानूनों का प्रतिनिधित्व करने वाली समझ को योग्य बनाता है। वह धर्म को कई भौगोलिक क्षेत्रों और जनजातियों के ब्राह्मणीकरण की पृष्ठभूमि में स्थानीय रीति-रिवाजों के रिकॉर्ड के रूप में समझाता है। इसलिए, चाहे स्मृतियाँ किसी भी प्रथागत प्रथा को कितना भी स्वीकार न करें, एकरूपता और बेहतर प्रशासन की सुविधा के लिए उसे पाठ में शामिल करना ही होगा।

जॉन ब्रॉकिंगटन की "रामायण में धर्म की अवधारणा" महाकाव्य रामायण में धर्म के अर्थों के विकास का अध्ययन करती है। ब्रॉकिंगटन ने पहले तर्क दिया था कि वाल्मीकि रामायण पाँच चरणों में अपने स्वीकृत रूप में विकसित हुई जिसे पाठ के भाषाई विश्लेषण से समझा जा सकता है। इस निबंध में, वह अपने पाँच-चरण सिद्धांत के आधार पर धर्म के अर्थ में अर्थगत विकास की पहचान करने की कोशिश करता है। वह देखता है कि पाठ में इस शब्द की 1100 घटनाओं में से, महाकाव्य के विकास का दूसरा चरण सबसे अधिक बार आता है। पहले चरण में, धर्म का अर्थ शब्द की वैदिक समझ के करीब है जबकि दूसरे चरण में धार्मिक मामलों पर जोर दिया जाता है और धर्म को नैतिक व्यवहार के संदर्भ में समझा जाता है। अधिकांश मामलों में, यह नैतिकता, सद्गुण, परिवार, व्यक्तिगत कर्तव्य, राजधर्म, जाति के कर्तव्य आदि को दर्शाता है।

जेम्स एल. फिट्ज़गेराल्ड द्वारा लिखित "धर्म और महाभारत में इसका अनुवाद" महाभारत के शांतिपर्वन में धर्म को समझने के अर्थों को सारांशित करता है। अलग-अलग संदर्भों में शब्द का अलग-अलग अनुवाद करने के बजाय, उन्होंने धर्म की अंतर्निहित अवधारणा को समझना और तदनुसार इस शब्द को तीन अर्थों में वर्गीकृत करना पसंद किया। शब्द का पहला अर्थ, जिसे वे 'धर्म का मूल विषय' कहते हैं, वह आदर्श क्रिया को दर्शाता है जो मृत्यु के बाद कर्ता के लिए लाभकारी है। यह प्रयोग बलिदान, संतानोत्पत्ति, अतिथि सत्कार, वेद का सम्मान, तीर्थ यात्रा आदि जैसे कर्मों को संदर्भित करता है। दूसरा अर्थ किसी कार्य की 'नैतिक गुणवत्ता' को दर्शाता है, उदाहरण के लिए, सत्यता, अच्छाई, शुद्धता का गुण, न्याय आदि। शब्द का तीसरा प्रयोग साधरण धर्म की श्रेणी में आता है जिसका अर्थ है व्यक्ति के आंतरिक गुण (गुण) जिसमें सद्गुण, उदारता, दया, ईमानदारी आदि जैसे गुण शामिल हैं।

मनुस्मृति या "मनु के नियम", संस्कृत मनुस्मृति मनुस्मृति; मानव-धर्मशास्त्र के रूप में भी जाना जाता है, प्राचीन ऋषि मनु द्वारा लिखित हिंदू धर्म की धर्मशास्त्र पाठ्य परंपरा का सबसे महत्वपूर्ण और सबसे प्रारंभिक छंदात्मक कार्य है, जो धर्म के पालन के लिए दस आवश्यक नियम निर्धारित करता है: धैर्य (धृति), क्षमा (क्षमा), धर्मपरायणता या आत्म नियंत्रण (दम), ईमानदारी (अस्तेय), पवित्रता (शौच), इंद्रियों पर नियंत्रण (इंद्रिय-निग्रह), कारण (धी), ज्ञान या सीखना (विद्या), सत्यता (सत्य) और क्रोध की अनुपस्थिति (क्रोध)। मनु आगे लिखते हैं, "अहिंसा, सत्य, अपरिग्रह, शरीर और मन की पवित्रता, इंद्रियों पर नियंत्रण ही धर्म का सार है"। इसलिए धार्मिक कानून न केवल व्यक्ति बल्कि समाज के सभी लोगों पर शासन करते हैं। सर विलियम जोन्स ने मनुस्मृति को 1250 ईसा पूर्व का कालखंड बताया। कार्ल विल्हेम फ्रेडरिक श्लेगल ने इसे 1000 ईसा पूर्व का बताया है। वर्तमान स्वरूप में, मनुस्मृति को आमतौर पर 5वीं शताब्दी ईसा पूर्व का माना जाता है। कुछ विद्वानों ने अनुमान लगाया है कि यह 200 ईसा पूर्व से 200 ईसवी के बीच कहीं भी हो सकती है। मनुस्मृति में पिछले धर्मसूत्रों और अर्थशास्त्रों का स्पष्ट प्रभाव दिखाई देता है।

धर्म का सामान्य अर्थ है 'धार्मिकता का सिद्धांत' या 'कर्तव्य', पवित्रता का सिद्धांत और एकता का सिद्धांत। युधिष्ठिर ने भीष्म को दिए अपने निर्देशों में कहा कि जो कुछ भी संघर्ष उत्पन्न करता है वह अधर्म है और जो कुछ भी संघर्ष को समाप्त करता है और एकता और सद्भाव लाता है वह धर्म है। जो कुछ भी सभी को एकजुट करने और शुद्ध दिव्य प्रेम और सार्वभौमिक भाईचारे को विकसित करने में मदद करता है वह धर्म है। धर्म का तर्क है कि यदि परमात्मा को हमें अपनी ओर आकर्षित करना है तो हमें निश्चित रूप से उसके साथ-साथ दुनिया के प्रति अपने कर्तव्यों का पालन करना चाहिए। ये कर्तव्य ही हैं जिन्हें धर्म कहा जाता है। फिर से, यह धर्म ही है जो हमारे शरीर में रहने पर और जब हम इसमें रहना बंद कर देते हैं, तब भी हमारी सेवा करता है। यह जीवन और उसके बाद के जीवन में हमारी सेवा करता है। हमें जिस धर्म का पालन करना चाहिए, उसके बारे में कोई संदेह या भ्रम नहीं होना चाहिए। हम सभी उस धर्म में डूबे हुए हैं जिसका हमारे महापुरुषों ने पीढ़ी-दर-पीढ़ी पालन किया है। उन्होंने आंतरिक रूप से शाश्वत आनंद का अनुभव किया है और हम निश्चित रूप से जानते हैं कि वे बिना किसी चिंता के रहते थे, हमारी अपनी पीढ़ी के लोगों के विपरीत जो हमेशा असंतुष्ट रहते हैं और सभी प्रकार के आंदोलन और प्रदर्शनों में उलझे रहते हैं। हमें बस उनके द्वारा अपनाए गए धर्म का पालन करने की आवश्यकता है। यदि हम अपने लिए एक नया धर्म बनाने की कोशिश करें तो इसका मतलब परेशानी हो सकती है और हर समय हम इस संदेह से घिरे रहेंगे कि क्या यह हमारे लिए अच्छा होगा या क्या यह बुराई को जन्म देगा। हमारे लिए सबसे अच्छा है कि हम अतीत के महापुरुषों द्वारा किए गए धर्म का पालन करें, हमारे पूर्वजों का धर्म। इसका अर्थ यह नहीं है कि 'धर्म' अपरिवर्तनीय है; 'धर्म' के दो पहलू हैं, एक 'सनातन धर्म' दूसरा 'युग धर्म' बाद में एक युग के लिए वैध होता है। स्मृतियाँ स्वयं सामाजिक परिवर्तन के इस सिद्धांत को मान्यता देती हैं, मनु कहते हैं, "कृतयुग में मनुष्यों के लिए धर्म का एक सेट है; त्रेतायुग, द्वापर और कलियुग के लिए अलग-अलग सेट; युग के परिवर्तन के अनुसार धर्म बदलता है। "हिंदू (यानी सनातन धर्म) दृष्टिकोण आवश्यक परिवर्तनों के लिए जगह बनाता है। सामाजिक आनुवंशिकता के साथ कोई हिंसक विराम नहीं होना चाहिए, और फिर भी नए तनावों, संघर्षों और भ्रमों का सामना करना होगा और उन्हें दूर करना होगा; जबकि आत्मा के सत्य स्थायी हैं, नियम युग-युग में बदलते रहते हैं"।

2.3 धम्म की बौद्ध व्याख्या

बुद्धिस्टों के धम्म का उद्देश्य व्यक्तियों को दुख, या मानवीय पीड़ा या दुख से उबरना था। धम्म बुद्ध द्वारा सिखाए गए सत्य को प्रकट करता है। ऐसा करने से, लोगों को जीवन का एक ऐसा तरीका भी दिया जाता है जो उन्हें ज्ञान की ओर उनकी यात्रा में सहायता कर सकता है। बौद्धों से ध्यान और आर्य अष्टांगिक मार्ग का अभ्यास करने का आग्रह किया जाता है। बौद्धों का मानना है कि वे नियमित रूप से धम्म का अभ्यास करके दुख से मुक्त हो सकते हैं। बौद्ध धर्म में धम्म, संघ और बुद्ध का सम्मान किया जाता है।

बुद्ध के धम्म या उपदेशों ने अस्तित्व की प्रकृति, मानवीय दुर्दशा और स्वयं से संबंधित बुनियादी प्रश्नों को संबोधित किया। बुद्ध ने नैतिक सिद्धांतों को बनाए रखने की आवश्यकता पर भी जोर दिया। पाली शब्द "धम्म" के कई अर्थ हैं, जिनमें "सृजन," "संस्था," "निष्पक्षता," "प्राकृतिक," "ईमानदारी,"

और विनम्रता शामिल हैं। यह शब्द, जैसा कि बौद्ध धर्म में आमतौर पर उपयोग किया जाता है, बुद्ध की शिक्षाओं और सिद्धांतों का प्रतिनिधित्व करता है। चूँकि "धम्म" शब्द का अर्थ "बनाए रखना" है, इसलिए यह बौद्ध विचार के लिए आवश्यक है क्योंकि यह धर्म और बौद्धों के मामले में ब्रह्मांड के प्राकृतिक क्रम दोनों को "बनाए रखता है"। "धम्म" शब्द एक एकल अवधारणा को संदर्भित करता है, जो बुद्ध की शिक्षा है, वह सत्य या प्राकृतिक नियम जिसे उन्होंने खोजा था।

2.4 बौद्ध धर्म के मुख्य सिद्धांत

बौद्ध धर्म की बुनियादी शिक्षाएँ अष्टांगिक मार्ग, चार महान सत्य और मध्य मार्ग हैं। बौद्ध धर्म करुणा और ज्ञान के एक दूसरे से जुड़े होने के महत्व पर जोर देता है। बुद्ध ने मानव समाज में सभी के विकास, आध्यात्मिक विकास और कल्याण के साथ-साथ सभी जीवित प्राणियों के प्रति करुणा और दया के लिए व्यावहारिक समाधान पेश किए। ज्ञान, सहानुभूति और समझ के विकास के साथ-साथ आत्म-जागरूकता को बढ़ावा देकर, यह लोगों को नैतिक जीवन जीने में मदद करना चाहता है। मध्य मार्ग एक संयमित जीवन जीने और अपनी भावनाओं और कार्यों पर आत्म-नियंत्रण रखने का एक रूपक है। यदि दान (देना) का मतलब औपचारिक धार्मिक कार्य है, तो इच्छित श्रोता एक भिक्षु या कोई ऐसा व्यक्ति है जो आध्यात्मिक विकास के एक निश्चित स्तर पर पहुँच गया है। बौद्ध धर्म का दावा है कि इसमें देने वाले के दृष्टिकोण को शुद्ध करने और बदलने की क्षमता है। बौद्ध मानते हैं कि बदले में कुछ भी उम्मीद किए बिना देने से आंतरिक शक्ति, लंबे समय तक चलने वाली संतुष्टि और

आध्यात्मिक समृद्धि की अधिक भावना पैदा हो सकती है। धम्म या बुद्ध की शिक्षाएँ जीवन की प्रकृति, मानवीय दुर्दशा और स्वयं के बारे में बुनियादी मुद्दों को संबोधित करती हैं। ये सभी पश्चिमी परंपरा में स्वीकृत दार्शनिक मुद्दे हैं। बुद्ध ने नैतिक सिद्धांतों को बनाए रखने की आवश्यकता पर भी जोर दिया।

शब्द "धम्म" (पारिवारिक) और "धर्म" (संस्कृत) बुद्ध की शिक्षाओं को संदर्भित करते हैं, जो सत्य या प्राकृतिक नियम हैं जिन्हें उन्होंने खोजा, मुक्ति प्राप्त करने के लिए लागू किया और दूसरों को प्रदान किया। संदर्भ के आधार पर, "धम्म" या "धर्म" शब्द विभिन्न घटनाओं, वस्तुओं, अनुभवों, स्थितियों, अस्तित्व की स्थितियों या वास्तविकताओं को संदर्भित कर सकते हैं। धम्म, जिसे संस्कृत में धर्म के रूप में भी जाना जाता है, उन आदेशों का एक संग्रह है जो तीसरे मौर्य सम्राट अशोक महान की नीति का गठन करते हैं, जो 269 ईसा पूर्व में आधुनिक भारत में मौर्य सिंहासन पर चढ़े थे।

धर्म वास्तविकता का एक आयाम है जो समय के साथ बदलता रहता है। जिसे उस पल के लिए उपयुक्त भूमिकाएँ निभाकर महसूस किया जा सकता है ।

2.5 जॉन रॉस कार्टर की धम्म की व्याख्या

- थेरवाद बौद्ध शब्दावली में धम्म एक जटिल और व्यापक शब्द है।

2.5.1 धम्म के पाँच पारंपरिक अर्थ

- गुण (गुणवत्ता या सद्गुण)
- देसनाई (शिक्षण)
- हेतु (कारण)
- परियट्टी (आधिकारिक शिक्षण)

- निस्सात्त (जीवित प्राणी के बिना) निस्सात्त-निज्जीव (जीवनहीनता)
- यह सत्य, ज्ञान, योग्यता, विनय उल्लंघन और ज्ञात होने वाली चीज़ (हेय्या) का भी प्रतिनिधित्व कर सकता है
- सिंहली स्रोत: इसने संविधान, स्थिति, वस्तु, प्रथा और निर्वाण जैसी परिभाषाएँ पेश कीं।

2.6 रूपर्ट गेथिन की धम्म की व्याख्या

प्रारंभिक बौद्ध साहित्य में धर्म की अवधारणा को समझना रूपर्ट गेथिन की पुस्तक 'हे हू सीज़ धम्म सीज़ धम्मस: धम्म इन अर्ली बुद्धिज्म' का मुख्य लक्ष्य है। प्राथमिक स्रोत, जो मध्य भारतीय ग्रंथ हैं, पाली ग्रंथों में पाए जाते हैं। चूँकि "धम्म" शब्द पाली मध्य भारतीय रूप है, इसलिए इसका उपयोग किया जाएगा। मैग्डेलीन और विल्हेम गीगर के पहले के शोध का दावा है कि इस दृष्टिकोण का उपयोग एक संपूर्ण दार्शनिक विश्लेषण के रूप में किया गया था। वसुबंधु के अभिधर्मकोश के भास (चौथी और पाँचवीं शताब्दी ई.) जैसे साहित्य में पाए जाने वाले अस्तित्व के एक घटक के रूप में विशेष रूप से बौद्ध तकनीकी शब्द "धर्म" पर ध्यान केंद्रित किया गया है, जो कि स्टचेरबात्स्की का दावा है। जॉन रॉस कार्टर की पद्धति, जो धार्मिक दृष्टिकोणों की एक विस्तृत श्रृंखला से आकर्षित होती है और बुद्ध की शिक्षा, धार्मिक अभ्यास के लिए एक मार्ग और भक्ति के विषय के रूप में "धम्म" की अवधारणा पर जोर देती है।

2.6.1 धम्म के छह मूल अर्थ

- बुद्ध की शिक्षा
- अच्छा आचरण या अच्छा व्यवहार
- सत्य
- प्रकृति या गुण
- प्राकृतिक नियम या व्यवस्था
- एक बुनियादी मानसिक या शारीरिक स्थिति या चीज़

बुद्ध की शिक्षाओं को धम्म कहा जाता है। इसमें उनके द्वारा सिखाए गए पाठ और उन्हें व्यक्त करने के लिए उनके द्वारा इस्तेमाल की गई मौखिक कथाएँ शामिल हैं। विनय, सुत्त और अभिधम्म तीन संग्रह हैं जिनमें ये शिक्षाएँ विभाजित हैं।

अच्छा आचरण या व्यवहार: धम्म नैतिकता और शालीनता का प्रतीक है। इसका संबंध शासकों और उनके कथित पुण्य या न्यायपूर्ण शासन से है। कब्ज़ा वैधानिक या अवैध रूप से प्राप्त किया जा सकता है, और धम्म नैतिक व्यवहार से जुड़ा हुआ है। अभ्यासों में चार ध्यान-स्थापना तकनीकें, चार नैतिक प्रयास, चार सफलता-आधार, पाँच संकाय, पाँच शक्तियाँ, सात जागृति कारक और सम्माननीय आठ गुना पथ शामिल हैं।

सत्यः धम्म विशेष रूप से बुद्ध द्वारा सिखाए गए परम सत्य की प्राप्ति का मार्ग है । बुद्ध अपने शिष्यों को दुख की वास्तविकता की खोज करने की प्रक्रिया के माध्यम से मार्गदर्शन करते हैं, जिसमें इसका कारण, स्रोत और मुक्ति के साधन शामिल हैं। इस संदर्भ में, धम्म परम वास्तविकता की विशिष्ट धारणा को संदर्भित करता है।

प्रकृतिः धम्म का अर्थ चीजों के जन्मजात गुणों या प्रकृति से भी हो सकता है। यह चीजों के प्राकृतिक उद्भव और समाप्ति का वर्णन करता है। पाली और संस्कृत में इस तरह से उपयोग करना आम बात है।

प्राकृतिक कानूनः कुछ विद्वान प्रस्ताव करते हैं कि धम्म एक प्राकृतिक कानून या व्यवस्था का प्रतिनिधित्व है जो ब्रह्मांड को नियंत्रित करता है। मन को प्रबुद्ध करने के लिए, इसे अंतर्निहित, शाश्वत, अनिर्मित और बोधगम्य माना जाता है।

मानसिक या शारीरिक स्थिति या चीज़ः धम्म बहुत ही बौद्ध अर्थ में धातु या भौतिक स्थितियों या चीज़ों पर भी लागू हो सकता है। यह बौद्ध धर्म के लिए विशिष्ट है और इसका सटीक अनुवाद करना कठिन है।

धम्म को स्वयं के रूप में देखनाः भिक्षु जागृति, समुच्चय, इंद्रियों, बाधाओं और महान सत्यों के तत्वों से संबंधित धम्मों का पालन करता है।

2.7 निकायः धम्म के उपयोग

यह अंतर्दृष्टि सरल सिद्धांत से आगे बढ़कर कुछ विशेषताओं के उद्भव, दृढ़ता और समाप्ति की समझ को शामिल करती है।

धम्मैन निकाय शब्द केवल सैद्धांतिक पूर्वसर्गों या शिक्षाओं तक सीमित नहीं है। यह मुख्य रूप से अस्तित्व के मूल, आंतरिक गुणों का प्रतिनिधित्व करता है। यह वेतन अभिधर्म दृष्टिकोण से मेल खाता है। पाली समकालीनों में धम्म को समझना: 4 से 11 अर्थों तक, कुल 18 संभावित व्याख्याएँ।

2.7.1 सिद्धांत का विस्तृत अन्वेषण

- **शिक्षण या पाठः** अर्थ बुद्ध के वचन को संदर्भित करता है
- **अच्छे गुण या आचरणः** नैतिक और नैतिक पहलुओं को शामिल करता है
- **सत्यः** विशेष रूप से 4 महान सत्यों से संबंधित
- **प्राकृतिक स्थितियाँः** किसी चीज़ की अंतर्निहित स्थिति को दर्शाता है
- **अभिधम्म में मानसिक या शारीरिक गुणः** अनुभव के मूल तत्व

2.7.2 तकनीकी अभिधम्म समझः

- एक बुनियादी मानसिक या शारीरिक गुण के रूप में धम्म
- सबावा (विशेष प्रकृति) के रूप में धम्म

- 'अ-स्व' (अमत्ता) से संबंधित धम्म
- कारण स्थितियों के रूप में धम्म (हेतु, पक्काया)
- चेतना की वस्तु के रूप में धम्म

2.7.3 पारलौकिक धम्म और त्रिगुणात्मक विभाजन

- नौ पारलौकिक धम्म: इसमें पथ, फल और निभाना शामिल हैं
- निर्वाण के ज्ञान के रूप में धम्म
- बौद्ध ग्रंथों और बोध के बारे में संदेह से संबंधित धम्म।

त्रिगुणात्मक समझ

- पाठ
- अभ्यास
- प्राप्ति

आधुनिक विद्वान और प्राकृतिक कानून

टिप्पणी संबंधी अंतर्दृष्टि आधुनिक विद्वानों की व्याख्या के साथ संरेखित होती है

2.8 धम्म की बौद्ध समझ का विकास

- आरंभिक बौद्ध ग्रंथों में मूल रूप से धम्म का एक अलग अर्थ था
- समय के साथ इसका मूल उपयोग विकसित हुआ
- धम्म (धम्म) का बहुवचन उपयोग
- धम्म मन द्वारा अनुभव की गई दुनिया के घटकों को संदर्भित करता है
- वास्तविकता के उत्पन्न होने वाले लुप्त होने, क्षणभंगुरता और शून्यता सहित दुनिया के कानून को मूर्त रूप देता है

धम्म के विकास की व्याख्या

- गीगर्स का दृष्टिकोण धम्म दुनिया के कानून या वास्तविकता के बारे में अंतिम सत्य का प्रतिनिधित्व करता है
- गोम्ब्रिच का दृष्टिकोण प्रारंभ में, धम्म बुद्ध की शिक्षा को संदर्भित करता था और ध्यान के माध्यम से, व्यक्तियों ने इन शिक्षाओं के माध्यम से दुनिया को देखना शुरू किया।

बौद्ध धर्म से पहले का प्रयोग

- वैदिक संदर्भ में, धम्म का तात्पर्य उन प्रथाओं से था जो ब्रह्मांडीय और सामाजिक व्यवस्था को बनाए रखती हैं और उसका समर्थन करती हैं।

निर्देशात्मक और वर्णनात्मक अर्थ

- आरंभिक बौद्ध ग्रंथों में धम्म के दो प्राथमिक अर्थ हैं
- मानक और निर्देशात्मक बुद्ध द्वारा सुझाई गई प्रथाओं को संदर्भित करता है।
- वर्णनात्मक और तथ्यात्मक उन बुनियादी गुणों का प्रतिनिधित्व करते हैं जो वास्तविकता का निर्माण करते हैं।
- आरंभिक भारतीय विचार ने एक इकाई की प्रकृति (धर्म) और उसके निर्धारित कर्तव्यों (धर्म) के बीच संबंध माना

रूपर्ट गेथिन के अनुसार, धम्म शब्द केवल अपरिवर्तनीय तत्व को संदर्भित नहीं करता है; यह मानसिक या शारीरिक विशेषताओं को भी संदर्भित कर सकता है। धम्म के ऑन्कोलॉजिकल और आध्यात्मिक चरित्र पर विवाद के बाद बौद्ध स्कूल आए।

धम्म गहनता और धार्मिक महत्व को अन्य अनुवादों, जैसे शिक्षण, कानून या सिद्धांत द्वारा पर्याप्त रूप से व्यक्त नहीं किया जा सकता है। इतिहासकार रोमिला थापर के अनुसार, धम्म का अनुवाद नैतिकता, धर्मपरायणता, धार्मिकता और इसी तरह किया जाता है। धम्म की नीति सामाजिक जिम्मेदारी की नीति थी, न कि केवल यह मांग करना कि पूरी आबादी बौद्ध धर्म का समर्थन करे। यह मन के एक दृष्टिकोण का निर्माण था जिसमें सामाजिक व्यवहार, एक व्यक्ति का दूसरे के प्रति व्यवहार, बहुत महत्वपूर्ण माना जाता था। यह मनुष्य की गरिमा को मान्यता देने तथा समाज की गतिविधियों में मानवतावादी भावना के लिए एक दलील थी। अशोक का धम्म कई आदर्शों तथा प्रथाओं को समाहित करने वाली जीवन पद्धति के रूप में उभरता है। हत्या से परहेज एक महत्वपूर्ण सिद्धांत था, साथ ही विचारशील पारिवारिक तथा सामाजिक संबंधों पर जोर दिया गया था, चाहे वे माता-पिता और बच्चों, बुजुर्गों और युवाओं, मित्रों या विभिन्न वैचारिक संप्रदायों के बीच हों। कानून और सामाजिक व्यवस्था के अर्थ में प्रयुक्त धर्म की अवधारणा मौर्य भारत के लिए किसी भी तरह से नई नहीं थी। अशोक ने अपने धम्म के प्रचार के साथ इसे मानवीय बनाने का प्रयास किया तथा यह दिखाने का प्रयास किया कि वास्तव में सबसे महत्वपूर्ण बात सद्गुणी आचरण है। सद्गुणी तथा असद्गुणी आचरण के बीच अंतर करने की क्षमता ही मनुष्य को बाकी सृष्टि से अलग करती है, तथा सद्गुणी आचरण को सभी मनुष्यों के लिए सामान्य बनाया जा सकता है। इस तरह के आचरण को मूर्त रूप देने वाला धम्म सांप्रदायिक विश्वास की सभी बाधाओं को पार कर जाता है। जैसा कि हम पहले कह चुके हैं, धम्म मुख्य रूप से समाज के संदर्भ में व्यक्ति से संबंधित एक नैतिक अवधारणा थी। अपने धम्म के प्रचार में अशोक धार्मिक शिक्षा के संकीर्ण दृष्टिकोण को सुधारने, कमजोरों को ताकतवरों से बचाने और पूरे साम्राज्य में सामाजिक व्यवहार की चेतना को बढ़ावा देने का प्रयास कर रहे थे, जिसका दायरा इतना व्यापक था कि कोई भी सांस्कृतिक समूह इसका विरोध न कर सके। अशोक का धम्म मूलतः राजा की ओर से एक ऐसा जीवन-पद्धति सुझाने का प्रयास था जो व्यावहारिक और सुविधाजनक होने के साथ-साथ अत्यधिक नैतिक भी हो। अशोक सुझाव दे रहे थे कि उनके धम्म के सिद्धांतों के अनुसार जीने से आम लोगों को ऐसा ही फल मिलेगा।

2.9 मार्गरिट चटर्जी द्वारा धम्म की अवधारणा

धर्म की जटिलता

भारतीय दर्शन में, धर्म, जिसका अर्थ है धार्मिकता, एक जटिल विचार है। यह सामाजिक, नैतिक, कानूनी और धार्मिक सीमाओं से परे है। इसका सदियों पुराना उपयोग संस्था और आदर्श, सत्य और अर्थ के बीच संतुलन बनाने के प्रयासों को दर्शाता है। धार्मिक या धार्मिक होना एक बहुत ही प्रशंसनीय गुण है। एक विचार के रूप में धर्म का एक लंबा इतिहास है, जो प्रारंभिक वैदिक युग से शुरू होता है। इसकी शुरुआत तब हुई जब आर्य लगभग 1500 ईसा पूर्व भारत आए। मूल विचार को ऋत कहा जाता था, जो ब्रह्मांडीय व्यवस्था और धार्मिकता दोनों के लिए था। धर्म के निर्माण में उपनिषदों, ब्राह्मणों, आरण्यकों और वेदों के लेखन ने सहायता की। इनमें ध्यान की शिक्षाएँ, सनातन-धर्म (बाहरी कानून) की अवधारणा और बलिदान करने के निर्देश शामिल थे। धर्म का सार ऋत से विकसित हुआ और इसमें सही कर्म शामिल थे, जो प्रकृति के संचालन के तरीके को दर्शाते हैं। इसने घर, समुदाय और पर्यावरण में भूमिकाओं को स्वीकार करते हुए सद्भाव और संतुलन पर जोर दिया। धर्म, अर्थ (धन) और काम (इच्छा) के साथ, जीवन के तीन मार्गदर्शक सिद्धांतों में से एक था। पारंपरिक पदानुक्रमित सभ्यताओं में, अधिकांश लोग इन मूल्यों के अनुसार अपना जीवन जीते थे। धर्म जीवन के चरणों (आश्रम-धर्म) से जातिगत दायित्वों (वर्मा-धर्म) में विकसित हुआ। यह व्यक्ति के जीवन में उसके स्थान (सधर्म) के अनुसार विभिन्न जिम्मेदारियों और कार्यों को समायोजित करता है। यह सुनिश्चित करके सामाजिक स्थिरता बनाए रखना कि सभी के पास एक स्थान और दायित्व हैं, धर्म द्वारा संभव बनाया गया था। इसने सामाजिक अशांति को रोकने का प्रयास किया। **2.10** धर्म का अनुप्रयोग चार चरणों में अलग-अलग था

- ब्रह्मचर्य (विद्यार्थी जीवन)
- गृहस्थ (गृहस्थी)
- वानप्रस्थ (वापसी)
- संन्यास (त्याग)

प्रत्येक चरण के अपने कर्तव्य और दायित्व थे

धर्म का जोर सांसारिक सुखों और वस्तुओं से अलग होने पर था। मोक्ष, जिसे पुनर्जन्म और दुःख के चक्र से मुक्ति के रूप में परिभाषित किया गया है, अंतिम लक्ष्य था। यह सही और गलत की सीमाओं से परे है। धर्म ने कर्तव्यों के साथ संघर्ष के मुद्दे उठाए, जैसा कि महाभारत में प्रदर्शित किया गया था जब अर्जुन को अपने जातिगत दायित्वों और हिंसा का उपयोग करने के बीच चयन करना था। कुछ भारतीय प्रणालियाँ अलगाव पर जोर देती हैं और इस अस्तित्व के भीतर जीवनमुक्ति या स्वतंत्रता की अनुमति देती हैं। कर्म ने कर्मों को नियंत्रित किया, और परिणामों ने तय किया कि भविष्य में क्या होगा। संसार, जो मानव जाति के दुख पर जोर देता है, जन्म, मृत्यु और पुनर्जन्म के चक्र के लिए शब्द है। पारलौकिक और अनुभवजन्य के बीच मध्यस्थ के रूप में, धर्म ने एक ब्रह्मांडीय, व्यक्तिगत और सामाजिक सिद्धांत के रूप में कार्य किया। इसने आध्यात्मिक मुक्ति (मोक्ष) की इच्छा को नैतिक विनियमन के साथ जोड़ा। इन दिनों, धर्म का उपयोग सामाजिक परिवर्तन का बचाव करने और

स्वीकृत परंपराओं की आलोचना करने के लिए किया जाता है। यह अभी भी एक लचीला विचार है जिसे संशोधित और पुनर्व्याख्यायित किया जा सकता है। महाकाव्य महाभारत, विशेष रूप से भगवद गीता, धर्म की जटिलताओं को उजागर करती है। यह नैतिकता और ईश्वर में विश्वास के बीच तनाव का पता लगाता है।

2.10 मानव अस्तित्व के विभिन्न पहलू

- सुविधा सक्षम करना
- सुविधा उलझाना
- जड़ों की आवश्यकता
- शाखाओं की आवश्यकता
- उड़ान भरने का प्रलोभन
- रोजमर्रा की जिंदगी में मूल्य
- अग्नि और सूर्य
- तपन्या (तपस्या जो जलाती है)

धर्म अनिवार्य रूप से लोगों को उनके नैतिक दायित्वों और जिम्मेदारियों की ओर निर्देशित करता है। चटर्जी की तुलना द्वारा पारलौकिकता की आवश्यकता और दैनिक जीवन की वास्तविकताओं और नैतिक सिद्धांतों में निहित होने की आवश्यकता के बीच संघर्ष को उजागर किया गया है। यह जीवन के विभिन्न पहलुओं के बीच संतुलन बनाने के लिए बाहरी मानव संघर्ष की ओर ध्यान आकर्षित करता है।

2.11 अशोक का धम्म

अशोक के अनुसार, धम्म सत्य, करुणा, उदारता, पवित्रता और कम संख्या में अपराधों सहित कई गुणों से समझौता करता है। तीसरे स्तंभ के शिलालेख में अच्छे और हानिकारक कर्मों के बीच अंतर करने का प्रयास किया गया है। अशोक का मानना था कि अगर लोग धम्म की नीति के अनुसार अपना जीवन जिएंगे तो उन्हें खुशी मिलेगी। अशोक के धम्म की मुख्य शिक्षाएँ परस्पर सम्मान, अहिंसा और विभिन्न धर्मों और मान्यताओं के लोगों के प्रति सहिष्णुता थीं। अपने लोगों के कल्याण के लिए चिंता राज्य की प्राथमिकताओं में से एक थी। धम्म के मूल सिद्धांतों में दया, उदारता, ईमानदारी, पवित्रता और सौम्यता शामिल थी। भारतीय इतिहास में सबसे उल्लेखनीय व्यक्तियों में से एक, सम्राट अशोक, एक बौद्ध धर्मांतरित व्यक्ति थे जिन्होंने धर्म के विपरीत धम्म या "नैतिक सिद्धांतों" को फैलाने के लिए अपना समय समर्पित किया। उन्होंने अपने दूसरे शिलालेख में धम्म का उल्लेख किया है। यह उनकी नीतियों और उनके लोगों को अपने बच्चों के रूप में देखने के तरीके की सटीक छवि प्रदान करता है। अपने शासन के दौरान, अशोक ने देश को सामाजिक, आर्थिक, राजनीतिक और धार्मिक प्रगति की ओर ले जाने वाला मार्ग दिखाया। उन्होंने एक ऐसा मानदंड स्थापित किया जो पिता के समान है और न्याय पर आधारित है। उन्होंने सामाजिक न्याय की प्रेरणा के रूप में कार्य किया। परिणामस्वरूप,

अशोक को सामाजिक सामंजस्य और कल्याण का पैगम्बर माना जा सकता है। धम्म कार्यक्रम में वृक्षारोपण और कुएँ खोदने जैसी अतिरिक्त मानवीय पहल शामिल की गई। अशोक ने समारोहों और बलिदानों की निंदा की और उन्हें बेकार माना। धम्म के कई हिस्सों को व्यवहार में लाने और उनके बारे में जागरूकता बढ़ाने के लिए धम्म महामाताओं के रूप में जाने जाने वाले अधिकारियों के एक निकाय की स्थापना की गई थी। अशोक ने उन्हें समाज के अन्य वर्गों में प्रचार करने का मिशन सौंपा, लेकिन समय के साथ वे धम्म पुजारियों के एक दुर्जेय आदेश में विकसित हो गए और जल्द ही राजनीतिक मामलों में हस्तक्षेप करना शुरू कर दिया। रोमिला थापर का कहना है कि अशोक का धम्म उनके मूल मानवतावाद का एक महान दस्तावेज है और उनके समय की सामाजिक-राजनीतिक जरूरतों की प्रतिक्रिया है। यह ब्राह्मणवाद विरोधी नहीं था, क्योंकि ब्राह्मणों और सरमाणों के प्रति सम्मान उनके धम्म का एक मूलभूत पहलू है। अहिंसा पर उनके जोर ने उन्हें सरकार की इच्छाओं के प्रति उदासीन नहीं बनाया। वास्तव में, उन्होंने नौकरशाहों को अपने नागरिकों की नैतिक प्रगति सुनिश्चित करने का प्रभारी माना।

2.12 अशोक के शिलालेख तालिका

अशोक शिलालेख विवरण

- प्रमुख शिलालेख I पशु बलि का निषेध, विशेष रूप से त्यौहारों के मौसम के दौरान।
- प्रमुख शिलालेख II मनुष्यों और पशुओं का चिकित्सा उपचार, फलों, औषधीय जड़ी-बूटियों का रोपण और कुओं की खुदाई। दक्षिण भारत के पांड्यों, सत्यपुरा और केरलपुत्रों का उल्लेख करता है।
- प्रमुख शिलालेख III ब्राह्मणों के प्रति उदारता। युक्ता, प्रादेशिक और राजुकों के बारे में जो हर पाँच साल में धम्म का प्रसार करने के लिए अपने साम्राज्य के विभिन्न भागों में जाते थे।

- प्रमुख शिलालेख IV धम्मघोष (धम्म/धार्मिकता की ध्वनि) भेरीघोष (युद्ध की ध्वनि) पर। राजा अशोक ने अपने कर्तव्य को सबसे अधिक महत्व दिया।
- प्रमुख शिलालेख V धम्ममहामात्रों के बारे में। दासों के साथ सही व्यवहार करने की बात करता है। अधिकारियों के एक विशेष कैडर, धम्म गोशा को नियुक्त किया गया और उन्हें राज्य के भीतर धम्म फैलाने का कर्तव्य सौंपा गया।
- प्रमुख शिलालेख VI राजा की अपने लोगों की स्थितियों के बारे में जानने की इच्छा। कल्याणकारी उपायों के बारे में।
- प्रमुख शिलालेख VII सभी संप्रदायों के बीच धर्मों के प्रति सहिष्णुता और अपने और अपने पड़ोसी राज्यों में जनता के लिए कल्याणकारी उपाय।
- प्रमुख शिलालेख VIII अशोक की बोधगया और बोधि वृक्ष की पहली यात्रा (उनकी पहली धम्म यात्रा)। धम्म यात्राओं को महत्व दिया।
- प्रमुख शिलालेख IX लोकप्रिय समारोहों की निंदा करता है। नैतिक आचरण पर जोर देता है।
- प्रमुख शिलालेख X व्यक्ति की प्रसिद्धि और गौरव की इच्छा को अस्वीकार करता है और धम्म पर जोर देता है।
- प्रमुख शिलालेख XI धम्म पालन करने के लिए सबसे अच्छी नीति है, जिसमें बड़ों के प्रति सम्मान और दासों और नौकरों के लिए चिंता शामिल है।
- प्रमुख शिलालेख XII सीरिया के यूनानी राजाओं एंटिओकस (अम्तिओको), मिस्र के टॉलेमी (तुरामये), साइरेन के मैगस (माका), मैसेडोन के एंटीगोनस (अम्तिकिनी), एपिरस के अलेक्जेंडर (एलिकसुदरो) पर अशोक की धम्म विजय का उल्लेख है। पांड्यों, चोलों आदि का भी उल्लेख है। कलिंग युद्ध के अंत में जारी किया गया तेरहवाँ शिलालेख अशोक के एक आक्रामक और हिंसक योद्धा से एक महान शांति प्रेमी और प्रचारक में परिवर्तन की एक विशद तस्वीर देता है। कलिंग युद्ध का प्रत्यक्ष और तत्काल प्रभाव अशोक का बौद्ध धर्म में धर्मांतरण था।
- प्रमुख शिलालेख XIV शिलालेखों का उद्देश्य।

2.13 धर्म और धम्म: तुलनात्मक विश्लेषण (समानताएँ और अंतर)

वे दोनों वैश्विक सत्य, प्राकृतिक नियम, ब्रह्मांडीय व्यवस्था, धार्मिकता, जिम्मेदारी की भावना और अन्य बातों के अलावा अंतिम नैतिक दायित्व को दर्शाते हैं। बौद्ध धर्म का निर्वाण और हिंदू धर्म का मोक्ष दोनों ही मोक्ष प्राप्त करने में सहायता करते हैं। दोनों ही किसी वस्तु की प्रकृति या रूप को संदर्भित करते हैं। सामाजिक-राजनीतिक संरचनाओं के विरोध में, दोनों ही प्रत्येक व्यक्ति की स्थिति और भूमिका के आधार पर उसके नैतिक और कर्तव्य दायित्वों को दर्शाते हैं। धर्म से ज़्यादा जीवन जीने के तरीके के समान, राजधर्म और राजधम्म को शासकों से बेहतर माना जाता है और वे राजशाही या राज्य के लिए एक शासक और निर्देशक शक्ति के रूप में काम करते हैं।

धर्म और धम्म के विपरीत, बौद्ध धम्म हिंदी धर्म के विपरीत ईश्वर, आत्मा और दिव्यता के अस्तित्व को अस्वीकार करता है। धम्म में कुछ भी अलौकिक नहीं है; बल्कि, यह ब्रह्मांडीय शक्तियों और प्राकृतिक नियमों की तरह है जो प्रकृति के आदेश को बनाए रखते हैं। हिंदू धर्म के विपरीत, जबकि बौद्ध धम्म प्रकृति और ब्रह्मांडीय शक्ति के नियमों पर आधारित अंतिम नैतिक संहिता है, हिंदू धर्म को एक दैवीय आदेश के रूप में देखा जाता है कि उल्लंघन करने वालों को दैवीय प्रतिशोध का सामना करना पड़ेगा। बौद्ध धम्म के विपरीत, हिंदू धर्म को तर्क, तर्क या तर्कसंगतता की कसौटी पर नहीं कसा जाता है। नतीजतन, हिंदू धर्म अधिक धार्मिक है, भगवान के आदेश के समान है, लेकिन बौद्ध धम्म प्राकृतिक सिद्धांतों की तरह है जिसे लोग तर्क का उपयोग करके समझ सकते हैं। वर्ण आश्रम का पालन करना बौद्ध धर्म का हिस्सा नहीं है, और बौद्ध राजाओं को धर्म-आधारित सामाजिक व्यवस्था बनाए रखने की आवश्यकता नहीं है। जबकि हिंदू धर्म को एक स्वर्गीय आदेश के रूप में देखा जाता है कि उल्लंघन करने वालों को दैवीय प्रतिशोध भुगतना होगा, बौद्ध धम्म प्रकृति और ब्रह्मांडीय शक्ति के नियमों पर आधारित अंतिम नैतिक नियम है। बौद्ध धम्म के विपरीत, हिंदू धर्म को तर्क, कारण या तर्कसंगतता की कसौटी पर नहीं कसा जाता है। इस वजह से, बौद्ध धम्म प्राकृतिक नियमों की तरह है जिसे लोग तर्कसंगत रूप से समझ सकते हैं, जबकि हिंदू धर्म अधिक धार्मिक है और भगवान के आदेश जैसा है। संक्षेप में, धर्म सर्वोच्च है, राजा नहीं संप्रभु: राजनीतिक दायित्व केवल तब तक है जब तक राजा राज धर्म का पालन करता है और धर्म को बनाए रखता है। राजा को धर्म और दुनिया की रक्षा के लिए बनाया गया है। धर्म का उपयोग करके राजा देवता बन जाता है, अन्यथा वह दुष्ट बन जाता है। इसलिए, राजा धर्म का रूप है। अराजकता में रहना सबसे बुरी बात हो सकती है; इसलिए लोगों को कानून और राजा के आदेशों का पालन करना चाहिए यदि वह शांति और व्यवस्था बनाए रखने में सक्षम रहें। लोग तभी खुशहाल जीवन जी सकते हैं जब वे कानून के तहत रहें और राज्य के नियमों और विनियमन का पालन करें। राजा पृथ्वी पर ईश्वर का प्रत्यक्ष प्रतीक है, इसलिए लोगों को शांति के लिए उसकी आज्ञा का पालन करना चाहिए और जैसे वे ईश्वर की आज्ञा का पालन करते हैं। शुरुआत में यह देखा जा सकता है कि दंड, दंडनीति, अर्थशास्त्र, नीतिशास्त्र, राजशास्त्र, राजनीति

और राजधर्म कमोबेश समानार्थी शब्द हैं, जो सामान्य रूप से राजाओं के आचरण के नियम, धन के उत्पादन और अधिग्रहण से संबंधित नियम और प्रशासन के आदर्शों को दर्शाते हैं जो सरकार के विज्ञान के दायरे में आते हैं।

2.14 अभ्यास के लिए मॉडल प्रश्न

- प्राचीन भारतीय परंपराओं में धर्म की अवधारणा की व्याख्या करें।
- 'धर्म और धम्म' के बीच समानता और अंतर का वर्णन करें।
- 'धर्म और दंड हिंदू राज्य की अवधारणा के दो स्तंभ हैं।' क्या आप सहमत हैं? उपयुक्त उदाहरणों के साथ अपने उत्तर की पुष्टि करें।
- अशोक के धम्म की अवधारणा और अर्थ की व्याख्या करें।
- भारतीय राजनीतिक चिंतन में धर्म, धम्म और दंड की अवधारणा की व्याख्या करें।
- प्राचीन भारतीय इतिहास में धर्म और धम्म की अवधारणा में अंतर करें।
- प्राचीन भारतीय राजनीतिक चिंतन में 'धर्म' द्वारा व्यक्त किए गए विभिन्न अर्थों और विचारों पर चर्चा करें।
- बौद्ध राजनीतिक चिंतन में 'धम्म' द्वारा व्यक्त किए गए अर्थों और विचारों की व्याख्या करें
- प्राचीन भारतीय राजनीति धर्म और दंड का परस्पर संबंध थी। चर्चा करें।
- दंड धर्म की आत्मा है; इस कथन के प्रकाश में धर्म और दंड के बीच अंतर-संबंधों पर चर्चा करें।

REFERENCES

Annie Besant, Dharma, Theosophical Publishing House, Madras, 1964, pp. 1, 8, 9.

Ashutosh Dayal Mathur, *Medieval Hindu Law: Historical Evolution and Enlightened Rebellion,* Oxford University Press, 2007.

Gavin Flood, *An Introduction to Hinduism*, Cambridge University Press, Cambridge, 1996, p. 56.

J. Duncan Derrett, "Two Inscriptions Concerning the Status of Kammalas and the Application of Dharmaśāstra" in *Essays in Classical and Modern Hindu Law,* Vol. 1, Leiden E.J. Brill, 1976.

James L. Fitzgerald, "*Dharma* and its Translation in the *Mahābhārata*" in Patrick Olivelle (ed.), *Dharma: Studies in its Semantic, Cultural and Religious History,* Motilal Banarsidass Publishers Private Limited, Delhi, 2009.

Joel P. Brereton, "*Dharman* in the *Ṛegveda*", in Patrick Olivelle (ed.), *Dharma: Studies in its Semantic, Cultural and Religious History,* Motilal Banarsidass Publishers Private Limited, Delhi, 2009.

John Brockington, "The Concept of *Dharma* in the *Rāmāyaṇa*" in Patrick Olivelle (ed.), *Dharma: Studies in its Semantic, Cultural and Religious History,* Motilal Banarsidass Publishers Private Limited, Delhi, 2009

John Ross Carter, Traditional Definitions of the Term "*Dhamma*" Philosophy East and West, Vol. 26, No. 3 (Jul., 1976), pp. 329–337.

Margaret Chatterjee, "The Concept of *Dharma*" in M.C. Doeser and J.N. Kraay (eds.) Facts and Values. Philosophical reflections from Western and Non-Western Perspectives, Martinus Nijhoff Publishers, Dordrecht. 1986, pp. 177–188.

Olle Qvarnstrom, "*Dharma* in Jainism—A Preliminary Survey" in Patrick Olivelle (ed.), *Dharma: Studies in its Semantic, Cultural and Religious History,* Motilal Banarsidass Publishers Private Limited, Delhi, 2009

Patrick Olivelle (ed.), *Dharma: Studies in its Semantic, Cultural and Religious History,* Motilal Banarsidass Publishers Private Limited, Delhi, 2009.

Patrick Olivelle (ed.), *Dharma: Studies in its Semantic, Cultural and Religious History,* Motilal Banarsidass Publishers Private Limited, Delhi, 2009, p. 85.

Patrick Olivelle (tr.), *Manu's Code of Law: A Critical Edition and Translation of the Mānava Dharmaśāstra,* Oxford University Press, New Delhi, 2004.

Patrick Olivelle, "Dharmaśāstra: A Textual History" in Timothy Lubin, Donald R. Davis Jr. and Jayanth K. Krishnan (ed.), *Hinduism and Law: An Introduction*, Cambridge University Press, UK, 2010, p. 31.

Patrick Olivelle, "Semantic History of *Dharma*: Middle and Late Vedic Periods", in Patrick Olivelle (ed.), *Dharma: Studies in its Semantic, Cultural and Religious History,* Motilal Banarsidass Publishers Private Limited, Delhi, 2009.

Paul Horsch, "From Creation Myth to World Law" in Patrick Olivelle (ed.), *Dharma: Studies in its Semantic, Cultural and Religious History,* Motilal Banarsidass Publishers Private Limited, Delhi, 2009.

Richard W. Lariviere, "Dharmaśāstra, Custom, 'Real Law' and 'Apocryphal' *Smṛtis*" in Patrick Olivelle (ed.), *Dharma: Studies in its Semantic, Cultural and Religious History,* Motilal Banarsidass Publishers Private Limited, Delhi, 2009

Robert Lingat, *The Classical Law of India*, Munshiram Manoharlal Publishers Pvt. Ltd., 1993.

Romila Thapar, "*Aśoka and the Decline of the Mauryas*, Oxford University Press, New Delhi, 2001, pp. 2–3, pp. 167–181.

Rupert Gethin titled "He Who Sees *Dhamma* Sees *Dhammas*: *Dhamma* in Early Buddhism" in Patrick Olivelle (ed.), *Dharma: Studies in its Semantic, Cultural and Religious History,* Motilal Banarsidass Publishers Private Limited, Delhi, 2009.

Rupert Gethin, "He who sees *Dhamma* sees *Dhamma*s: *Dhamma* in Early Buddhism," in *Journal of Indian Philosophy*, Vol. 32, No. 5/6 (December 2004), pp. 513–542.

Wendy Doniger and Brian K. Smith (tr.), *The Laws of Manu*, Penguin Books, 1990.

Werner Menski, *Hindu law: Beyond Tradition and Modernity*, Oxford University Press, New Delhi, 2003.

अध्याय 3

दंड

दंड नियमों का एक समूह है जिसे ईश्वर ने मानवता को नैतिक जीवन जीने के लिए दिया है। दण्ड एक मिश्रित शब्द है जिसका अर्थ है "रोकना" (दम)। दण्ड के प्रयोग से व्यक्ति को गलत व्यवहार करने से रोका जाता है। प्राचीन भारतीय राजनीति में राजा को दण्ड-धर के नाम से जाना जाता है। दण्ड को राजत्व की एक मूलभूत विशेषता के रूप में देखा जाता है। "दण्ड" शब्द के विभिन्न अर्थ हैं, जिनमें "धार्मिक छड़ी", "दण्ड", "बल का उचित प्रयोग", "राज्य की इच्छा और अधिकार", "न्याय का वितरण", "साकार न्याय" (न्याय), "राज्य का प्रशासन - शासन कला" और "राजनीति का विज्ञान" शामिल हैं। दंड का भय शांति और व्यवस्था बनाए रखता है ।प्राचीन भारत में "दण्ड" का अर्थ केवल "सजा" (punishment) से नहीं था, बल्कि यह राज्य की शक्ति, शासन की व्यवस्था और सामाजिक अनुशासन को बनाए रखने का एक आवश्यक साधन था। यह अवधारणा विशेष रूप से मनुस्मृति, कौटिल्य के अर्थशास्त्र और अन्य धर्मशास्त्रों में प्रमुखता से वर्णित है। "दंड" संस्कृत शब्द है, जिसका हिन्दी में अर्थ होता है सजा या शास्ति। यह किसी व्यक्ति द्वारा किए गए अपराध, अनुचित कार्य या सामाजिक नियमों के उल्लंघन पर उसे दिए जाने वाले दण्ड को दर्शाता है। दण्ड समाज की सुरक्षा और संवर्धन को प्राप्त करने का मूल और साधन दोनों है।इसे सामाजिक व्यवस्था की रक्षा और उसे आगे बढ़ाने के लिए अपरिहार्य माना जाता है। हिन्दू कानूनी पाठ विशिष्ट अपराधों के लिए दण्ड के बारे में व्यापक विवरण प्रदान करता है। ये पाठ दण्ड के बारे में हिन्दू कानूनी दृष्टिकोण को समझने के लिए महत्वपूर्ण संसाधन के रूप में काम कर रहे थे। हिन्दू न्यायशास्त्र में, दण्ड को अक्सर देवता के रूप में दिया जाता है, जो धर्म के संरक्षक के रूप में इसकी भूमिका पर जोर देता है। आपराधिक मामलों में दण्ड को व्यवस्थित रूप से 6 अलग-अलग शीर्षकों में वर्गीकृत किया गया है: हत्या, चोरी, बलात्कार, बदनामी, हमला और विविध प्रत्येक के लिए अपनी विशिष्ट सजा है।

3.1 दंड की अवधारणा

न्यायिक दंड

कानून तोड़ने पर न्यायालय द्वारा दिया जाने वाला दंड।

जैसे: जेल की सजा, जुर्माना, फांसी आदि।

धार्मिक या नैतिक दंड

धर्मग्रंथों में पाप करने पर मिलने वाले दंड का उल्लेख।

जैसे: नरक में कष्ट, पुनर्जन्म में दुख।

राजनैतिक/प्रशासनिक दंड

शासक या राज्य द्वारा अनुशासन बनाए रखने हेतु दंड देना।

उदाहरण: कौटिल्य के अर्थशास्त्र में राज्य व्यवस्था में दंड नीति का विस्तार।

शैक्षणिक या पारिवारिक दंड

बच्चों या छात्रों को सुधारने के लिए दिया गया दंड।

जैसे: डांटना, काम से वंचित करना।

कौटिल्य के अनुसार दंड का उद्देश्य

- सामाजिक व्यवस्था बनाए रखना।
- अपराधों को रोकना।
- न्याय स्थापित करना।
- दोषियों को सुधारना।

3.2 डोनाल्ड आर. डेविस की "दंड" की व्याख्या :

डोनाल्ड आर. डेविस (Donald R. Davis) एक प्रतिष्ठित संस्कृत विद्वान और कानून तथा धर्म (धर्मशास्त्र) के क्षेत्र में विशेष अध्ययन करने वाले शोधकर्ता हैं। उन्होंने "दंड" (danda) की व्याख्या भारतीय परंपरा और धर्मशास्त्रों के संदर्भ में की है, विशेष रूप से मनुस्मृति और अन्य धर्मशास्त्र ग्रंथों के आधार पर।

1. दंड का अर्थ केवल सज़ा नहीं है डेविस के अनुसार, "दंड" का अर्थ केवल दंड या सजा नहीं है, बल्कि यह राज्य की नैतिक और सामाजिक व्यवस्था बनाए रखने की शक्ति को भी दर्शाता है। यह राज्य या राजा की वह शक्ति है जिससे वह समाज में धर्म (सामाजिक और नैतिक कर्तव्यों) की रक्षा करता है।

2. दंड एक नैतिक साधन है उनकी व्याख्या में दंड केवल हिंसात्मक या शारीरिक दंड नहीं है, बल्कि एक नैतिक साधन है जिसके माध्यम से राजा या शासक समाज में धर्म की स्थापना करता है। यह सामाजिक व्यवस्था को बनाये रखने का एक साधन है।
3. धर्म और दंड का संबंध डेविस बताते हैं कि भारतीय परंपरा में धर्म और दंड एक-दूसरे के पूरक हैं। धर्म व्यक्ति को आत्म-नियंत्रण की प्रेरणा देता है, जबकि दंड बाहरी नियंत्रण का साधन है। यदि कोई व्यक्ति धर्म के अनुसार आचरण नहीं करता, तब राज्य की शक्ति के रूप में दंड काम में आता है।
4. दंड का न्यायिक और प्रशासनिक पक्ष डेविस "दंड" को न्यायिक व्यवस्था का एक अभिन्न हिस्सा मानते हैं, जो केवल दंडित करने के लिए नहीं, बल्कि समाज में संतुलन बनाए रखने के लिए आवश्यक है।

3.3 "दंड" (DANDA) शब्द के कई अर्थ

"दंड" (Danda) शब्द के कई अर्थ और प्रकार हो सकते हैं, जो संदर्भ पर निर्भर करते हैं। नीचे कुछ प्रमुख प्रकार दिए गए हैं:

1. **विधिक (कानूनी) दंड:** यह वह दंड है जो किसी अपराध या नियम का उल्लंघन करने पर दिया जाता है।

   उदाहरण:

   - कारावास (जेल)
   - जुर्माना
   - मृत्युदंड

2. **शारीरिक दंड:** यह शारीरिक रूप से दी जाने वाली सजा होती है।

   उदाहरण:

   - पिटाई करना
   - उठक-बैठक कराना (स्कूलों में प्रचलित था)

3. **आध्यात्मिक/धार्मिक दंड:** यह तपस्या, व्रत या आत्म-नियंत्रण के रूप में होता है।

   उदाहरण:

   - उपवास
   - मौन व्रत
   - आत्मसंयम

दंडनीति (Dandaniti) प्राचीन भारतीय राजशास्त्र का एक महत्वपूर्ण सिद्धांत है, जो राज्य के शासन, सुरक्षा और न्याय व्यवस्था से संबंधित है। इसका उल्लेख विशेष रूप से कौटिल्य (चाणक्य) के ग्रंथ अर्थशास्त्र में मिलता है।

- धर्म समाज को नैतिक दिशा प्रदान करता है।

- जो व्यक्ति धर्म का पालन करते हैं, वे समाज में संतुलन बनाए रखते हैं।
- जो पालन नहीं करते, उनके लिए दंड की व्यवस्था की जाती है।
- राजा या शासक धर्म के अनुसार दंड का प्रयोग करता है ताकि समाज में अनुशासन और व्यवस्था बनी रहे।

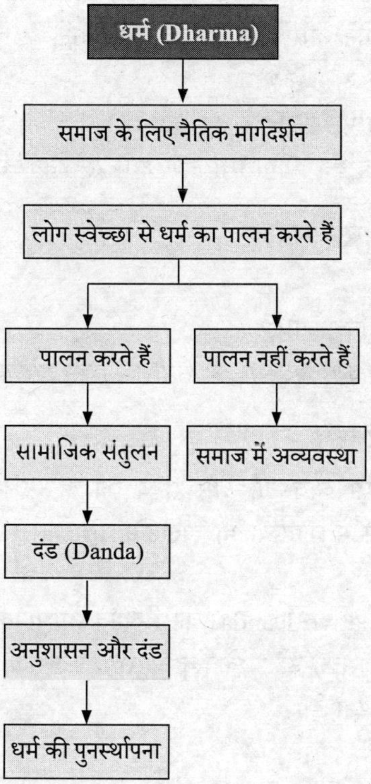

3.4 दंडनीति का अर्थ

- "दंड" का अर्थ है सजा या बल, और
- "नीति" का अर्थ है नियम, सिद्धांत या प्रशासनिक व्यवस्था।

इस प्रकार, दंडनीति का अर्थ है — राज्य द्वारा विधि और अनुशासन बनाए रखने के लिए उचित दंड का प्रयोग करने की नीति।

दंडनीति के मुख्य उद्देश्य

1. राज्य में कानून और व्यवस्था बनाए रखना
2. अपराधों को रोकना और नियंत्रित करना
3. न्याय का पालन करवाना

4. प्रजा की रक्षा करना
5. राजा की सत्ता को स्थिर रखना

दंडनीति के प्रमुख तत्व (कौटिल्य के अनुसार)

स्वामी (राजा)—नीति का पालन करने वाला प्रमुख व्यक्ति

अमात्य (मंत्री)—सलाह देने और नीति लागू करवाने वाले

जनपद—राज्य की जनता और भू-भाग

दंड—नियमों के उल्लंघन पर सजा देने का साधन

दंडप्रयोग की मर्यादा—दंड का प्रयोग न्यायपूर्ण और संतुलित ढंग से होना चाहिए

कौटिल्य के अनुसार दंड का महत्व

कौटिल्य ने कहा है:

"दण्ड एव हि सर्गेण रज्यं धारयति प्रजाः।"

(*अर्थः केवल दंड के द्वारा ही राज्य व्यवस्था को सही प्रकार से चलाया जा सकता है।*)

दंडनीति का आधुनिक महत्व

आज भी, न्याय प्रणाली, पुलिस व्यवस्था, और राज्य का कानून-व्यवस्था बनाए रखने का कार्य दंडनीति की ही आधुनिक रूपों में व्याख्या है। हालाँकि अब यह संविधान और मानवाधिकारों के दायरे में आता है।

सुधारात्मक दंड (Reformative Danda) का सिद्धांत आधुनिक दंड-विज्ञान का एक मानवीय और प्रगतिशील दृष्टिकोण है, जिसका उद्देश्य केवल अपराधी को सजा देना नहीं, बल्कि उसे सुधारना और पुनः समाज में स्थापित करना है।

सुधारात्मक दंड का अर्थ

सुधारात्मक दंड वह दंड है जिसमें अपराधी को पश्चाताप का अवसर दिया जाता है और उसे शिक्षा, परामर्श, और नैतिक मूल्यों के माध्यम से सुधारा जाता है ताकि वह फिर से अपराध न करे।

3.5 दंड या दंड की अवधारणा का विभिन्न दस्तावेजों में उल्लेख

मनुस्मृति के अनुसार, "ऋषियों द्वारा दंड निर्धारित किया गया है, ताकि धर्म का अपमान न हो और अधर्म का निवारण हो सके"। दंड से पूरी दुनिया का सुधार होता है । कौटिल्य के अर्थशास्त्र में दंड लोगों को नियंत्रण में लाने, शांति और व्यवस्था बनाए रखने के साधन के रूप में है। दंड राज्य की चार गुना नीति का एक हिस्सा है—"साम, दाम, दंड और भेद"।

पुराणों के अनुसार, दंड पाप को उसी तरह शुद्ध करता है जैसे दवा दोषी को ठीक करती है। शुक्रनीति के अनुसार, दंड "पुण्य का अंतिम आश्रय" है क्योंकि यह अनैतिक व्यवहार और सामाजिक बुराई को दूर भगाता है। कामन्दक के अनुसार, दंड तभी उचित है जब वह न्याय प्रदान करता हो।

याज्ञवल्क्य स्मृति के अनुसार, दंड से दोषी को सही मार्ग पर लाना चाहिए। ऋषि गौतम के अनुसार, दंड का उद्देश्य गलत काम करने वालों और बदमाशों की पहचान करना था।

3.6 दंड: न्याय का प्रशासन

दंड राज्य की इच्छा, वैधता, बल प्रयोग पर एकाधिकार और हिंसा पर कानूनी अधिकार का प्रतिनिधित्व करता था। यह एक तरह से राज्य की संप्रभुता का प्रतिनिधित्व करता था। दंड का उपयोग राज्य में सामाजिक व्यवस्था और शांति बनाए रखने का एकमात्र तरीका था। दंड को ब्रह्मांड के निर्माता, प्रजापति का श्रेय दिया जाता है। दंड का उचित उपयोग विश्व शांति, खुशी और न्याय का आश्वासन था। दंड का उद्देश्य अपराधी को शुद्ध करना, मानवीय दुष्कर्मों का प्रायश्चित करना और समाज के दुखों से राहत प्रदान करना है।

दंड रक्षा और शासन करता है; दंड धर्म, अर्थ और काम को सुरक्षित रखता है। दंड सभी का मार्गदर्शन करता है और नैतिक निर्णय लेने में लोगों की सहायता करता है। यह राज्य कला, राजनीति, शासन और संपत्ति के रख-रखाव के वैज्ञानिक अध्ययन के लिए खड़ा है। धर्म की आत्मा को दंड कहा जाता है, और धर्म वास्तविक कानून है।

दण्ड ने सभी लोगों के लिए एक मार्गदर्शक के रूप में कार्य करके लोगों को नैतिक निर्णय लेने में मदद की। प्राचीन भारतीय दर्शन और शासन के संदर्भ में, "दण्ड" शब्द का अर्थ अधिकार, नियंत्रण या प्रतिशोध है। इसका महत्व न्याय और व्यवस्था बनाए रखने में है, भले ही संस्कृतियों और ऐतिहासिक युगों में इसकी व्याख्या अलग-अलग हो। यह राजनीति, प्रबंधन, शासन कला और संपदा रखरखाव के विज्ञान का प्रतिनिधित्व करता है। दण्ड धर्म का मूल है; यह वह साधन है जिसके द्वारा धर्म को न्यायोचित रूप से लागू किया जाता है।

दण्ड को धर्म की आत्मा भी कहा जाता है। दण्ड के धार्मिक रंग के लिए एक विशिष्ट व्याख्या यह है कि यह उन्हें वैधता या अधिकार देता है। दण्ड सभी के आनंद और निष्पक्षता का प्रतीक था। प्राचीन भारतीय राजनीति में दण्ड-धर राजा का नाम था। दण्ड को राजसी सत्ता के लिए एक शर्त के रूप में देखा जाता है।

3.7 दण्डनीति

दण्ड नीति राजनीति, शासन कला, बल प्रशासन और सरकार की कला और विज्ञान है। दण्डनीति भगवान द्वारा राजा को दी गई थी, ताकि समाज के सभी सदस्यों को समान न्याय प्रदान किया जा सके, लोगों के बीच शांति, प्रगति और समृद्धि को बढ़ावा दिया जा सके, राज्य के कल्याण की रक्षा की जा सके, प्रभावी प्रशासन सुनिश्चित किया जा सके, कमजोरों को मजबूत से बचाया जा सके, अपराधी को दंडित किया जा सके और अंततः सभी को धर्म की सीमा के भीतर रखा जा सके। दण्ड के माध्यम से ही राजा राज्य के मामलों का प्रबंधन कर सकता है और सभी को धर्म के मार्ग पर चलने के लिए मार्गदर्शन कर सकता है; शांति, व्यवस्था बनाए रखने और लोगों को समृद्धि, खुशी

और कल्याण लाने के लिए दण्डनीति का पालन करना उसका सर्वोच्च कर्तव्य है। यह बुराई को नष्ट करने की एक प्रणाली है जैसे सूर्य अंधकार को नष्ट करता है। यदि दण्डनीति नष्ट हो जाती है, तो धर्म का सार नष्ट हो जाएगा और अराजकता फैल जाएगी; सब कुछ अंधकार से ढक जाएगा। जब बाकी सभी सो रहे होते हैं, तो दण्ड और दण्ड का भय ही जागते हैं और अंत में दण्ड की अवधारणा ही समाज में सभी के व्यवहार को नियंत्रित करती है। दण्ड धर्म को बनाए रखता है: दण्ड के भय से व्यक्ति पापपूर्ण गतिविधियों में संलग्न होने से बचता है। दंडनीति न्याय के वितरण को दर्शाती है—बुराई को दंड, धर्मी/पुण्यवान को पुरस्कार; यह व्यक्ति का राज्य से संबंध, सामाजिक, राजनीतिक और आर्थिक संबंधों की समग्रता और राज्य की संरचना और कार्यप्रणाली को भी दर्शाती है।

"दंडनीति" शब्द का उल्लेख महाभारत में "प्रजापति को दी गई पुस्तक 'दंडनीति'" के संदर्भ में किया गया है। प्रजापति को दंड बनाने का श्रेय दिया जाता है।

3.8 डोनाल्ड आर. डेविस जूनियर द्वारा हिंदू कानून की भावना में सत्यनिष्ठा और पुनर्वास (दंड)

कानून को लागू करने का व्यावहारिक तरीका दंड है। व्यावहारिक रूप से, यह कानूनी सिद्धांतों के अनुप्रयोग के लिए आवश्यक है। कुछ मार्ग धर्म, या नैतिकता को व्यवहार के क्षेत्र में प्रवेश करने की अनुमति देते हैं। एक अप्रत्यक्ष मार्ग के रूप में, वेदों और सीखी गई परंपराओं के माध्यम से उनके निर्बाध संचरण का उपयोग किया जाता है। दंड व्यवस्था के संदर्भ में शासक की जिम्मेदारियाँ रातों-रात कानून का पालन करने से कहीं आगे तक फैली हुई हैं। हिंदू कानून में राजा के कर्तव्यों को बहुत महत्व दिया जाता है, खासकर जब बात जनता की सुरक्षा और जाति व्यवस्था और जीवन के चरणों को बनाए रखने की हो।

सामाजिक उन्नति और सुरक्षा प्राप्त करने की विधि का आधार दंड है। इसे सामाजिक व्यवस्था को बनाए रखने और बढ़ाने के लिए आवश्यक माना जाता है। हिंदू कानून संहिता विभिन्न अपराधों के लिए दंड के बारे में बहुत गहराई से बताती है। ये लेखन दंड के हिंदू कानूनी सिद्धांत को समझने के लिए आवश्यक उपकरण थे।

दान लोगों द्वारा किए गए कई धर्म उल्लंघनों पर जाँच के रूप में कार्य करता है। हिंदू कानूनी सिद्धांत अक्सर दंड को एक देवता के रूप में दर्शाता है, जो धर्म के रक्षक के रूप में देवता के कार्य को उजागर करता है।

3.9 दंडनीति: शासन की कला और विज्ञान, बल का प्रशासन

दंड, जुर्माना, बल का उचित उपयोग या सिर्फ सादा न्याय के रूप में परिभाषित किया जा सकता है। राज्य के कल्याण के लिए; समाज के सभी सदस्यों के लिए न्याय के समतापूर्ण प्रशासन के लिए; जनता की उन्नति और समृद्धि के लिए; बलवानों के विरुद्ध कमजोरों की सुरक्षा के लिए; अपराधी

को दण्डित करने के लिए; और अंत में, धर्म की सीमाओं के भीतर सभी का भरण-पोषण करने के लिए धर्म का अत्यधिक महत्त्व है।

राजा केवल दण्ड के माध्यम से ही राज्य के मामलों को चला सकता है और सभी को धर्म के मार्ग पर ले जा सकता है। राजा दण्डनीति का पालन करके जनता की खुशी और कल्याण की गारंटी दे सकता है, जो शांति, व्यवस्था और समृद्धि को बनाए रखती है। यह उसी तरह बुराई को खत्म करने की व्यवस्था है जिस तरह प्रकाश अंधकार को खत्म करता है। समुदाय में हर कोई दण्ड की अवधारणा के आधार पर व्यवहार संबंधी नियमों के अधीन है।

दण्ड प्राचीन भारतीय शासन का एक महत्वपूर्ण घटक था। भगवान शिव ने दण्ड का निर्माण किया था। हम इसे "राजनीति विज्ञान" के रूप में संदर्भित कर सकते हैं जिसे दण्ड का उपयोग करके विकसित किया गया था। धर्म स्वयं दण्ड है; यह धर्म की आत्मा है। दण्ड सिद्धांत असीम रूप से शक्तिशाली है। दण्ड वैध प्राधिकारी है जो राज्य की इच्छा को मूर्त रूप देता है। इस प्रकार, इसमें कानूनी और नैतिक दोनों तरह की प्राथमिकताएँ हैं। यह सामाजिक अस्तित्व की आधारशिला है। दण्ड सभी के लिए न्याय और खुशी का वादा था। दण्ड के पौराणिक विचार ने जो दो भूमिकाएँ निभाईं, वे थीं सुरक्षा और शासन। दण्ड के बारे में मनु का भी यही मत है। दण्ड से धर्म, अर्थ और काम का वरण होता है। दण्ड शुद्धिकरण की एक विधि है। कौटिल्य ने दण्ड को व्यक्तियों को नियंत्रित करने के साधन के रूप में देखा है। प्राचीन भारतीय राजनीति में राजा को दण्ड धर कहा जाता था। दण्ड का तत्वमीमांसा और धर्मशास्त्र से गहरा संबंध था। इसे राज्य की इच्छाओं को पूरा करने वाला अधिकारी माना जाता था। दण्ड को राज्य और व्यक्ति दोनों को शुद्ध करने का एक तरीका माना जाता था। दण्ड सरकार से जुड़ा था और अधिकारी इसे लागू करने के प्रभारी थे। ऐसा माना जाता था कि सामाजिक व्यवस्था, सार्वभौमिक खुशी और धार्मिकता को बनाए रखने के लिए दण्ड आवश्यक था क्योंकि यह मानवीय बुराइयों को ठीक करता था और समाज को सही दिशा में ले जाता था। दण्ड को बदमाशों और गलत काम करने वालों पर अंकुश लगाने के एक उपकरण के रूप में देखा जाता था; इसमें सुधारात्मक और दंडात्मक दोनों तत्व शामिल थे, जिसका लक्ष्य अपराधी को शुद्ध करना था।

3.10 दंड के प्रकार

- चेतावनी
- निंदा
- जुर्माना
- शारीरिक दंड

3.11 दंड की विशेषताएँ

"दंड" शब्द राज्य की संप्रभुता राज्य की इच्छा, अधिकार, बलपूर्वक शक्ति और हिंसा के वैध एकाधिकार का प्रतिनिधित्व करता है। राज्य और समाज केवल दंड के उपयोग के माध्यम से शांति

और व्यवस्था बनाए रखने में सक्षम थे। कहा जाता है कि दंड को ब्रह्मांड के निर्माता प्रजापति ने बनाया था। दंड के उचित उपयोग से सार्वभौमिक शांति, खुशी और धार्मिकता की गारंटी दी गई थी। दंड का उद्देश्य मानवीय दुर्गुणों का प्रायश्चित करना, अपराधी को शुद्ध करना और सामाजिक व्यवस्था की भयावहता से बचना है। दंड शासन करता है और रक्षा करता है: दंड काम, अर्थ और धर्म की रक्षा करता है। दण्ड सभी के लिए मार्गदर्शक की तरह काम करता था और नैतिक निर्णय लेने में लोगों की सहायता करता था। यह राजनीति, राज्य कला, प्रशासन और संपत्ति के रख-रखाव के विज्ञान का प्रतीक है; धर्म ही धर्म का सार है; दण्ड के उपयोग के माध्यम से धर्म को सही मायने में न्यायपूर्ण तरीके से लागू किया जाता था; केवल धर्मी और न्यायप्रिय शासक ही दण्ड धारण कर सकते हैं, न कि निरंकुश और भ्रष्ट शासक।

3.12 दण्ड का सिद्धांत

"दण्ड" का निर्धारण युगों से किया जाता रहा है ताकि धर्म का अपमान न हो और अधर्म का निवारण हो सके। दण्ड का प्राचीन भारतीय सिद्धांत इस केंद्रीय विचार पर आधारित था कि गलत काम करने पर दण्ड सामाजिक व्यवस्था के संरक्षण के लिए राजा द्वारा दिया जाना चाहिए। प्राचीन भारतीय कानून में दण्ड का अर्थ था कि व्यक्ति या अपराधी को धर्म के निर्धारित नियमों के अनुसार स्वयं को सुधारने में सहायता करनी चाहिए। दण्ड सटीकता के साथ निर्धारित किया जाता था और जो लोग राजा की शांति या न्याय का उल्लंघन करते थे, उन्हें न्यायालय द्वारा उचित रूप से जांच करने के बाद कठोर दण्ड दिया जाता था।

दण्ड एक आधारभूत शक्ति है, जो कानून की सर्वोच्चता का साधन है, जिसका प्रयोग राजा को अपनी इच्छा से नहीं, बल्कि आधार एवं उद्देश्य को ध्यान में रखकर करना चाहिए, क्योंकि स्वार्थपूर्ण कारणों से दण्ड का प्रयोग राज्य को ही नष्ट कर सकता है। अतः दण्ड का प्रयोग विभिन्न पहलुओं का विश्लेषण करने के बाद ही करना चाहिए, क्योंकि पक्षपात, स्वार्थ, शक्ति संचय एवं लोभ आदि के कारण दिया जाने वाला दण्ड एक ऐसा 'दुष्ट दण्ड' है, जो समाज में क्रान्ति का कारण बनता है। अत: कानून के साथ मिलकर दंड ही राजा और प्रजा को वास्तविक न्याय (त्रिवर्ग) प्राप्त करने में सहायक होता है।" अत: दंड और धर्म को क्रमशः शक्ति और उद्देश्य से जोड़कर मनुष्य के अंतिम लक्ष्य को व्यक्त किया गया है।

कौटिल्य के अनुसार दंडनीति वह नीति है जो अभीष्ट लक्ष्य की प्राप्ति में सहायक होती है। यह प्राप्त अर्थ की रक्षा करने में सहायक होती है और रक्षित अर्थ को बढ़ाने में सहायक होती है। इस प्रकार संपूर्ण विश्व इसके नियंत्रण में रहता है। कौटिल्य ने प्राचीन वैदिक ऋषि के बारे में भी लिखा है कि वे दंडनीति को ही एकमात्र विद्या मानते थे और उनके अनुसार त्रिवर्ग की उचित योजना इसी के माध्यम से क्रियान्वित होती है। इसके माध्यम से ही मनुष्य धर्म, अर्थ और काम की उचित व्यवस्था का पालन कर सकता है।

3.13 प्राचीन काल में दंड के निवारक

3.13.1 निवारक दण्ड व्यवस्था

इस दण्ड का प्रयोग अपराध पर नियंत्रण के लिए किया जाता था, अर्थात दण्ड व्यवस्था के अन्तर्गत पहले से चेतावनी देकर दण्ड का निर्धारण किया जाता था, ताकि दण्ड के भय से भविष्य में अपराध न किया जाए। कौटिल्य ने इस व्यवस्था पर विशेष ध्यान दिया, क्योंकि उनके अनुसार भय और आतंक अपने आप में अपराध रोकने के प्रभावी उपाय हैं और ये दण्ड खुले स्थानों पर दिए जाते थे, ताकि जनता में उस दण्ड का भय बना रहे, जैसे शारीरिक रूप से दण्डित व्यक्ति को जलती आग पर रखकर मरवा देना, उसकी जीभ छिदवा देना, हाथ-पैर बांधकर उल्टा लटका देना, उसके नाखूनों में सुई चुभा देना आदि।

3.13.2 सुधारात्मक दण्ड व्यवस्था

इस व्यवस्था के अन्तर्गत समाज कल्याण के लिए पीड़ित और अपराधी दोनों के अधिकारों पर ध्यान दिया जाता है, क्योंकि दण्ड का कार्य समाज में कल्याण का विकास करना है और यह कल्याण केवल शारीरिक दण्ड देने से प्राप्त नहीं हो सकता। बल्कि अपराधी की मानसिक स्थिति की जांच करके उसकी मानसिक स्थिति का पता लगाया जाता है और उसे अपराध न करने की ओर प्रेरित किया जाता है, ताकि वह सही मार्ग पर चले। महाभारत, कौटिल्य तथा अन्य धर्मग्रंथों में भी इस दण्ड नीति का प्रावधान किया गया है।

3.13.3 प्रतीकात्मक दण्ड व्यवस्था

दण्ड व्यवस्था बदले की भावना पर आधारित थी। यदि मनुष्य शरीर के किसी अंग को हानि पहुंचाता था। तो उसी अंग को दण्डित किया जाता था, जैसे आंख के बदले आंख, हाथ के बदले हाथ आदि। अर्थात अपराधी को उसके अपराध के अनुसार दण्ड दिया जाता था। आप्तदोषं कर्मकारयेत्, यद्यपि इस दण्ड व्यवस्था का प्रयोग प्रारंभिक समाज में अधिक होता था। कौटिल्य भी इस दंड व्यवस्था का समर्थन करते हैं और कहते हैं कि अपराधी को उसके द्वारा किए गए अपराध की सीमा के अनुसार, अपराध सिद्ध होने के बाद दंडित किया जाना चाहिए। प्रत्येक सामाजिक और राजनीतिक संगठन के पास कुछ कानून या अधिकार होने चाहिए, जिनके बिना मानव समाज काम नहीं कर सकता।

3.13.4 प्रतिशोध और शोषण दंड

दंड में प्रतिशोधात्मक पहलू होते थे, जिन्हें अक्सर दैवीय निर्णय के रूप में देखा जाता था।

प्रायश्चित का उपयोग पाप को शुद्ध करने के तरीके के रूप में किया जाता था और यह धार्मिक और आध्यात्मिक मान्यताओं से जुड़ा था।

3.13.5 संयम और सुधार दंड

कौटिल्य और शुक्र जैसे विभिन्न विचारकों ने दंड को अपराधियों को सुधारने के साधन के रूप में देखा। दंड को लोगों को शिक्षित करने और अनुशासन स्थापित करने का एक तरीका माना जाता था।

3.13.6 आनुपातिक दंड

माना जाता था कि दंड तब सबसे प्रभावी होता है जब किए गए अपराध के अनुपात में हो।

3.14 हिंदू कानून की भावना में सदाचार और पुनर्वास (दंड), डोनाल्ड आर. डेविस जूनियर द्वारा दी गई व्याख्या

- दण्ड पुनर्वास और अनुष्ठान दोनों ही तरह से प्रभावकारी है, जो कानून के अनुष्ठान के माध्यम से व्यक्तियों का मार्गदर्शन करता है।
- कई परिस्थितिजन्य कारक दंड के निर्धारण और प्रशासन को महत्वपूर्ण रूप से प्रभावित करते हैं।
- अपराधियों की जाति, अपराध की प्रकृति, शामिल मात्रा और अन्य बातों जैसे कारकों को प्रत्येक मामले में तौला जाना चाहिए।
- कानूनी उल्लंघनों की गंभीरता
- हिंदू कानून विभिन्न कानूनी उल्लंघनों की गंभीरता को अलग करता है।
- हिंदू न्यायशास्त्र में गंभीर चोरी, विशेष रूप से डकैती को सबसे गंभीर अपराध माना जाता है।
- हिंदू कानून के भीतर विविध शीर्षक एक लचीले ढांचे के रूप में कार्य करता है। इसमें दंड और आपराधिक कानूनों की एक विस्तृत श्रृंखला शामिल है, जो विभिन्न प्रकार के उल्लंघनों और विवादों को संबोधित करने के लिए एक मंच प्रदान करता है।

3.15 दंड प्रशासन में शासन की सक्रिय भूमिका

- शासक के पास विशिष्ट अपराधों के लिए जांच शुरू करने और दंड देने का अधिकार है। इसमें उसके आदेशों के विरुद्ध अपराध और राज्य की कार्रवाइयों का उल्लंघन शामिल है, जो व्यवस्था बनाए रखने में सक्रिय भूमिका प्रदान करता है।

3.16 दंड की सकारात्मक भूमिका

- हिंदू कानून में दंड का सकारात्मक चरित्र है जो जाति व्यवस्था और जीवन चरणों के कार्य को समर्थन और संभव बनाता है।

- यह सत्यनिष्ठा और धर्म के पालन को बढ़ावा देकर निवारण को बढ़ावा देता है। दंड भविष्य में मानक उल्लंघनों को रोकने और कानून को बढ़ावा देने का काम करता है। प्रक्रियात्मक और मूल कानून कानूनी उल्लंघनों की रोकथाम और सुधार में एक दूसरे को परस्पर सुदृढ़ करते हैं।
- दंड मानवीय अपूर्णता और आदर्श मार्ग से विचलन को संबोधित करने की आवश्यकता को स्वीकार करता है।
- कानून मानवीय कमियों को सुधारने और व्यवस्था बनाए रखने के लिए दंड पर निर्भर करता है।
- दंड व्यवस्था की स्थिरता और उल्लंघनकर्ताओं के पुनः एकीकरण को सुनिश्चित करता है।

3.17 बेंजामिन का दृष्टिकोण

- बेंजामिन की हिंसा की आलोचना हिंसा और कानून के बीच के संबंध की खोज करती है। हिंसा या तो कानून बनाने या कानून के संरक्षण का साधन है।
- बेंजामिन कानून में हिंसा के चक्र को तोड़ने के लिए एक क्रांतिकारी, अहिंसक दृष्टिकोण का प्रस्ताव करते हैं।

3.18 सरकार का दृष्टिकोण

- सरकार हिंदू शासन कला पर चर्चा करते हैं, जहाँ दंड एक महत्वपूर्ण भूमिका निभाता है। हिंदू सिद्धांत में, दंड शिक्षाप्रद होता है और राज्य की व्यवस्था को बनाए रखता है। राज्य की जबरदस्ती करने और रोकने की क्षमता उसके अस्तित्व के लिए केंद्रीय है। संक्षेप में हम कह सकते हैं कि, दोनों दृष्टिकोणों ने कानून, हिंसा और दंड के बीच घनिष्ठ संबंध को उजागर किया। हिंसा और दंड कानूनी व्यवस्था को बनाए रखने के उपकरण हैं, जिनका ध्यान निवारण और पुनर्वास पर है। दंड के कार्य: दंड राज्य की इच्छा, अधिकार, दमनकारी शक्ति, हिंसा के वैध एकाधिकार का प्रतिनिधित्व करता है। एक अर्थ में, यह राज्य की संप्रभुता को दर्शाता है। दंड के माध्यम से ही समाज/राज्य में शांति और व्यवस्था कायम रहती है। ईश्वरीय पवित्रता: ब्रह्मांड के निर्माता प्रजापति को दंड का निर्माता माना जाता है। दंड का न्यायोचित प्रयोग सार्वभौमिक शांति, खुशी और धार्मिकता की गारंटी था। दंड मानवीय बुराइयों को ठीक करने, पापियों को शुद्ध करने, सामाजिक व्यवस्था से बुराइयों को दूर भगाने के लिए बनाया गया है। दंड सुरक्षा और शासन करता है। दण्ड धर्म, अर्थ और काम की रक्षा करता है
- दण्ड सभी के लिए मार्गदर्शक के रूप में कार्य करता है और लोगों को सही और गलत के बीच चयन करने में मदद करता है

दण्ड के कार्य

- दण्ड राज्य की इच्छा, अधिकार, बलपूर्वक शक्ति, हिंसा के वैध एकाधिकार का प्रतिनिधित्व करता है

- एक अर्थ में, यह राज्य की संप्रभुता को दर्शाता है
- दण्ड के माध्यम से ही समाज/राज्य में शांति और व्यवस्था कायम रहती है
- ईश्वरीय पवित्रता: ब्रह्मांड के निर्माता प्रजापति को दण्ड का निर्माता माना जाता है
- दण्ड का न्यायोचित प्रयोग सार्वभौमिक शांति, सुख और धार्मिकता की गारंटी था
- दण्ड मानवीय बुराइयों को सुधारने, पापियों को शुद्ध करने, सामाजिक व्यवस्था से बुराइयों को दूर भगाने के लिए बनाया गया है
- दण्ड सुरक्षा और शासन करता है; दंड धर्म, अर्थ और काम को बचाता है
- दंड सभी के लिए मार्गदर्शक के रूप में कार्य करता है और लोगों को सही और गलत के बीच चयन करने में मदद करता है।

दंड का वर्गीकरण

आपराधिक मामलों में दंड को व्यवस्थित रूप से 6 अलग-अलग शीर्षकों में वर्गीकृत किया गया है:

- हत्या, चोरी, बलात्कार, बदनामी, हमला और विविध, जिनमें से प्रत्येक की अपनी विशिष्ट सजा है।

दंड में परिस्थितिजन्य कारक

- कई परिस्थितिजन्य कारक दंड के निर्धारण और प्रशासन को महत्वपूर्ण रूप से प्रभावित करते हैं।
- अपराधियों की जाति, अपराध की प्रकृति, शामिल मात्रा और अन्य विचारों जैसे कारकों को प्रत्येक मामले में तौला जाना चाहिए।
- कानूनी उल्लंघनों की गंभीरता
- हिंदू कानून विभिन्न कानूनी उल्लंघनों की गंभीरता को अलग करता है।
- गंभीर चोरी, विशेष रूप से डकैती, हिंदू न्यायशास्त्र में सबसे गंभीर अपराध माना जाता है।

हिंदू कानून के भीतर विविध शीर्षक एक लचीले ढांचे के रूप में कार्य करता है। इसमें दंडात्मक और आपराधिक कानूनों की एक विस्तृत श्रृंखला शामिल है, तथा यह विभिन्न प्रकार के उल्लंघनों और विवादों के समाधान के लिए एक मंच प्रदान करता है।

दंड प्रशासन में शासक की सक्रिय भूमिका

शासक के पास विशेष अपराधों के लिए जांच शुरू करने और दंड लगाने की शक्ति होती है। इसमें उसके आदेशों की अवहेलना करना और सरकार के नियमों के विरुद्ध जाना शामिल है, जो व्यवस्था के संरक्षण में सक्रिय रूप से योगदान देता है।

सरकार का दृष्टिकोण

सरकार हिंदू शासन कला पर चर्चा करते हैं, जहां दंड एक महत्वपूर्ण भूमिका निभाता है। हिंदू सिद्धांत में, दंड शिक्षाप्रद है और राज्य की व्यवस्था को बनाए रखता है। राज्य की जबरदस्ती करने और उसे रोकने की क्षमता केंद्रीय अस्तित्व है।

सामान्य आधार

दोनों दृष्टिकोणों ने कानून, हिंसा और दंड के बीच घनिष्ठ संबंध पर प्रकाश डाला।

हिंसा और दंड कानूनी व्यवस्था को बनाए रखने के उपकरण हैं, जिसमें निवारण और पुनर्वास पर ध्यान केंद्रित किया जाता है।

3.19 अभ्यास के लिए मॉडल प्रश्न

- प्राचीन भारतीय राजनीतिक विचारों में 'दंड' द्वारा व्यक्त किए गए विभिन्न अर्थों और विचारों पर चर्चा करें।
- दंड धर्म की आत्मा है; इस कथन के प्रकाश में धर्म और दंड के बीच अंतर-संबंध पर चर्चा करें।
- प्राचीन भारत में दंड का सिद्धांत क्या है?
- कृपया हिंदू कानून की भावना में सद्गुण और दंड की व्याख्या करें, डोनाल्ड आर. डेविस जूनियर द्वारा दी गई व्याख्या।
- प्राचीन भारतीय राजनीतिक चिंतन में 'दंड' द्वारा व्यक्त किए गए विभिन्न अर्थों और विचारों पर चर्चा करें।

REFERENCES

Donald R. Davis Jr, "Rectitude and Rehabilitation (danda) in The Spirit of Hindu Law", Cambridge University Press, NY, 2010, pp. 128–143.

Radha Krishna Choudhary, "Theory of Punishment in Ancient India", in Proceedings of the Indian History Congress, Vol. 10, 1947, pp. 166–171.

अध्याय 4

न्याय और नीति

4.1 भारतीय संदर्भ में न्याय की संकल्पना

भारतीय दर्शन में "न्याय" शब्द का अर्थ केवल कानूनी न्याय (legal justice) तक सीमित नहीं है, बल्कि यह एक व्यापक अवधारणा है जो नैतिकता, सत्य, धर्म, और तर्क से जुड़ा हुआ है। "न्याय" का अर्थ है—उचित, संतुलित और सत्य के अनुसार निर्णय करना।

न्याय की प्रमुख विशेषताएँ:

1. **न्याय दर्शन (Nyaya Darshan):**
   - न्याय एक प्रमुख भारतीय दर्शन (षड्दर्शन) है जिसकी स्थापना गौतम महर्षि ने की थी।
   - यह दर्शन तर्क (logic), प्रमाण (evidence), और विवेक (reasoning) पर आधारित है।
   - इसके अनुसार सत्य को जानने के लिए चार प्रमाण माने गए हैं:
     - प्रत्यक्ष (Direct perception)
     - अनुमान (Inference)
     - उपमान (Comparison)
     - शब्द (Verbal testimony)
2. **धार्मिक और सामाजिक संदर्भ:**
   - "न्याय" का संबंध धर्म (righteousness) और नीति (ethics) से भी है।
   - राजा का धर्म था कि वह प्रजा को न्याय दे — इसीलिए उसे "धर्म का संरक्षक" कहा गया।
   - प्राचीन ग्रंथों जैसे मनुस्मृति, महाभारत और रामायण में न्याय के महत्व पर बल दिया गया है।
3. **समाज में न्याय की भूमिका:**
   - न्याय का उद्देश्य है अधर्म का नाश और धर्म की स्थापना।
   - यह अत्याचार, अन्याय, और पक्षपात के विरुद्ध एक साधन है।
   - एक न्यायपूर्ण समाज में सभी वर्गों को समान अधिकार और सम्मान मिलता है।

भारतीय संदर्भ में न्याय केवल कानून नहीं, बल्कि एक जीवन मूल्य (value system) है जो सत्य, तर्क और नैतिकता पर आधारित है। यह व्यक्ति और समाज दोनों के लिए आवश्यक है, ताकि संतुलन और शांति बनी रहे।

न्याय: एक परिचय

भारतीय संदर्भ में वास्तविकता को समझने के लिए समर्पित दर्शन की एक अलग शाखा को न्याय के रूप में जाना जाता है। न्याय जिसका अर्थ है तार्किक सोच के नियम और सही चीज़ का निर्धारण करने का साधन। तार्किक तर्क के नियमों को निर्धारित करते हुए, न्याय, जिसे "आन्वीक्षिकी" के रूप में भी जाना जाता है, एक व्यवस्थित स्कूल के रूप में विकसित हुआ और दर्शन की छह वैदिक प्रणालियों में अपना वैध स्थान पाया। भारतीय दर्शन की न्याय प्रणाली झूठे ज्ञान की संभावनाओं को खत्म करके सही ज्ञान तक पहुँचने का प्रयास करती है और न्याय दर्शन के विद्वानों द्वारा सही ज्ञान तक पहुँचने के लक्ष्य के लिए कई तरीकों की सिफारिश की जाती है। न्याय की अवधारणा उतनी ही प्राचीन है जितनी कि हमारी सभ्यता है। हम किसी ऐसे समाज की कल्पना नहीं कर सकते जहां न्याय की उपस्थिति ही नहीं हो। कोई भी समुदाय या समाज बिना न्याय के नहीं बना रह सकता। ऐतिहासिक साक्ष्यों से भी इस तथ्य का पता चलता है कि एक सभ्य समाज अपनी प्रशासनिक व्यवस्था में न्याय के अस्तित्व के बिना नहीं रह सकता। जिन सभ्यताओं में न्यायपूर्ण व्यवस्था की उपस्थिति नहीं थी, वे समय के साथ लुप्त हो गई। संक्षेप में न्याय किसी भी समाज, समुदाय एवं राष्ट्र के सबसे खास स्तंभों एवं समतापूर्ण विकास की आधारशिला है।

न्याय (न्याय) एक व्यापक अवधारणा है जो लोगों को सब कुछ देने से संबंधित है उन्हें अंकित किया गया है। यह समानता, व्यवहार और आचरण पर आधारित है, और इसे कानून, कानून, धर्म और समाज जैसे विभिन्न क्षेत्रों में लागू किया जाता है।

व्याख्या

न्याय की विचारधारा: न्याय का मूल सिद्धांत यह है कि प्रत्येक व्यक्ति को वह अधिकार प्राप्त होना चाहिए जो उसकी अधिकारिता, सामाजिक स्थिति के अनुरूप हो।

4.2 न्याय के विभिन्न रूप

- **वितरणात्मक न्याय:** यह न्याय उस रूप में होता है जो वितरण, अवसर और विशिष्टता को सुनिश्चित करता है।
- **प्रक्रियात्मक न्याय:** यह न्याय का रूप है जो यह सुनिश्चित करता है कि लोगों के साथ व्यवहार किया जाए।
- **प्रतिशोधात्मक न्याय:** यह न्याय का रूप है जो गलत कार्य करने के लिए दंड सुनिश्चित करता है।
- **सुधारात्मक न्याय:** यह न्याय का रूप है जो नुकसान की भरपाई और क्षतिपूर्ति को ठीक करने पर केंद्रित है।

न्याय एक महत्वपूर्ण सामाजिक मूल्य है जो समाज में शांति, सद्भाव और स्थिरता को बढ़ावा देता है। न्याय कानून और न्याय प्रणाली का आधार है, जो यह सुनिश्चित करने के लिए काम करता है कि लोगों के साथ व्यवहार किया जाए और उनकी शक्तियों की रक्षा की जाए। न्याय सिद्धांत सिद्धांतों से जुड़ा हुआ है, जैसे कि सिद्धांत, व्यवहार और व्यवहार। न्याय कई धार्मिक विश्वासों में एक महत्वपूर्ण अवधारणा है, जो यह सुझाव देता है कि भगवान सभी के साथ हैं और न्यायपूर्ण व्यवहार करते हैं। न्याय सामाजिक न्याय की आवश्यकता है, जो लोगों को उनके अधिकार, अवसर और समान रूप से पहुंच प्रदान करता है। न्याय एक बुनियादी अवधारणा है जो लोगों से संबंधित है वे सब कुछ से संबंधित हैं। यह समानता, समानता और व्यवहार पर आधारित है, और इसे विभिन्न क्षेत्रों में लागू किया जाता है। न्याय एक महत्वपूर्ण सामाजिक मूल्य है जो समाज में शांति, सद्भाव और स्थिरता को बढ़ावा देता है। मनु इस बात पर अपना मत स्पष्ट रूप से देते हैं कि मनुष्यों का आचरण शुद्ध करने तथ अपने धर्म का पालन करने के लिए दण्ड शक्ति की अत्यंत आवश्यकता होती है। इसलिए भगवान ने दण्ड की व्यवस्था की है जिसके संचालन के लिए राजा को नियुक्त किया गया है। मनु कानून और न्याय व्यवस्था के निर्माण के लिए एक परिषद की व्यवस्था के अलावा जनता अपनी संघीय संस्थाओं के माध्यम से स्वयं अपने नियम को बनाने के लिए स्वतंत्र होती थी। इसमें कुल, जाति, श्रेणी शामिल होती है। इन स्वयं निर्मात संस्थाओं द्वारा निर्मित नियमों पर राजा की सहमति की छाप भी लगाती थी तथा उसकी सहमति का पालन किया जाता था। कौटिल्य ने अर्थशास्त्र में न्याय का आधार राजा को दिया है। उनके अनुसार एक योग्य, कर्तव्यपरायण तथा जनकल्याणी राजा ही है। इसके बावजूद न्याय व्यवस्था को सुदृढ़ करने के लिए वह न्यायाधीशों का चयन करते हैं। उनकी मान्यता थी कि उच्चतर न्यायालय में तीन धर्मस्थ न्यायाधीश तथा अमात्र्य होने चाहिए, जो साथ में बैठकर विवादों का उचित निर्णय कर सके। इन न्यायधीशों की नियुक्ति का भार कौटिल्य ने राजा को दिया। प्राचीन भारतीय चिंतकों के अनुरूप ही कौटिल्य भी सभी के धर्म के पालन पर अत्यंत जोर देते थे। उनका मत था कि स्वधर्म का पालन करने से ही ने केवल वर्तमान की व्यवस्था बनती है बल्कि परलोक भी सुधर जाता है। इन बातों के बावजूद भी नागरिक कानून का अनेकों प्रकार से उल्लंघन करता है। उनको दंडित करने के लिए कौटिल्य न्यायिक व्यवस्था भी करते हैं। उनके मत के अनुसार न्याय के बिना प्रजा धर्म, अर्थ, काम और मोक्ष से वंचित रह जाता हैं, इसलिए न्याय के माध्यम से ही प्रजा के परम लक्ष्य की पूर्ति की जा सकती है यही कारण था कि कौटिल्य ने न्याय और नीति पर बहुत अधिक बल दिया है।

4.3 प्राचीन भारत के विचारकों के अनुसार न्याय और नीति

प्रस्तुत मनुस्मृति और कौटिल्य द्वारा लिखित ग्रंथ अर्थशास्त्र जैसी पुरानी पुस्तकों का अध्ययन भी ज्ञान प्रदान करता है और बताता है कि कैसे सरकार एक बार अपने विभागों के माध्यम से अपने कर्तव्यों का पालन करती थी और किसी तरह से न्याय और नीति प्रदान करती थी।

प्राचीन भारत में न्याय और नीति

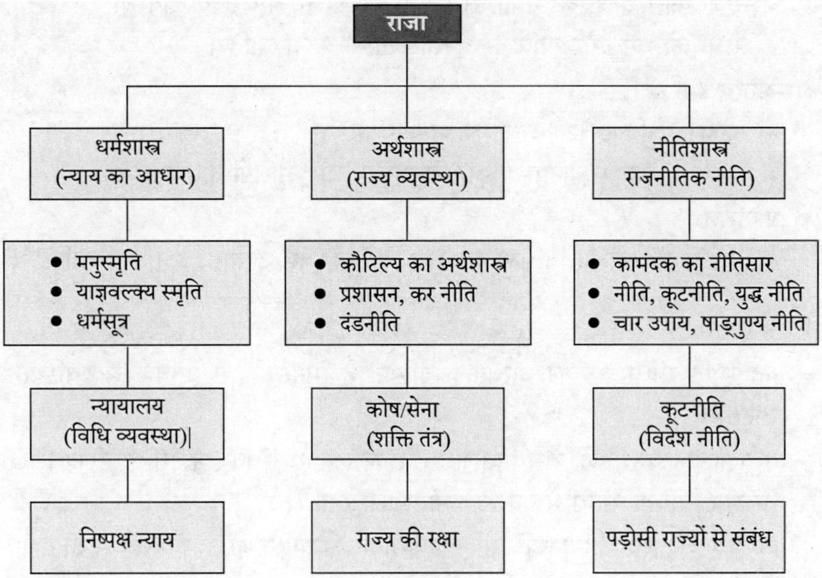

1. याज्ञवल्क्य स्मृति (Yājñavalkya Smṛti)

याज्ञवल्क्य स्मृति प्राचीन भारत की एक अत्यंत महत्वपूर्ण धर्मशास्त्रीय रचना है। यह स्मृति साहित्य का एक हिस्सा है और मनुस्मृति के बाद सबसे अधिक प्रभावशाली और व्यवस्थित धर्म-संहिता मानी जाती है। इसे आमतौर पर गुप्तकाल (लगभग तीसरी-पांचवीं शताब्दी ईस्वी) में रचित माना जाता है।

- याज्ञवल्क्य वैदिक काल के एक महान ऋषि थे।
- उन्हें शुक्ल यजुर्वेद के प्रमुख ज्ञाता के रूप में जाना जाता है।
- इस स्मृति में वे एक शिक्षक के रूप में अपनी शिक्षाएं शिष्य गर्गी और कात्यायन को देते हैं।

2. संरचना (Structure of the Text)

याज्ञवल्क्य स्मृति को तीन प्रमुख अध्यायों में विभाजित किया गया है:

अध्याय	विषय
आचार कांड	व्यक्तिगत जीवन, धर्म, व्रत, श्राद्ध आदि
व्यवहार कांड	विधि और न्याय प्रणाली (न्यायशास्त्र)
प्रायश्चित्त कांड	पाप और उनके प्रायश्चित्त (प्रायश्चित्त विधि)

3. मुख्य विषय-वस्तु

- न्याय और विधि प्रणाली
    - न्यायाधीश, गवाह, साक्ष्य, दंड, और अदालत की प्रक्रिया पर विस्तृत जानकारी।
    - ऋण, संपत्ति विवाद, दाय विभाजन, स्त्रीधन, उत्तराधिकार, अनुबंध आदि विषयों को भी शामिल किया गया है।

- राजधर्म और प्रशासन
  - राजा का कर्तव्य, दंड नीति, राजस्व, कर प्रणाली और राज्य-व्यवस्था।
  - राजा को धर्म और न्याय के अनुसार शासन करना चाहिए।
- आचार धर्म
  - ब्राह्मण, क्षत्रिय, वैश्य और शूद्र के कर्तव्य।
  - ब्रह्मचर्य, गृहस्थ, वानप्रस्थ, और संन्यास – चार आश्रमों की व्याख्या।
- प्रायश्चित्त
  - पाप कर्मों के लिए विभिन्न प्रायश्चित्त विधियाँ, जैसे उपवास, दान, तप आदि।

4. विशेषताएँ

- यह स्मृति संक्षिप्त लेकिन अत्यंत व्यवस्थित है (मनुस्मृति से अधिक सुव्यवस्थित मानी जाती है)।
- मध्यकालीन धर्मशास्त्रों, जैसे मिताक्षरा (विज्ञानेश्वर द्वारा रचित), ने इस पर टीका लिखी, जो भारतीय विधिक परंपरा में अत्यंत प्रभावशाली रही।
- कई ब्रिटिशकालीन हिन्दू विधि संहिताएँ इसी पर आधारित थीं, विशेष रूप से उत्तर भारत में।

निष्कर्ष

याज्ञवल्क्य स्मृति केवल एक धार्मिक ग्रंथ नहीं, बल्कि एक विधिक और सामाजिक संविधान के रूप में भी देखी जाती है, जिसमें धर्म, कानून, न्याय, दंड, और सामाजिक कर्तव्यों की गहन व्याख्या है।

4.4 न्याय और नीति पर कौटिल्य का दृष्टिकोण

कौटिल्य (चाणक्य) द्वारा प्रस्तुत न्याय (Nyaya) की संकल्पना 'अर्थशास्त्र' में दी गई है, जो एक व्यवस्थित और व्यावहारिक शासन प्रणाली का हिस्सा है। उनके न्याय के सिद्धांत न्यायिक व्यवस्था, कानून, और दंड व्यवस्था पर आधारित थे।

1. न्याय का उद्देश्य

कौटिल्य के अनुसार न्याय का मुख्य उद्देश्य है:

- राज्य में शांति और व्यवस्था बनाए रखना,
- नागरिकों की रक्षा करना,
- अन्याय और अपराधों को दंडित करना,
- धर्म, अर्थ और काम का संतुलन बनाए रखना।
- कौटिल्य (चाणक्य) द्वारा प्रस्तुत न्याय (Nyaya) की संकल्पना 'अर्थशास्त्र' में दी गई है, जो एक व्यवस्थित और व्यावहारिक शासन प्रणाली का हिस्सा है। उनके न्याय के सिद्धांत न्यायिक व्यवस्था, कानून, और दंड व्यवस्था पर आधारित थे। निम्नलिखित बिंदुओं में कौटिल्य के 'न्याय' की प्रमुख बातें हिंदी में दी जा रही हैं:

2. न्याय की परिभाषा:

कौटिल्य न्याय को राजधर्म का एक अंग मानते थे। उन्होंने कहा:

- "राजा का कर्तव्य है कि वह धर्म (न्याय), अर्थ (आर्थिक व्यवस्था) और शस्त्र (दंड) के माध्यम से राज्य की रक्षा करे।"

3. न्याय प्रणाली के तत्व:

- **धर्म:** धार्मिक और नैतिक मूल्यों पर आधारित नियम।
- **व्यवहार:** परंपरागत और सामाजिक आचरण।
- **चरित्र:** व्यक्ति की नैतिकता और सदाचार।
- **राजशासन:** राजा द्वारा बनाई गई विधियाँ।

4. दंडनीति (Penal Code)

कौटिल्य ने 'दंड' को शासन का एक आवश्यक तत्व माना। उनका मानना था कि:

- "दंड ही वह शक्ति है जिससे राज्य टिका रहता है।"
- अपराध के प्रकार और गंभीरता के अनुसार दंड तय होता था।
- समान अपराध पर समान दंड की नीति थी।

5. न्यायाधीश की भूमिका

- न्यायाधीश को निष्पक्ष, निर्भीक और विद्वान होना चाहिए।
- वह धर्मशास्त्र, राजनीति और व्यवहारशास्त्र का ज्ञाता होना चाहिए।

6. साक्ष्य और गवाही:

- साक्ष्य का महत्व था – प्रत्यक्ष (गवाह) और अप्रत्यक्ष (दस्तावेज़) दोनों।
- झूठी गवाही देने पर कड़ा दंड निर्धारित था।

प्राचीन विद्वानों के अनुसार, कौटिल्य ने सभी को अपने-अपने धर्म का पालन करने पर भी जोर दिया।

ऐतिहासिक समय में. कौटिल्य ने अर्थशास्त्र में राजा के कर्तव्यों का वर्णन इस प्रकार किया है: "अपनी प्रजा की खुशी में राजा की खुशी निहित है: उनकी भलाई में उसकी भलाई है: जो कुछ भी उसे अच्छा लगता है. उसे वह अच्छा नहीं मानेगा. लेकिन जो उसकी प्रजा को अच्छा लगता है. उसे वह अच्छा मानेगा।

उनके मतानुसार स्वधर्म का पालन करने से न केवल वर्तमान व्यवस्था का निर्माण होता है, बल्कि परलोक भी उन्नत होता है। फिर भी सामान्य नागरिक अनेक प्रकार से कानून का उल्लंघन करता है। उन्हें दण्डित करने के लिए कौटिल्य ने विधिक प्रक्रियाएँ भी निर्धारित की हैं।

क्योंकि उनके विचार में न्याय के बिना प्रजा धर्म, उद्देश्य, रोजगार और मोक्ष से वंचित रहती है, तथा प्रजा का अंतिम उद्देश्य न्याय के माध्यम से ही प्राप्त किया जा सकता है, इसलिए कौटिल्य ने न्याय और नीति को बहुत महत्व दिया है। उनके मतानुसार न्याय राज्य की जीवनरेखा है।

कौटिल्य द्वारा न्यायाधीशों का चयन

राजा को न्याय का आर्थिक आधार कौटिल्य से प्राप्त हुआ। उनका दावा है कि एक अच्छा, आज्ञाकारी और लोक कल्याणकारी राजा होता है। फिर भी वे विधिक व्यवस्था को सुदृढ़ बनाने के लिए न्यायाधीशों की नियुक्ति करते हैं। उनका विचार था कि उच्च न्यायालय में एक प्रमुख और तीन धार्मिक न्यायाधीश होने चाहिए, जो असहमति पर उचित निर्णय लेने के लिए बैठक कर सकें। कौटिल्य ने इन न्यायाधीशों के चयन का दायित्व राजा को सौंपा। कौटिल्य की पूरी न्याय व्यवस्था आधुनिक है। वे निष्पक्ष न्याय और न्याय व्यवस्था के विकेंद्रीकरण के प्रबल समर्थक थे। उन्होंने इस बात पर जोर दिया कि तीन न्यायाधीश जो वर्तमान में उच्च न्यायालय के स्तंभ हैं—एक बहु-सदस्यीय न्यायिक पीठ - का चयन बहुमत या सर्वसम्मति से किया जाना चाहिए।

4.5 न्याय और नीति पर मनु के विचार

मनु कानून और न्याय प्रणाली को गढ़ने के उद्देश्य से एक परिषद की स्थापना के अलावा, लोगों को संघीय संगठनों के माध्यम से अपने स्वयं के नियम स्थापित करने की स्वतंत्रता थी। कुल, जाति और श्रेणी शामिल हैं। वह इन स्व-निर्मित संस्थाओं द्वारा स्थापित नियमों को भी सम्राट की अनुमति के रूप में स्वीकार करती थी। विधानमंडल के स्वरूप का अधिक विस्तृत विवरण मनु द्वारा दिया गया है। उनका मानना है कि विधानमंडल और परिषद में लगभग टन के सदस्य होने चाहिए, लेकिन उनके स्वरूप का आधार संख्यात्मक के बजाय बौद्धिक होना चाहिए।

दंड के विचारों पर मनु के विचार

मनु का मानना है कि मानव स्वभाव दो श्रेणियों में विभाजित है: स्वर्गीय और राक्षसी। दैवीय प्रवृत्ति ने अन्य लोगों को खुश करने के लिए श्रम को भी प्रोत्साहित किया और शांति, भलाई और अन्य लोगों के अधिकारों को ध्यान में रखा। इसके विपरीत, मनु का दावा है कि यह प्रवृत्ति समाज में केवल उत्तेजना, अशांति और अराजकता को भड़काने का काम करती है और यह मनुष्य को प्रगति का एहसास भी कराती है और उसके लिए अपने धर्म का पालन करना असंभव बना देती है। दूसरी ओर, शैतान की प्रकृति दूसरों के न्यायिक अधिकारों को केवल स्वार्थ के लिए हड़पने की अनुमति देती है। मनु ने अपनी राय स्पष्ट रूप से व्यक्त की और लोगों के व्यवहार को बदलने के लिए दंड का उपयोग करने की आवश्यकता पर जोर दिया ताकि वे अपने धर्म का पालन कर सकें।

4.6 कांमदक का नीति सार

कामंदक का नीतिसार (Nītisāra of Kāmandaka) प्राचीन भारत का एक महत्वपूर्ण ग्रंथ है जो राजनीति, कूटनीति और राज्य-प्रबंधन से संबंधित है। यह ग्रंथ संस्कृत में रचित है और इसे कौटिल्य (चाणक्य) के अनुयायी कामंदक द्वारा रचित माना जाता है। यह ग्रंथ मुख्यतः धर्म और नीति के सिद्धांतों पर आधारित एक राजधर्म शास्त्र है।

नीति सार, जिसे कणादकी की नीतिसार के नाम से भी जाना जाता है, राजनीति और शासन कला पर एक पुराना भारतीय ग्रंथ है। कामन्दक, जिसे कणन्दकी या कामन्दकीय के नाम से भी जाना जाता है, चाणक्य का छात्र था।

कौटिल्य अर्थशास्त्र पर आधारित, यह सामाजिक मुद्दों की एक विस्तृत श्रृंखला को संबोधित करता है, जैसे सामाजिक व्यवस्था के सिद्धांत, राज्य संरचना, शासक की जिम्मेदारियाँ, सरकारी संगठन, सिद्धांतों के बीच संबंध, दूतों और जासूसों की नैतिकता, विभिन्न राजनीतिक साधनों का उपयोग, बटालियन विविधताएँ, नैतिक ऊँचाई, इत्याति का उल्लेख करता है। अर्थशास्त्र के विपरीत, जिसमें शाही कर्तव्यों को पूरा करने पर जोर दिया गया था, नीतिसार रंग और सम्राट की सैन्य शक्ति पर प्रकाश डालता है। शुक्र के अपने लेखन में, कणंदक ने छोटे (नीतिसार) के साथ अपनी संधियों का उल्लेख किया है। नीतिशास्त्र भगवान ब्रह्मा द्वारा तैयार किया गया था।

नीतिशास्त्र से शुरू करते हुए, पुस्तक में धन, इच्छा और पुण्य के स्रोत के अस्तित्व का दावा किया गया है। आशीर्वाद देने के अलावा, राजाओं को इसका गहन अध्ययन करना चाहिए और अन्य क्षेत्रों को अपने अधीन करने के लिए इसके ज्ञान को लागू करना चाहिए। यदि राजा नीति का त्याग कर दे और स्वेच्छाचारी (स्वतन्त्र) बन जाए, तो उसे कष्ट उठाना पड़ेगा। इस प्रकार यह राजा की सुचारू रूप से चलने वाली सरकार, नीतिशास्त्र का पाप है।

हालाँकि, यह हमेशा एक उच्चतर लक्ष्य को भी पूरा करता है क्योंकि यह राजा के हितों से कहीं अधिक उद्देश्यों को पूरा करता है। नीतिशास्त्र से सभी जानवरों को पोषण मिलता है, और मनुष्यों के प्रति रीति-रिवाज कायम रहते हैं। निम्नलिखित समस्या को संबोधित करने से पहले, लेखक एक तर्क प्रस्तुत करता है जो पिछले अध्ययनों के निष्कर्षों का खंडन करता है। राजा द्वारा अनुशासन के पालन के विपरीत, लेखक ने दंड या "दंड" का उपयोग राज्य कला के उदाहरण के रूप में किया। राजा को रामसदक द्वारा पाठ के आरंभ में आत्म-अनुशासन और बौद्धिक प्रशिक्षण के महत्व पर जोर दिया गया है, जो इस क्षेत्र में कौटिल्य के नियमों का विस्तार कर रहे हैं।

कामंदक के नीतिसार की मुख्य बातें

1. **राजधर्म (राजा के कर्तव्य):** राजा का पहला कर्तव्य धर्म की रक्षा करना, प्रजा की सुरक्षा करना और न्याय स्थापित करना है। राजा को स्वयं संयमित, विद्वान, परोपकारी और वीर होना चाहिए।
2. **सप्तांग सिद्धांत (राज्य के सात अंग):** राज्य को एक शरीर की तरह माना गया है, जिसमें 7 अंग होते हैं:
   - स्वामी (राजा)
   - अमात्य (मंत्री)
   - जनपद (प्रदेश/जनता)
   - दुर्ग (किला/राजधानी)
   - कोष (धन/कोषागार)
   - दंट (सेना/बल)
   - मित्र (मित्र राष्ट्र/सहयोगी)

3. **मंडल सिद्धांत (राजनीतिक चक्र):** राजा को अपने चारों ओर के राज्यों को मित्र, शत्रु, या उदासींन के रूप में देखना चाहिए। यह सिद्धांत राजनयिक संतुलन पर आधारित है।
4. **चार उपाय (राजनीति के साधन):** राजा को शत्रु पर विजय प्राप्त करने के लिए चार उपायों का प्रयोग करना चाहिए:
   - साम (मनोविनय/बातचीत)
   - दान (उपहार या रिश्वत)
   - भेद (विभाजन या गुप्त चालें)
   - दंड (बल प्रयोग/दंड)
5. **षाड्गुण्य नीति (छह प्रकार की नीतियाँ):** विदेश नीति में राजा को छह विकल्पों में से एक चुनना होता है:
   - संधि (संधि करना)
   - विग्रह (युद्ध करना)
   - आसन (तटस्थ रहना)
   - यान (यात्रा या कूच करना)
   - संश्रय (शरण लेना)
   - द्वैधभाव (एक साथ दो नीति अपनाना)

कामंदक नीतिसार की विशेषताएँ

- यह ग्रंथ कौटिल्य के अर्थशास्त्र से प्रेरित है, लेकिन उसमें अधिक नैतिक और धार्मिक दृष्टिकोण को शामिल करता है।
- इसमें नैतिकता और व्यावहारिकता का संतुलन है।
- यह राजा को धार्मिक, नैतिक और कूटनीतिक दृष्टि से परिपक्व बनने की सलाह देता है।

4.7 न्याय के विविध आयाम

1. क़ानूनी औपचारिक न्याय और प्राकृतिक न्याय (Legal-Formal Justice and Natural Justice)
2. सामाजिक, आर्थिक और राजनीतिक न्याय (Social, Economic and Political Justice)
3. प्रक्रियात्मक न्याय और तात्त्विक न्याय (Procedural Justice and Substantive Justice)

नैतिकता, औचित्य, विधि (कानून), प्राकृतिक विधि, धर्म या समता के आधार पर 'ठीक' होने की स्थिति को न्याय कहते हैं। मनु स्मृति के अनुसार, प्राचीन भारतीय कानूनी प्रणाली बताती है कि कानून के लगभग अठारह प्राथमिक शीर्षक थे। ऋण का भुगतान न करना, ऋण की रेखा, साझेदारी व्यवसाय, उपहार की बहाली, मालिक के अलावा किसी अन्य द्वारा वस्तु की बिक्री, मजदूरी का

भुगतान न करना, कर्तव्य का उल्लंघन, पत्नी और पति की जिम्मेदारियां, विरासत का विभाजन, आदि।प्राचीन भारतीय कानून का एक विशिष्ट पहलू यह था कि यह प्रकृति में धर्मनिरपेक्ष था और धर्म सिद्धांत (प्राकृतिक न्याय) पर आधारित था

याद न प्रणयद्राजा दण्ड दण्ड्यष्वतान्द्रतः ।
शूले मत्स्यानिवापक्ष्यन् दुर्बलान् बलवत्तराः ॥ ७.२०

अर्थात्—यदि राजा बिना आलस्य के दण्डनीयों को दण्ड न दे तो अधिक बलवान लोग दुर्बलों को मछली की भाँति भून दें॥

दण्ड व्यवस्था का मूल उद्देश्य है बलवानों के अत्याचार से दुर्बलों की रक्षा। इससे दूसरा महत्त्वपूर्ण निष्कर्ष यह निकलता है कि जिस राज्य में न्यायव्यवस्था कमजोर होती है वहाँ अनाचार और अधर्म बढ़ता है। अतः राजा को ईमानदारी से न्याय करना चाहिये।

मनुस्मृति में अराजक तत्त्वों के नियन्त्रण के लिये दण्ड का बहुत महत्त्व बताया है तथा यह मान लिया है कि संसार में सज्जन व्यक्ति दुर्लभ हैं तथा सब मनुष्य केवल दण्ड के भय से ही सही मार्ग पर चलते हैं। जिसमें नैतिकता, तर्कसंगतता, कानून, धर्म, इक्विटी (साम्यता) और निष्पक्षता पर आधारित नैतिक शुद्धता की अवधारणाएं भी शामिल हैं। राज्य कभी-कभी न्यायालयों का संचालन करके और उनके निर्णयों को लागू करके न्याय बढ़ाने का प्रयास करता है। अन्य शब्दों में नैतिकता, औचित्य, विधि (कानून), प्राकृतिक विधि, धर्म या समता के आधार पर 'उचित' होने की स्थिति को न्याय कहते हैं।

4.8 प्राचीन भारत में न्यायिक प्रणाली

आरंभिक वैदिक काल में, हमें न्यायिक प्रक्रिया की स्थापना के संबंध में कोई संदर्भ नहीं मिलता है। प्राचीन भारत के न्यायशास्त्र को 'धर्म' की अवधारणा या सही आचरण के नियमों द्वारा आकार दिया गया था, जैसा कि 'पुराण' और 'स्मृति' जैसे वैदिक शास्त्रों की व्याख्या करने वाले विभिन्न नियमावली में उल्लिखित है। राजा के पास कोई स्वतंत्र अधिकार नहीं था, लेकिन वह अपनी शक्तियों को 'धर्म' से प्राप्त करता था, जिसे बनाए रखने की उससे अपेक्षा की जाती थी। मौर्य राजवंश, जो ईसा पूर्व चौथी शताब्दी के दौरान मध्य और पूर्वी क्षेत्रों के बड़े हिस्से तक फैल गया था, के पास एक कठोर दंड प्रणाली थी, जिसमें मामूली अपराधों के लिए भी अंग-भंग और मृत्युदंड का प्रावधान था (शर्मा 1988)।

मनु की संहिता में न्याय के प्रशासन में राजा द्वारा पालन किए जाने वाले कर्तव्यों और शिष्टाचार को बहुत स्पष्ट रूप से पवित्र ग्रंथों में निर्धारित किया गया था, एक राजा, कानूनी मामलों की जांच करने के इच्छुक, ब्राह्मणों और अनुभवी पार्षदों के साथ एक सम्मानजनक आचरण बनाए रखते हुए अपने न्यायालय में प्रवेश करना चाहिए। राजा का कर्तव्य न्याय करके अपनी प्रजा की रक्षा करना है, अतः न्याय करने से उसे स्वर्ग की प्राप्ति होती है। जो अपनी प्रजा की रक्षा नहीं करता अथवा सामाजिक व्यवस्था को बिगाड़ता है, वह

अपना दण्ड व्यर्थ ही चलाता है। यह शक्ति और दण्ड ही है, जिसका प्रयोग राजा द्वारा निष्पक्षतापूर्वक तथा अपने पुत्र अथवा शत्रु पर दोष के अनुपात में करने पर ही इस लोक और परलोक दोनों का पालन होता है। जो राजा धर्म, व्यवहार, इतिहास और राजाओं के आदेशों के अनुसार न्याय करता है, वह चतुर्भुज (चतुर्थ) से घिरे हुए सम्पूर्ण लोक को जीत सकता है। जो राजा उचित रीति से दण्ड देता है, वह इन तीनों सुखों में समृद्ध होता है; किन्तु यदि वह भोगी, पक्षपाती और कपटी है, तो वह अन्यायपूर्ण दण्ड देने पर भी नष्ट हो जाता है। मनु का मानना था कि न्यायिक प्रशासन को कमज़ोर दिमाग वाले राजा के हाथों में नहीं सौंपा जाना चाहिए। अगर न्यायिक प्रशासन ऐसे राजा को दिया जाए तो वह पूरे देश को नष्ट कर देगा।

4.9 दर्शन: भारतीय दर्शन

भारतीय दर्शन या विचारों की पारंपरिक भारतीय प्रणालियाँ विविध विद्वानों और विचारधाराओं के बीच विस्तृत और अत्यधिक परिष्कृत सैद्धांतिक और आध्यात्मिक चर्चाओं और बहसों को शामिल करती हैं। आधुनिक पश्चिमी दर्शन के साथ इसकी अंतर्निहित समानताओं के कारण दर्शन को आम तौर पर दर्शन के रूप में अनुवादित किया जाता है; हालाँकि, पारंपरिक भारतीय सोच पश्चिमी दर्शन की सीमाओं से बहुत आगे जाती है।

हिंदू धर्म में पारंपरिक विचारों को व्यक्त करने के लिए अक्सर धर्मशास्त्र शब्द का उपयोग किया जाता है। कई स्कूल नास्तिक हैं और भगवान से संबंधित नहीं हैं। दर्शन, जो मूल क्रिया दृष से लिया गया है, जिसका अर्थ है 'देखना' दुनिया का 'दृश्य' या 'दृष्टि' है, जिसका उपयोग आस्तिक (रूढ़िवादी) और नास्तिक (विषमपंथी) दोनों विश्वास प्रणालियों को संदर्भित करने के लिए किया जाता है। आस्तिक या रूढ़िवादी विचार प्रणाली वैदिक रहस्योद्घाटन और एक आत्मा या ब्रह्म के अस्तित्व को स्वीकार करती है। भारतीय दर्शन के आस्तिक स्कूलों में न्याय, वैशेषिक, सांख्य, योग, मीमांसा और वेदांत शामिल हैं। भारतीय दर्शन के नास्तिक स्कूल में बौद्ध धर्म, जैन धर्म, चार्वाक और आजीविक शामिल हैं।

दर्शनों ने अपनी शिक्षाओं को सूक्तियों या सूत्रों (धागों) में संहिताबद्ध किया है जो अक्सर इतने संक्षिप्त होते हैं कि उन्हें बिना भाष्य (भाष्य) के समझा नहीं जा सकता। अक्सर यह सुझाव दिया जाता है कि भारतीय दार्शनिक परिदृश्य में वाद-विवाद और संगठित तर्क-वितर्क व्याप्त थे और भाष्य साहित्य प्रत्येक विचारधारा के मूल ग्रंथों पर व्याख्यात्मक ग्रंथ बनाता है। यह भाष्य साहित्य ही है जिसमें परिष्कृत बहसें और तकनीकी खंडन पाए जाते हैं। मुद्दों पर बहस करने के लिए, दर्शनों ने एक सामान्य शब्दावली विकसित की, विशेष रूप से वैध ज्ञान (प्रमाण) प्राप्त करने के छह साधनों के संबंध में: अर्थात् धारणा (प्रत्यक्ष), अनुमान (अनुमान), मौखिक अधिकार (शब्द), सादृश्य (उपमान), अनुमान (अर्थपत्ति) और गैर-आशंका (अभाव)। विभिन्न दर्शनों ने ज्ञान के इन सभी साधनों को स्वीकार किया।

4.10 न्यायशास्त्र के रूप में न्याय

न्याय पद्धति के अनुप्रयोग के प्राथमिक क्षेत्र में प्राचीन भारतीय विधि संहिताएँ या धर्मशास्त्र परंपराएँ शामिल थीं और निहितार्थ रूप से इसमें राजनीतिक और न्यायिक प्रशासन शामिल थे। न्याय में सबसे

गहन अवधारणाओं में से एक प्रमाण की धारणा है, जो एक ऐसा साधन है जिसके द्वारा कोई व्यक्ति सटीक और वैध ज्ञान प्राप्त करता है। धर्मशास्त्र न्यायशास्त्र से संबंधित पाठ्य संग्रह की एक श्रृंखला को संदर्भित करता है, जिसमें ग्रंथों के आवश्यक घटकों में से एक कानूनी प्रशासन और विवादों का निपटारा है। "न्याय," "नियम," "विधि," या "निर्णय" शाब्दिक अनुवाद में, न्याय है, जो भारतीय दर्शन के छह आस्तिक स्कूलों में से एक है। तर्क सिद्धांत का व्यवस्थित विकास भारतीय दर्शन में इस स्कूल का सबसे महत्वपूर्ण योगदान था। छह प्रमाणों में से चार - प्रत्यक्ष (धारणा), अनुमान (अनुमान), उपमान (तुलना और सादृश्य), और शब्द (शब्द)—न्याय स्कूलों द्वारा ज्ञान के विश्वसनीय स्रोतों के रूप में स्वीकार किए जाते हैं। तत्वमीमांसा के संदर्भ में, हिंदू धर्म के वैशेषिक स्कूल और न्याय स्कूल के बीच मतभेदों की तुलना में अधिक समानताएं हैं। न्याय को ज्ञानमीमांसा पर ध्यान केंद्रित करने के लिए प्रेरित किया, जो सत्य को जानने और झूठी मान्यताओं से बचने का एक विश्वसनीय साधन है। न्याय सूत्र, तर्क और तर्क पर लेखन का एक उल्लेखनीय संग्रह है जिसका श्रेय गौतम को दिया जाता है। माना जाता है कि उनकी रचना की तिथियाँ दूसरी और छठी शताब्दी ईसा पूर्व के बीच की हैं। न्याय तर्क का श्रेय ऋषि गौतम को दिया जाता है। इसके अलावा, उनके अन्य नाम गौतम, अक्षपाद और दीर्घतपर हैं, जो क्रमशः दीर्घकालिक तपस्या और ध्यान की ओर उनके झुकाव को दर्शाते हैं। प्राचीन भारत में तर्क-वितर्क की समृद्ध परंपरा थी। यह विभिन्न दर्शनशास्त्रों के साहित्य की विविधता से स्पष्ट है जो हमारे पास आए हैं। न्याय दर्शनशास्त्र सबसे प्रमुख विचारधाराओं में से एक था। सभी विचारधाराओं का मुख्य उद्देश्य सत्य ज्ञान की खोज करना और तर्कसंगत प्रवचन के माध्यम से सत्य और मिथ्या ज्ञान में अंतर करना था। न्याय दर्शनशास्त्र के दर्शन और पद्धतियों को विभिन्न क्षेत्रों में लागू किया गया था, जिनमें से एक सबसे प्राथमिक क्षेत्र कानून और न्यायशास्त्र का क्षेत्र था।

4.11 न्याय को समझना

भारतीय दर्शन के छह आस्तिक विद्यालयों में से 'न्याय' को सबसे प्रमुख माना जाता है और यह तर्क और एक ऐसी प्रणाली पर आधारित था जो मुख्य रूप से बौद्धिक, विश्लेषणात्मक, तार्किक और ज्ञानमीमांसा थी। न्याय को तर्कशास्त्र या तर्क का विज्ञान, प्रमाणशास्त्र या तर्क और ज्ञानमीमांसा का विज्ञान, हेतुविद्या या कारणों का विज्ञान, वादविद्या या वाद-विवाद का विज्ञान और आन्वीक्षिकी या आलोचनात्मक अध्ययन का विज्ञान भी कहा जाता है। न्याय को सबसे पहले गौतम ने व्यवस्थित किया था, जिन्हें "अक्षपाद" के नाम से भी जाना जाता है, न्याय सूत्रों में (250–450 ई.पू.)। गौतम के न्याय सूत्रों पर टीकाओं की एक लंबी परंपरा है, जिसमें वात्स्यायन की टीका न्यायभाष्य (5वीं शताब्दी ई.पू.) सबसे पहली है और फिर उद्योतकार ने अपनी न्याय वार्तिक (7वीं शताब्दी ई.पू.) में इसे आगे बढ़ाया। साधारण ज्ञान न तो स्वयं को प्रकट करता है और न ही स्वयं को प्रमाणित करता है। न्याय वैशेषिक प्रणाली से संबद्ध है। पूर्व में तर्क और ज्ञानमीमांसा विकसित होती है जबकि बाद में तत्वमीमांसा या ऑन्कोलॉजी विकसित होती है। एक वास्तविकता के सही ज्ञान से संबंधित है और दूसरा वास्तविकता की व्याख्या करता है। न्याय ज्यादातर वैशेषिक तत्वमीमांसा को अपनाता है।

4.12 न्याय के मूल सिद्धांत

ज्ञान या अनुभूति को आशंका या चेतना (अनुभव) के रूप में परिभाषित किया गया है। न्याय का मानना है कि ज्ञान विषय और वस्तु दोनों का प्रकटकर्ता है जो स्वयं से बिल्कुल अलग हैं। सभी ज्ञान वस्तुओं का रहस्योद्घाटन या प्रकटीकरण है (अर्थप्रकाशो बुद्धिः)। जिस प्रकार एक दीपक अपने सामने रखी भौतिक वस्तुओं को प्रकट करता है, उसी प्रकार ज्ञान अपने सामने आने वाली सभी वस्तुओं को प्रकट करता है। ज्ञान मान्य या अमान्य हो सकता है। मान्य ज्ञान (प्रमा) को किसी वस्तु की सही समझ (यथार्थानुभव) के रूप में परिभाषित किया जाता है। यह किसी वस्तु का उसी रूप में प्रकटीकरण है जैसी वह है। न्याय पत्राचार के सिद्धांत (परतलि प्राणायाय) को बनाए रखता है। ज्ञान को मान्य होने के लिए वास्तविकता के अनुरूप होना चाहिए।

'मान्य ज्ञान' ज्ञान के चार मान्य साधनों- धारणा, अनुमान, तुलना और साक्ष्य द्वारा उत्पन्न होता है। अमान्य ज्ञान में स्मृति (स्मृति), संदेह (संशय), त्रुटि (विपर्यय) और काल्पनिक तर्क (तर्क) शामिल हैं।

गौतम के न्याय सूत्र के पहले सूत्र में सोलह संस्थाओं का उल्लेख है। वे इस प्रकार हैं:

1. प्रमाण या ज्ञान का साधन
2. प्रमेय या सही ज्ञान की वस्तुएँ
3. संशय या संदेह
4. प्रयोजन या उद्देश्य
5. दृष्टांत या उदाहरण (अनुमान में आवश्यक)
6. सिद्धांत या निष्कर्ष,
7. अवायव या अनुमान के घटक
8. तर्क या प्रतितथ्यात्मक तर्क
9. निर्णय
10. वाद
11. जल्प
12. वितण्डा
13. हेत्वाभास
14. चाल
15. जाति
16. निग्रहस्थान

निष्पक्ष न्याय व्यवस्था किसी भी शासन प्रणाली का महत्वपूर्ण अंग है। वैदिक साहित्य के अध्ययन से प्रतीत होता है कि 'वरुण' देवता की स्थिति सर्वोच्च न्यायाधीश के रूप में रही होगी। प्रतीत होता है कि उन्हें दुष्टात्माओं को दंडित करने या क्षमा करने का अधिकार प्राप्त था। वैदिक युग की मान्यता थी कि राजा द्वारा निष्पक्ष न्याय का पालन वरुण देवता की कृपा से ही सम्भव है। यद्यपि वैदिक साहित्य में वर्तमान अदालतों जैसी किसी व्यवस्था का स्पष्ट निर्देश नहीं मिलता, लेकिन भूमि, ऋण, धोखा, चोरी, आक्रमण या हत्या जैसे अपराधों का उल्लेख मिलता है। साथ ही इन अपराधों

में दण्ड व्यवस्था का भी निर्देश किया गया है। डॉ० ए० एस० अल्तेकर के अनुसार "वेदोत्तर काल में राजा प्रधान न्यायाधीश का काम करता था, इसलिए चाहें तो हम यह अनुमान कर सकते हैं कि वैदिक काल में वैसी ही परिस्थिति होगी, किन्तु इस अनुमान के लिए कुछ भी प्रमाण नहीं है।"

4.13 प्राचीन न्याय-व्यवस्था की कुछ विशेषतायें

1. सदाचरण और नैतिकता को स्थापित करना
2. न्याय-व्यवस्था एवं दण्ड-प्रणाली में वर्ण भेद
3. कानून की समानता तथा राजा का विधि के अधीन रहना
4. न्याय में पक्षपात का न होना
5. न्याय का विलम्बित तथा व्ययशील न होना
6. विधि निर्माण के आधार
   (क) धर्म
   (ख) व्यवहार
   (ग) चरित्र
   (घ) राजशासन

4.14 नीति का अर्थ और परिभाषा

शुक्राचार्य कहते हैं कि राजा और उसके मंत्री को राजनीति के विज्ञान के सिद्धांतों का पालन करना चाहिए। शुक्राचार्य की नैतिक संहिता मानी जाने वाली नीति धर्मशास्त्र का एक हिस्सा है। न्याय तर्क की स्थापना ऋषि गौतम ने की थी। उन्हें दीर्घतपर, अक्षपाद और गौतम नामों से भी जाना जाता है, जो क्रमशः तपस्या और ध्यान की लंबी अवधि के लिए उनकी प्राथमिकता को दर्शाते हैं। लोगों और राज्य की सामान्य भलाई उन नैतिकताओं पर निर्भर करती है जिन पर शुक्रनीति जोर देती है। शुक्राचार्य का दावा है कि यद्यपि कोई व्यक्ति व्याकरण, तर्क या वेदांत के बिना रह सकता है, लेकिन नीति के बिना नहीं रह सकता, इसे समाज में सामाजिक व्यवस्था बनाए रखने के लिए आवश्यक तत्व के रूप में वर्णित करते हुए। प्राचीन भारत में विभिन्न दार्शनिक और कानूनी संदर्भों में "नीति" और "न्याय" जैसे शब्दों का प्रयोग कई अलग-अलग तरीकों से किया जाता था, लेकिन दोनों अवधारणाओं की सांद्रता मौलिक रूप से भिन्न है।

शुक्र नीति

शुक्रनीति, शुक्राचार्य की नैतिक संहिता मानी जाती है और धर्मशास्त्र में शामिल है। इस ग्रंथ में शासन के विज्ञान की व्याख्या की गई है, जिसमें नैतिक मानकों को बढ़ाने के लिए राजनीति विज्ञान के विचारों का उपयोग करने पर ध्यान केंद्रित किया गया है। नीति शब्द जिसका अर्थ है, उचित मार्गदर्शन है। शुक्रनीति नैतिकता पर बहुत जोर देती है, जो राज्य और आबादी दोनों की समग्र भलाई के लिए

आवश्यक है। परिणामस्वरूप, मानव आचरण के सामाजिक, राजनीतिक और आर्थिक आयामों को विनियमित करने का प्रयास किया जाता है।

शुक्रनीति (Shukraniti) एक प्राचीन भारतीय ग्रंथ है, जिसे महर्षि शुक्राचार्य द्वारा रचित माना जाता है। यह ग्रंथ राजनीति, शासन, नैतिकता, समाज-व्यवस्था, अर्थनीति, युद्धनीति और प्रशासनिक सिद्धांतों पर आधारित है। शुक्राचार्य को दैत्यों के गुरु और कुशल राजनीतिज्ञ के रूप में जाना जाता है।

4.14.1 शुक्रनीति के प्रमुख विषय (मुख्य बिंदु)

1. **राजधर्म (शासन की नीति):**
   - राजा का कर्तव्य प्रजा की रक्षा और कल्याण करना है।
   - न्यायप्रिय और धर्मनिष्ठ शासक ही स्थिर राज्य की नींव रख सकता है।
2. **प्रजा की सेवा:**
   - प्रजा को अन्न, जल, सुरक्षा, शिक्षा और चिकित्सा उपलब्ध कराना शासक का कार्य है।
3. **अर्थनीति:**
   - कर-संग्रह, धन-संचय, खर्च, और समृद्धि के उपायों का वर्णन।
   - राजा को अपने कोष का एक हिस्सा आपातकाल के लिए सुरक्षित रखना चाहिए।
4. **युद्धनीति:**
   - शत्रु से किस प्रकार निपटना चाहिए, छल-बल का कब प्रयोग करना चाहिए।
   - मित्र और शत्रु की पहचान और रणनीति।
5. **नैतिकता और आचरण:**
   - नीति, धर्म और सदाचार का पालन।
   - राजा को संयमी, ज्ञानी, और विवेकशील होना चाहिए।
6. **गुप्तचर व्यवस्था (इंटेलिजेंस सिस्टम):**
   - राज्य की सुरक्षा हेतु जासूसों की महत्ता पर बल।
   - आंतरिक और बाह्य शत्रुओं की पहचान।

प्राचीन संस्कृत काव्यों में विधि-निर्माताओं तथा न्यायाधिकारियों के गुणों एवं विशेषताओं, न्यायालयों के अन्य कर्मचारियों एवं न्यायालयों की कार्य पद्धतियों पर विस्तृत प्रकाश डाला गया है। इन प्राचीन काव्यों में कहीं-कहीं न्यायालयों में पक्षपात एवं भ्रष्टाचार का भी किसी सीमा तक संकेत है, जबकि न्यायालय द्वारा कोई निर्दोष भी दण्डित हुआ है। 'मृच्छकटिकम्' प्रकरण में निर्दोष चारुदत्त पर चलाया गया अभियोग तथा उसके लिये मृत्यु दण्ड दिया जाना इसका उदाहरण है। यह क्रमशः वैदिक संहिताओं, वैदिक साहित्य, धर्मशास्त्र, स्मृति, रामायण, महाभारत, कौटिल्य अर्थशास्त्र, कामन्दक-नीतिसार, शुक्रनीतिसार, विविध व्याख्या ग्रंथों और निबन्ध ग्रंथों की रचना तक चला गया है। प्राचीन धर्मशास्त्रों के अनुसार विवादों के निर्णय जिन विशेष नियमों एवं कानूनों के आधार पर होते थे, उनको पांच भागों में विभक्त किया जा सकता है

1. वेदादि धर्मशास्त्रों के निर्देश,
2. देश, जाति एवं कुल की रीतियां,
3. विभिन्न वर्गों के अपने रीति-रिवाज
4. तर्क

प्राचीन न्याय व्यवस्था में साक्षी का भी बहुत महत्त्व था। यह लिखित और मौखिक दोनों प्रकार की हो सकती थी। विधि सम्बन्धी ग्रंथों में साक्षी के गुणों का विशद वर्णन किया गया है। ये दोनों प्रकार की साक्षी लौकिक ही थी। प्राचीन ग्रंथों में दिव्य साक्ष्य को भी बहुत महत्त्व दिया गया था।

प्राचीन समय में प्रशासन व्यवस्था के विकास के साथ-साथ विधि तथा न्याय व्यवस्था का विकास हुआ। वैदिक संहिताओं में वरुण और सोम देवता को शासन, विधि एवं न्याय का अधिष्ठातृ देवता कहा गया है।

लोक-व्यवहार में राजा को ही वरुण का प्रतिनिधि माना जाता रहा था। राजा का कर्त्तव्य है कि शासन व्यवस्था के विधि-नियमों का सुचारु रूप से पालन कराये तथा जनता को त्वरित तथा सत्य न्याय उपलब्ध कराये।

प्राचीन राजनीति तथा धर्म से सम्बन्धित ग्रन्थों से उस युग की विधि तथा न्याय व्यवस्था के संगठन का विशद परिचय मिलता है। बृहस्पति, कौटिल्य, शुक्र, कामन्दक, मनु, पाराशर, याज्ञवल्क्य, कात्यायन, नारद, गौतम, वसिष्ठ आदि ऋषियों और मनीषियों ने विस्तार से विधि और न्याय-व्यवस्था के संगठन का विशद परिचय दिया है और विवेचना की है। उनके ग्रंथों में न्याय व्यवस्था की सैद्धान्तिक तथा व्यावहारिक रूप से विस्तृत प्रस्तुति है। यह ज्ञान हमको वैदिक साहित्य, वेदांग, सूत्र-ग्रन्थों, स्मृति शास्त्रों, 'रामायण', 'महाभारत', पुराणों तथा अन्य अर्थशास्त्र और धर्मशास्त्रीय ग्रन्थों, संस्कृत काव्य आदि के अध्ययन से ही हो सकता है। भगवान् श्रीकृष्ण ने अर्जुन को उपदेश दिया था कि 'कर्तव्य-अकर्तव्य के निर्णय करने में तुम्हारे लिये शास्त्र ही प्रमाण है। शास्त्रों के कहे गये कर्म को तुम्हें इस संसार में करना चाहिये।'

प्राचीन भारतीय मनीषियों का ध्येय और आदर्श था कि अधर्म का विनाश करके धर्म की स्थापना की जाए। अपराध का होना ही अधर्म है। अतः अपराधों के अस्तित्व का न्याय द्वारा विनाश करके धर्म की स्थापना करनी चाहिये। अतः प्राचीन मनीषियों ने न्याय की स्थापना को ही धर्म माना था। प्राचीन भारत में पांच प्रकार के दण्ड जुर्माना, कारावास देश निष्कासन, अंगविच्छेद और प्राणदण्ड देने की व्यवस्था थी। दण्ड वर्ग के अनुसार देय था। एक ही अपराध के लिये ब्राह्मण और अन्य वर्णों को अलग-अलग दण्ड दिया जाता था। यदि नीच वर्ण का व्यक्ति किसी उंचे वर्ण वाले व्यक्ति के प्रति अपराध किया हो तो उसे दुगुना अधिक दण्ड दिया जाता था। न्यायालय के न्यायाधीशों के पद पर शुद्रों की नियुक्ति नहीं की जाती थी। दास और मृतको को भी सादय के रूप में नहीं लिया था।

प्राचीन भारत में गैर सरकारी न्यायालयो की भी जानकारी मिलती है। यह कौटिल्य के अर्थशास्त्र एवं अन्य स्त्रोतों से प्राप्त जानकारी से स्पष्ट होता है कि प्राचीन भारत में न्याय व्यवस्था का आधार सुदृढ़ था। मानव जीतन के प्रत्येक क्षेत्र में नियंत्रण करने के लिये पर्याप्त विधि व्यवस्था की गई थी। भेदभावपूर्ण विधियों की रचना का जो सिलसिला प्रारंभिक धर्मशास्त्रो से आरंभ हुआ उसकी पराकाष्ठा हमें मनु में देखने को मिलती है। किन्तु इन दोनो के बीच रचे गये कौटिल्य के विधानो में उदारता के तत्वों के दर्शन होते हैं।

इस प्रकार धीरे-धीर न्याय व्यवस्था के स्वरूप लोककल्याणकारी भावना का समावेश होने लगा और राजा के दायित्व में वृद्धि हुई। महाभारत में वर्णित श्लोकों में भी राजा एवं न्याय व्यवस्था के मूल को अभिव्यक्ति की पुष्टि दृष्टिगोचर होती है।

गौतम संहिताओं में कानून का आधार वेद, धर्मशास्त्र, वेदांग, पुराण दूसरा देश धर्म, जाति धर्म,' को माना गया है। मनुस्मृति के अनुसार वेद, स्मृति, शिष्ट पुरुषों के आचार एवं आत्मत्तुष्टि ही सर्वोपरि हैं। सदैव से राज्य समाज के हितों की रक्षा करता था तथा सामाजिक नियमों के अनुपालन पर दृष्टि रखता था।

प्राचीन काल में प्रशासन व्यवस्था के विकास के साथ-साथ विधि तथा न्याय व्यवस्था का विकास हुआ। इसका संबंध नियमो व कानूनो से होता है। मनुष्य के आचरण से संबंधित निर्देश, जिन्हें राज्य संस्था द्वारा स्वीकृति मिलती है तथा जिसके पालन में राज्य प्रयासरत होता है, वह कानून कहलाता है।

कानून केवल राज्य द्वारा पारित नियम ही नहीं होते बल्कि अनेको परम्परागत प्रथाओ को भी कानून की मान्यता प्राप्त होती है। न्याय एवं कानून, धर्म की तरह देश और काल से प्रभावित होते हैं। मनु नारद, याज्ञवल्क्य, वृहस्पति आदि के विचारो से प्राचीन भारतीय न्याय व्यवस्था की जानकारी उपलब्ध होती है। वेद, पुराण, रामायण, महाभारत आदि प्रारंभिक न्याय व्यवस्था की जानकारी के उल्लेखनीय स्रोत हैं तथा प्राचीन भारतीय न्याय व्यवस्था के प्रमुख आधार भी यहीं हैं।

इसके अतिरिक्त जाति, जनपद कुल, श्रेणी आदि के परम्परागत प्रथाओं को राज्य के मान्यता प्राप्त कानून के समानान्तर ही वैधता प्राप्त थी। प्राचीन भारत में प्रचलित कानून के विद्वानों ने विभिन्न खण्डो में विभक्त किया है:

- देवी साधन
- जातिधर्म
- ऋषियों द्वारा विधि निर्माण
- श्रेणी धर्म या गणधर्म
- महापुरुषो (दिव्यपुरषो) का अनुसरण
- देश धर्म
- कुल धर्म
- लोक सम्मति
- राजा द्वारा विधि निर्माण

आधुनिक समय में भी कई भारतीय विचारकों ने भी न्याय पर अपनी बात कही है। महात्मा गांधी के अनुसार, "सच्चा न्याय सिर्फ कानूनी प्रक्रियाओं और अदालतों द्वारा नहीं, बल्कि सामाजिक न्याय, नैतिकता और आत्म-नियम के माध्यम से प्राप्त होता है।" अंबेडकर की सामाजिक न्याय की अवधारणा सभी मनुष्यों की स्वतंत्रता, समानता और बंधुत्व के लिए है। वह एक ऐसी सामाजिक व्यवस्था के पक्षधर थे जो जीवन के सभी क्षेत्रों में मनुष्य और मनुष्य के बीच उचित संबंधों पर आधारित हो। एक तर्कवादी और मानवतावादी के रूप में, उन्होंने धर्म के नाम पर मनुष्य द्वारा मनुष्य के किसी भी प्रकार के पाखंड, अन्याय और शोषण को अस्वीकार किया।

पश्चिमी दार्शनिक आम तौर पर न्याय को पारस्परिक संबंधों को व्यवस्थित करने और एक स्थिर राजनीतिक समाज की स्थापना एवं उसे बनाए रखने के लिए सभी गुणों में सबसे आवश्यक गुण में एक मानते हैं।

प्राचीन यूनानी दार्शनिक प्लेटो के अनुसार, न्याय एक ऐसा गुण है जो तर्कसंगत व्यवस्था को स्थापित करता है। इस व्यवस्था का प्रत्येक भाग अपनी उचित भूमिका निभाता है और अन्य भागों के कामकाज में अनुचित हस्तक्षेप नहीं करता है। प्लेटो के ही शिष्य और महान ग्रीक दार्शनिक अरस्तू ने कहा कि न्याय में वही तत्व शामिल होते है जो कि वैध और निष्पक्ष हैं। न्याय में निष्पक्षता का व्यवहार हो और समान वितरण की भावना के साथ जो असमान है, उसका सुधार होना शामिल है।

प्राचीन भारतीय दृष्टिकोण में, न्याय का संबंध अधिकारों की धारणा से अधिक अपने बताए गए कर्तव्यों के पालन से था। प्राचीन भारतीय परंपरा में, न्याय से संबंधित दो दृष्टिकोण थे पहला दंडनीति और दूसरा था धर्म या कर्तव्य। 'दंडनीति' न्याय की दंड संबंधी आधुनिक धारणाओं के बहुत निकट थी। इसने न्याय के कानूनी पहलू पर बल दिया। धर्म, वर्णाश्रम संबंधी कर्तव्यों की संहिता का दूसरा नाम था और इस तरह से न्याय, धर्म के साथ सद्गुणी आचरण के साथ संयुक्त होकर विकसित हुआ।

मध्ययुग में मुगल साम्राज्य के तहत देश में शासन की एक कुशल प्रणाली थी जिसके परिणामस्वरूप न्याय की प्रणाली आकार ले चुकी थी। न्यायिक प्रशासन की इकाई काजी थी। प्रत्येक प्रांतीय राजधानी का अपना काजी होता था और न्यायिक प्रशासन का मुखिया साम्राज्य का सर्वोच्च काजी (काजी-उल-कुजात) होता था। इसके अलावा, प्रत्येक शहर और हर बड़ा गांव या कस्बा में अपना काजी होता था। मुगल बादशाह जहांगीर के दरबार में लोहे की जंजीरें लगाई गई ताकि कोई भी व्यक्ति किसी भी समय बादशाह से न्याय पाने का अनुरोध कर सके। इससे मध्ययुग में भी न्याय की अवधारणा और राजत्व के घनिष्ठ संबंध का पता चलता है।

आधुनिक समय में भी कई भारतीय विचारकों ने भी न्याय पर अपनी बात कही है। महात्मा गांधी के अनुसार, "सच्चा न्याय सिर्फ कानूनी प्रक्रियाओं और अदालतों द्वारा नहीं, बल्कि सामाजिक न्याय, नैतिकता और आत्म-नियम के माध्यम से प्राप्त होता है।"

प्राचीन ग्रंथ महाभारत में कहा गया है कि "जो राजा अपनी प्रजा की रक्षा करने की शपथ लेने के बाद भी उसकी रक्षा करने में असफल रहता है, उसे पागल कुत्ते की तरह मार डालना चाहिए।" इसी ग्रंथ में आगे कहा गया है कि "लोगों को उस राजा को मार डालना चाहिए जो उनकी रक्षा नहीं करता, उन्हें उनकी संपत्ति और परिसम्पत्तियों से वंचित करता है और जो किसी से कोई सलाह या मार्गदर्शन नहीं लेता। ऐसा राजा, राजा नहीं बल्कि दुर्भाग्य है।" ये प्रावधान संकेत देते हैं कि यदि राजा न्यायिक कर्तव्यों का उल्लंघन करता था, तो वह अपना राजत्व खो देता था।

मौर्य साम्राज्य के ऐतिहासिक समय में, कौटिल्य ने अर्थशास्त्र में राजा के कर्तव्यों का वर्णन इस प्रकार किया है: "अपनी प्रजा की प्रसन्नता में राजा की प्रसन्नता निहित है; उनकी भलाई में उसकी ही भलाई है; जो कुछ भी उसे अच्छा लगता है, उसे वह अच्छा नहीं मानेगा, लेकिन जो उसकी प्रजा को अच्छा लगता है, उसे वह अच्छा मानेगा।" इसी किताब के अनुसार न्यायिक प्रशासनिक व्यवस्था के लिए राज्य को कुछ इकाइयों में विभाजित किया गया। इन इकाईयों में न्यायालय स्थापित किए गए और इनमें न्यायविद (धर्मस्थ) और मंत्री (अमात्य) नियुक्त होते थे। महान न्यायविदों मनु,

याज्ञवल्क्य, कात्यायन, बृहस्पति आदि एवं बाद के समय में वाचस्पति मिश्र और अन्य टीकाकारों ने प्राचीन काल से लेकर मध्य युग के अंत तक भारत में प्रचलित न्यायिक प्रणाली और कानूनी प्रक्रिया का विस्तार से वर्णन किया है।

न्याय के प्राचीन भारतीय संदर्भों को देखें तो यह कहा जा सकता है कि प्राचीन काल का न्यायशास्त्र कानून के शासन पर आधारित था और राजा स्वयं कानून के अधीन था। भारतीय राजनीतिक सिद्धांत और न्यायशास्त्र में मनमानी शक्ति का अस्वीकार करके, शासन करने का अधिकार कर्तव्यों के पालन के अधीन रखा गया। कर्तव्य के उल्लंघन का परिणाम राजत्व के हनन के रुप में देखा समझा गया।

4.15 स्मृतियाँ: पुराण

पुराणों को "बहुत पुराना" या "प्राचीन" साहित्य माना जाता है, जिसमें वेदों से भी पुराने होने का दावा किया जाता है। फिर भी, विद्वानों का मानना है कि ये ग्रंथ - जो तथाकथित "बाद के देवताओं" ब्रह्मा, विष्णु और शिव के बारे में बात करते हैं वो अधिक समकालीन हैं। पुराणों में कई विषयों को शामिल किया गया है, जैसे सृष्टि, पितृसत्ता और देवताओं की वंशावली, नैतिकता, दुनिया का चित्रण और कई प्रसिद्ध मिथक और कहानियाँ। उनमें से कुछ को सार्वजनिक रूप से बार-बार दोहराया जाता है, जैसे कि विष्णु भागवत और दैवभागवत पुराण।

4.16 न्याय की अवधारणा

न्याय को सभी को उनका उचित हिस्सा देने या न्यायपूर्ण, नैतिक रूप से जिम्मेदार और न्यायसंगत कार्य या व्यवस्था के रूप में परिभाषित किया गया है। सही या गलत का मामला होने के अलावा, न्याय एक ऐसे रुख को दर्शाता है जिसे कोई व्यक्ति हमारे खिलाफ अपने नैतिक अधिकार के रूप में दावा कर सकता है। यह शब्द भारतीय नैतिकता और न्यायशास्त्र में न्याय का संकेत देता है। धर्म एक नैतिक कर्तव्य है जिसकी व्याख्या तर्क, प्राकृतिक कानून, इतिहास, धर्म और तर्क पर आधारित है।

4.17 न्याय: परिभाषाएँ (विभिन्न विचारकों का दृष्टिकोण)

न्याय का विचार जटिल है और इसमें कई तत्व हैं।

- जॉन लॉक ने तर्क दिया कि न्याय प्राकृतिक कानून से उत्पन्न होता है, जबकि अरस्तू और प्लेटो ने न्याय की दिव्य अवधारणा का समर्थन किया।
- प्लेटो के विचार में, न्याय तब होता है जब प्रत्येक व्यक्ति और सामाजिक वर्ग अपनी क्षमताओं के अनुसार अपने दायित्वों को पूरा करता है और आत्मा के भीतर सामंजस्य होता है।
- अरस्तू ने न्याय को संसाधनों, धन, राजनीतिक पदों, सम्मानों, पुरस्कारों, जुर्मानों और समानता सिद्धांत पर आधारित अन्य चीजों के आवंटन में "निष्पक्षता" के रूप में वर्णित किया है, जो अंकगणितीय और आनुपातिक समानता है।

- जॉन रॉल्स के अनुसार, संसाधनों, सम्मानों, पुरस्कारों और राजनीतिक पदों का उचित वितरण न्याय का गठन करता है। रॉबर्ट नोज़िक के न्याय के अधिकार सिद्धांत का मानना है कि एक समुदाय के भीतर जोतों (संपत्तियों) का आवंटन न्यायसंगत है और उस समाज में प्रत्येक व्यक्ति का अपनी मूल परिस्थितियों पर दावा है।
- प्रो. अमर्त्य सेन न्याय को इस प्रकार परिभाषित करते हैं: हर जगह लोगों की स्वतंत्रता और क्षमता को अधिकतम करना और कई स्रोतों और व्यावहारिक तर्क से संसाधनों के जुटाव के माध्यम से घोर अन्याय को कम करना। जे.एस. मिल का दावा है कि न्याय पूर्ण जिम्मेदारी है।

4.18 न्याय के प्रकार

4.18.1 प्रक्रियात्मक न्याय

न्याय उचित, निष्पक्ष और पारदर्शी नियमों या प्रक्रियाओं पर आधारित है। लाभों, कर्तव्यों और वस्तुओं और सेवाओं का न्यायसंगत आवंटन; जब स्थिति की समानता, किसी की अपनी गरिमा के लिए सम्मान और मौलिक मानवीय आवश्यकताओं की पूर्ति राज्य, समाज या समुदाय द्वारा गारंटी दी जाती है, तो वितरणात्मक न्याय भी सामाजिक न्याय का संकेत हो सकता है।

4.18.2 प्रतिशोधात्मक न्याय

वैश्विक न्याय का अर्थ है दुनिया भर में न्याय की मांग करना; पुनर्स्थापनात्मक न्याय अपराधी को पीड़ित को हुए नुकसान के लिए माफ़ी मांगने और समाज में उनकी वापसी में सहायता करने पर केंद्रित है। न्याय गलत काम के लिए एक निष्पक्ष और न्यायपूर्ण दंड है।

4.19 नीति: न्याय पर संस्थागत और व्यवस्था केंद्रित दृष्टिकोण

न्याय की खोज में, नीति निष्पक्ष और न्यायपूर्ण नीतियों, प्रथाओं, संस्थागत व्यवस्थाओं, संगठनात्मक शिष्टाचार और उचित व्यवहार को संदर्भित करती है। एक न्यायपूर्ण समाज इसका लक्ष्य है। यह हर जगह न्याय की गारंटी के लिए शासन के सिद्धांतों और संस्थागत संरचना के सर्वोत्तम संभव संयोजन की खोज करता है। इसके लिए एक विशेष प्रकार के सामाजिक-सांस्कृतिक वातावरण और सभ्यता की आवश्यकता होती है। उदाहरण के लिए: न्याय का रॉल्सियन सिद्धांत इस आधार पर आधारित है कि निष्पक्षता जैसे मौलिक मूल्य उदार समाज में व्यापक रूप से साझा किए जाते हैं। यह सामाजिक अनुबंध के विचारों से आता है, जो यह सुनिश्चित करता है कि समुदाय के सदस्यों के बीच एक कल्पित समझौता कुछ उचित और न्यायसंगत सिद्धांतों के आधार पर सामाजिक व्यवस्था निर्धारित करता है। स्थापित नीतियों, प्रक्रियाओं और संस्थागत ढाँचों के अनुप्रयोग की गारंटी के लिए, एक संप्रभु राज्य की आवश्यकता है। इस कारण से, नीति एक प्रकार का प्रक्रियात्मक न्याय है। निष्पक्ष मानकों और प्रक्रियाओं को स्थापित करके और यह सुनिश्चित करके कि उन्हें लागू करने के लिए संस्थागत तंत्र

मौजूद हैं, निष्पक्ष परिणाम प्राप्त किए जा सकते हैं। नीति अन्य बातों के अलावा निष्पक्ष खेल, संसाधन वितरण और बुनियादी सामाजिक आदर्शों जैसे विचारों को सामने लाती है।

चार सिद्धांत प्रक्रियात्मक न्याय को रेखांकित करते हैं: निर्णय लेने में निष्पक्षता, प्रक्रियाओं में निष्पक्षता, व्यवहार में पारदर्शिता और लोगों को आवाज़ उठाने की अनुमति देना। आम तौर पर उदारवादी व्यक्तिवादी दर्शन के अनुरूप, जो इस बात की गारंटी के लिए मजबूत संस्थागत ढांचे की आवश्यकता पर जोर देता है कि स्वार्थी, तार्किक लोग उचित तरीके से कार्य करें। इस प्रकार, नीति औपचारिक, प्रक्रियात्मक, कानूनी और संस्थागत न्याय है। यहाँ कुछ उदाहरण दिए गए हैं: जॉन रॉल्स द्वारा न्याय का सिद्धांत (न्याय का सिद्धांत, 1971), रॉबर्ट नोज़िक (अराजकता, यूटोपिया की स्थिति, 1974) रोनाल्ड ड्वॉर्किन (संप्रभु गुण, 2000), डेविड गौथियर (पारस्परिक लाभ के रूप में न्याय)

4.20 न्याय: न्याय पर बोध केंद्रित दृष्टिकोण

प्रो. सेन के अनुसार, न्याय न्याय की वास्तविक उपलब्धि या अनेक समूहों और सामाजिक-सांस्कृतिक संदर्भों में अत्यधिक अन्याय के उन्मूलन को दर्शाता है। मतस्य न्याय नग्न अन्याय का प्रतीक था। सार्वभौमिक ढांचे या आदर्श की खोज करने के बजाय, न्याय क्रिया-उन्मुख है और न्याय को पूरा करने के लिए मूल्यों और सिद्धांतों की एक श्रृंखला को स्वीकार करता है। पूरी तरह से समतावादी समुदायों के लिए लक्ष्य बनाने के बजाय, न्याय असमानता के सबसे गंभीर उदाहरणों को धीरे-धीरे खत्म करके सामाजिक न्याय में सुधार करने का काम करता है। यह अन्याय और सार्वभौमिक सहमति (पूर्ण क्रम) को प्राथमिकता देने की आवश्यकता को समाप्त करता है।

न्याय स्थापित करने के लिए विश्व सरकार या वैश्विक रूप से संप्रभु सरकार आवश्यक नहीं है। विभिन्न संस्थागत ढांचे, मूल्यों और स्थितियों का उपयोग करके, न्याय दृष्टिकोण में विभिन्न वैश्विक संस्कृतियों में अत्यधिक अन्याय को खत्म करने की क्षमता है। दुनिया में कहीं भी, यह मानव संस्थाओं की क्षमताओं और स्वतंत्रता में सुधार कर सकता है। इसके अतिरिक्त, यह एक कम अनुचित और असमान दुनिया में योगदान दे सकता है। परिणामस्वरूप, न्याय लोगो को न्याय प्राप्त करने के लिए एक क्रिया-उन्मुख, व्यावहारिक, विचारशील, बहुसांस्कृतिक और बहुलवादी दृष्टिकोण अपनाता है।

4.21 न्याय का सिद्धांत— जॉन रॉल्स

जॉन रॉल्स (John Rawls) का "न्याय का सिद्धांत" (Theory of Justice) आधुनिक राजनीतिक दर्शन का एक प्रमुख और प्रभावशाली विचार है। उन्होंने इसे अपनी प्रसिद्ध पुस्तक "A Theory of Justice" (1971) में प्रस्तुत किया। रॉल्स का उद्देश्य एक ऐसा सिद्धांत प्रस्तुत करना था जो न्याय को निष्पक्षता (Justice as Fairness) के रूप में परिभाषित करे।

जॉन रॉल्स का न्याय का सिद्धांत

मूल स्थिति (Original Position) और अज्ञानता का परदा (Veil of Ignorance): रॉल्स ने एक काल्पनिक सामाजिक अनुबंध की कल्पना की, जिसमें व्यक्ति यह तय करते हैं कि समाज में कौन-कौन से न्याय के सिद्धांत लागू होंगे।

लेकिन ये निर्णय वे "अज्ञानता के परदे" (Veil of Ignorance) के पीछे रहते हुए लेते हैं—यानी उन्हें यह नहीं पता होता कि वे समाज में कौन होंगे: अमीर या गरीब, स्त्री या पुरुष, किस जाति या धर्म के, शारीरिक रूप से सक्षम या विकलांग आदि। इस अज्ञानता की स्थिति से वे निष्पक्ष और न्यायसंगत सिद्धांत चुनते हैं।

न्याय के दो सिद्धांत (Two Principles of Justice): रॉल्स मानते हैं कि लोग इस स्थिति से दो सिद्धांतों पर सहमत होंगे:

1. **पहला सिद्धांत: समान बुनियादी स्वतंत्रताएँ:** हर व्यक्ति को समान रूप से वे मौलिक स्वतंत्रताएँ मिलनी चाहिए जो सभी के लिए अनिवार्य हैं—जैसे कि:
   - विचार और विवेक की स्वतंत्रता
   - धार्मिक स्वतंत्रता
   - भाषण और अभिव्यक्ति की स्वतंत्रता
   - संपत्ति का अधिकार
   - कानूनी संरक्षण का अधिकार
2. **दूसरा सिद्धांत:** सामाजिक और आर्थिक विषमताएँ तभी न्यायसंगत हैं जब...
   - वे सभी के लिए लाभकारी, विशेष रूप से सबसे कमज़ोर वर्ग के लिए हों। (इसे अंतर सिद्धांत/Difference Principle कहते हैं)
   - वे सभी के लिए समान अवसर सुनिश्चित करती हों, अर्थात अवसरों की समानता हो।

रॉल्स का न्याय सिद्धांत एक नैतिक रूप से आधारित सामाजिक व्यवस्था की वकालत करता है। जिसमें व्यक्तिगत स्वतंत्रता, समानता और सबसे कमज़ोर वर्ग की भलाई को प्राथमिकता दी जाती है। रॉल्स ने अपना 'वितरणात्मक न्याय सिद्धांत' विकसित किया। इस प्रकार, यह सामान्य हितों की मान्यता और व्यक्तियों के हितों के बीच तनाव को प्रदर्शित करता है। न्याय सिद्धांतों को सामाजिक सहयोग के फायदे और नुकसान को परिभाषित करने के लिए आधार के रूप में काम करना चाहिए। यह समझना सभी के लिए महत्वपूर्ण है कि निष्पक्षता न्याय सिद्धांत की नींव है, जिसे रॉल्स ने सामाजिक अनुबंध सिद्धांत के माध्यम से पेश किया था। रॉल्स के अनुसार, लोगों के व्यक्तिपरक आत्म-भेदभाव और न्याय के बारे में उनके सच्चे निर्णयों के बीच अंतर करना महत्वपूर्ण है, जो उनके पास है। इस तरह के उपायों का उपयोग करने से विसंगतियां उत्पन्न होती हैं। इसलिए, दो स्थितियों के पूरा होने पर संतुलन पर पहुंचने के लिए अपने स्वयं के निर्णय को समायोजित करना महत्वपूर्ण है।

4.21.1 न्याय का पहला सिद्धांत

रॉल्स अपने जटिल सिद्धांत के आधार पर एक नैतिक धारणा से शुरू करते हैं कि न्याय न्याय से जुड़ा हुआ है। वह इस रुख को "मूल स्थिति" के रूप में जाना जाता है, जो सदस्य न्याय का मूल विचार है। रॉल्स के अनुसार, "मूल स्थिति" लोगों की कल्पना से अधिक कुछ नहीं है, जो कि मनगढ़ंत स्थितियों में हैं, जिन पर "अज्ञानता का पर्दा" लगाया जाता है जो उन्हें उनकी स्थिति (लिंग, जातीयता, आर्थिक स्थिति, बुद्धिमत्ता, आदि) और "अच्छे जीवन के साथ-साथ कल्याण" की उनकी अवधारणा के बारे में जानने से रोकता है। रॉल्स की बातों में कोई भी व्यक्ति समाज में अपनी स्थिति,

अपनी सामाजिक प्रतिष्ठा, अपने वर्ग या मूल्य, बुद्धिमत्ता, शक्ति, साझा संसाधनों आदि के संदर्भ में उनके साथ कैसा व्यवहार किया जाएगा, इस बारे में निश्चित नहीं है। इसके अलावा, मैं गारंटी देता हूं कि कोई भी पक्ष दूसरे पक्ष की अपनी मनोवैज्ञानिक प्रवृत्तियों या गुणों के बारे में राय से अवगत नहीं है। न्याय सिद्धांतों को साकार करने का एकमात्र तरीका अज्ञानता के पर्दे के माध्यम से है। यह गारंटी देता है कि किसी व्यक्ति के सिद्धांतों का चुनाव सामाजिक परिस्थितियों या किसी दिए गए अवसर के संयोग से प्रभावित नहीं होगा। यह तर्क देना संभव है कि न्याय के सिद्धांत केवल प्रारंभिक समझौते या अनुबंध का उत्पाद हैं क्योंकि हर कोई समान स्थिति में है और कोई भी ऐसे सिद्धांत नहीं बना सकता है जो उनके अपने दृष्टिकोण का समर्थन करते हों। "न्याय के मूल सिद्धांतों" को चुनते समय, रॉल्स ने "मूल स्थिति" को एक निष्पक्ष पद्धति के रूप में डिज़ाइन किया जिसे संगठन के मूल मूल्यों के ढांचे में लागू किया जाना है। यह व्यक्तिगत हितों को छोड़कर वैधता और व्यापकता सुनिश्चित करता है। एक बार अज्ञानता का पर्दा उठ जाने पर यह अनुबंध कायम रहेगा, तथा एक बार जब व्यक्ति अपनी प्रारंभिक स्थिति से भटक जाएंगे, तो यह अनिवार्य रूप से एक प्रकार का उग्र समानतावादी उदारवाद होगा, जिसमें इस विचार पर आवश्यक विचार किया जाएगा कि एक व्यक्ति को दूसरों को दरकिनार कर अपने हितों का पीछा नहीं करना चाहिए।

4.21.2 न्याय का दूसरा सिद्धांत

सामान्यतः, जॉन रॉल की मौलिक न्याय अवधारणाओं को लागू करके लक्ष्य प्राप्त किया जा सकता है। जब धन वितरण की बात आती है, तो उत्तर जानने का कोई निश्चित तरीका नहीं है, क्योंकि, क्षण की अज्ञानता में, हर कोई अज्ञानता की सतह से ऊपर उठने के बाद सम्मानपूर्वक कार्य करना पसंद करेगा। अल्पसंख्यक समुदाय के सदस्य द्वारा मांगी गई सभी मौलिक स्वतंत्रताएँ भी उससे छीन ली जाएँगी, जिसमें विवेक, धर्म और जीवन का अधिकार शामिल है। यह बहुमत है जो अल्पसंख्यकों पर अत्याचार कर रहा है।

राजनीतिक स्वतंत्रता के न्यायसंगत सिद्धांतों की रक्षा के रूप में, रॉल्स ने इस (राजनीतिक उदारवाद) विचार को अपनी पुस्तक में शामिल किया। क्योंकि "समान रूप से प्रतिभाशाली और प्रेरित नागरिकों के पास सरकारी नीति को प्रभावित करने और अधिकार प्राप्त करने का एक सामान्य अवसर है, भले ही सामाजिक और आर्थिक वर्ग द्वारा न हो," राजनीतिक स्वतंत्रता को निष्पक्ष रूप से महत्व दिया जाना चाहिए।

रॉल्स का तर्क है कि सामाजिक और आर्थिक असमानता को कम से कम असुविधा वाले पक्ष के पक्ष में डिज़ाइन किया जाना चाहिए। जो लोग अज्ञानी हैं वे उस प्रणाली से अनजान हैं जिसमें उन्हें नियुक्त किया जाएगा। जब पर्दा गिरेगा, तो वे या तो अमीर होंगे या गरीब, स्वस्थ या बीमार। यह सुनिश्चित करने के लिए कि सभी सुरक्षित हैं, इसलिए एक ऐसी प्रणाली स्थापित करना उचित है जिसमें आय निष्पक्ष रूप से वितरित की जाती है और केवल उन आर्थिक और सामाजिक असमानताओं को अनुमति दी जाएगी जो कम से कम लोगों की सेवा करती हैं। आदिम समानता के एक काल्पनिक परिदृश्य में, जहां लोगों के निहित स्वार्थ उनके लिए अज्ञात हैं, जॉन रॉल्स ने माना कि "न्याय के दो सिद्धांतों" का एक अनूठा सेट सर्वसम्मति से चुना जाएगा। यह मानता है कि अनिवार्य रूप से केवल एक प्रकार का निष्पक्ष तर्क है—निहित स्वार्थों के अलावा - जो निष्पक्षता की आवश्यकताओं को पूरा

करता है। निष्पक्ष ध्यान के लिए रॉल्स के बेहद अनोखे फॉर्मूले को टक्कर देने वाले किसी भी अन्य विकल्प को खारिज करने के लिए मजबूत औचित्य प्रदान किए बिना, जॉन रॉल्स कई सुलभ में से एक फॉर्मूले की पहचान करते हैं। रॉल्स स्वीकार करते हैं कि विभिन्न नागरिकों की स्वाभाविक रूप से इस बारे में अलग-अलग राय होगी कि सबसे उचित प्रकार का राजनीतिक न्याय क्या है। रॉल्स के अनुसार, एक व्यक्ति को अपनी अंतर्निहित क्षमता के रूप में अवसरों तक समान पहुंच होनी चाहिए। यदि अवसर की समुचित समानता हो तो किसी भी व्यक्ति को अपने लिंग, जाति या सामाजिक पृष्ठभूमि की परवाह किए बिना "कार्यालय और पद" के लिए आवेदन करने में सक्षम होना चाहिए।

4.22 अमर्त्य सेन का न्याय पर दृष्टिकोण

अमर्त्य सेन का न्याय पर दृष्टिकोण उनके प्रसिद्ध ग्रंथ "The Idea of Justice" (2009) में विस्तार से प्रस्तुत किया गया है। हिंदी में उनके विचारों को संक्षेप में इस प्रकार समझा जा सकता है:

1. **न्याय का तुलनात्मक दृष्टिकोण:** अमर्त्य सेन पूर्ण न्याय (transcendental justice) की बजाय तुलनात्मक न्याय (comparative justice) पर जोर देते हैं। उनका मानना है कि हमें एक पूरी तरह से आदर्श व्यवस्था की कल्पना करने की बजाय, वास्तविक दुनिया में अन्याय को कम करने पर ध्यान देना चाहिए।
2. **न्याय और क्षमताएं (Capabilities):** सेन का न्याय का सिद्धांत मुख्य रूप से "क्षमता दृष्टिकोण" (Capability Approach) पर आधारित है। वे मानते हैं कि न्याय वही है, जो लोगों को वास्तविक स्वतंत्रता (real freedom) देता है कि वे अपनी ज़िंदगी को अपने अनुसार जी सकें। यानी किसी व्यक्ति को केवल संसाधन देना पर्याप्त नहीं, यह देखना जरूरी है कि वह उनका उपयोग करके क्या कर सकता है।
3. **संस्थागत बनाम व्यवहारिक न्याय:** सेन का मानना है कि केवल सही संस्थाएं बना देना न्याय को सुनिश्चित नहीं करता। जरूरी यह है कि लोग, समाज और व्यवस्थाएं मिलकर व्यवहारिक न्याय (realized justice) को बढ़ावा दें।
4. **लोकतंत्र और सार्वजनिक विमर्श:** वे न्याय को एक लोकतांत्रिक विमर्श की प्रक्रिया मानते हैं। जब लोग खुलकर अपने विचार और समस्याएं साझा कर सकें, तब समाज में न्याय को बेहतर रूप में समझा और लागू किया जा सकता है।

निष्कर्ष:

अमर्त्य सेन के अनुसार, न्याय कोई पूर्ण और अंतिम स्थिति नहीं है, बल्कि यह एक प्रक्रिया है जिसमें अन्याय को कम करते हुए लोगों को बेहतर जीवन जीने की क्षमता दी जाती है।

4.23 तुलनात्मक न्याय

सेन का तर्क है कि रॉल्स का "पारलौकिक संस्थागतवाद" का विचार अनिवार्य रूप से एक नैतिक अनुमान है, जिसे उन्होंने विकसित किया है लेकिन अंततः कुछ सीमाओं द्वारा ढाला गया है। सेन का तर्क है कि न्याय प्रस्तुति के रॉल्स के सिद्धांत में सबसे बड़ी खामी पारलौकिक संस्थागतवाद है।

सामाजिक संपर्क की परंपरा पर आधारित, रॉल्स के सिद्धांत का उद्देश्य कुछ ऐसी धारणाओं को स्पष्ट करना है जो न्यायपूर्ण समाज के लिए आवश्यक सार्वजनिक संस्थाओं की स्थापना के लिए महत्वपूर्ण हैं। उन्होंने इस बात पर जोर दिया कि न्यायपूर्ण समाजों की विशेषताओं पर ध्यान केंद्रित करने के बजाय, न्याय के कई सिद्धांतों में न्याय को कम करने और बढ़ाने के तरीके शामिल होने चाहिए। सेन ने परिणामस्वरूप रॉल्स के सिद्धांत की मुख्य समस्या को पूर्णता सिद्धांत का वास्तविकता से वियोग माना।

न्याय को एक वास्तविक रणनीति के रूप में प्रो. सेन का दृष्टिकोण यह समझना आसान बनाता है कि न्याय को जनता के बीच जाने से रोकना इतना महत्वपूर्ण क्यों है। वे इसे न्यायपूर्ण या काल्पनिक समाज के बारे में रॉल्स के तर्क के बिल्कुल विपरीत बताते हैं। रॉल्स की राय में न्याय न्याय के बराबर है। हालाँकि, रॉल्स न्याय के लिए क्या औचित्य पाते हैं? किन स्थितियों में न्याय को "निष्पक्षता" माना जा सकता है?

इसके बारे में, रॉल्स हमें न्याय के दो मौलिक सिद्धांत प्रदान करते हैं। जब रॉल्स ने न्याय की अवधारणा स्थापित की, तो यह कांटियन धर्मशास्त्रीय नैतिकता से प्रभावित थी। नैतिकता का एक व्यापक रूप जो मुख्य रूप से नैतिक उपदेशों पर आधारित है, वह है कांटियन कर्तव्यपरायण नैतिकता।

जैसा कि क्रिस ब्राउन ने कहा है, सेन हमें न्याय के विचार में न्याय का अनुसरण करने के लिए सार्वजनिक तर्क का उपयोग करने की चुनौती देते हैं। हमें विभिन्न नीतियों के प्रभावों की तुलना करनी है और किसी आदर्श का उल्लेख करने के बजाय निष्पक्षता और निष्पक्षता के नाम पर इस्तेमाल की जाने वाली विधियों पर विचार करना है।

वह हमें नीति के बजाय न्याय, कांट के बजाय स्मिथ को अपनाने और सामाजिक प्रणालियों को समग्र रूप से देखने, औपचारिकताओं या प्रक्रियाओं पर ध्यान दिए बिना सामान्य शब्दों में उनके प्रभावों का मूल्यांकन करने के लिए कहते हैं। इस प्रकृति का सार्वजनिक तर्क अब कुछ समाजों तक सीमित नहीं रह सकता; बल्कि, अब इसकी वैश्विक पहुँच होनी चाहिए।

अर्थशास्त्री अमर्त्य सेन ने 2009 में 'द आइडिया ऑफ जस्टिस' नामक एक पुस्तक प्रकाशित की। यह कृति जॉन रॉल्स की 'ए थ्योरी ऑफ जस्टिस' (1971) का पुनर्लेखन और विश्लेषण है। पुस्तक का प्राथमिक लक्ष्य जॉन रॉल्स द्वारा 'ए थ्योरी ऑफ जस्टिस' (1971) में प्रस्तुत किए गए मूलभूत विचारों को संशोधित और मूल्यांकन करना है। सेन ने रॉल्स के प्रकाशनों पर व्यापक रूप से ध्यान दिया, जिनमें से अधिकांश भारतीय प्रोफेसर के रूप में रॉल्स के कार्यकाल के दौरान लिखे गए थे। सेन का दृष्टिकोण एक ऐसे सिद्धांत को विकसित करने पर केंद्रित था जो आम लोगों को अधिक न्यायपूर्ण समाज की दिशा में कार्रवाई करने के लिए सशक्त बनाए। ये मुख्य मुद्दे हैं जिन्हें अमर्त्य सेन ने इस पुस्तक में संबोधित किया है: सेन का तर्क है कि अन्याय को संबोधित करना लोगों के लिए उतना ही महत्वपूर्ण है जितना कि अपने हितों को आगे बढ़ाना। इस वाक्य का एक स्पष्ट परिणाम है। चूँकि लोग जहाँ भी अन्याय होता है, उसे खत्म करने के लिए स्वाभाविक रूप से प्रेरित होते हैं, इसलिए संस्थाएँ वास्तव में उतनी मायने नहीं रखती हैं। उल्लंघनों को रोकने और लोगों में निष्पक्षता की भावना को बढ़ावा देने के लिए, आदर्श संगठनों को विशिष्ट व्यक्तियों पर सख्त प्रतिबंध लगाने की आवश्यकता नहीं होती है।

सेन 'बहुल आधार' को विभिन्न विचारधाराओं, विश्वास प्रणालियों या मूल्य प्रणालियों के व्यक्तियों के बीच 'अतिव्यापी सहमति' (रॉल्स की शब्दावली का उपयोग करने के लिए) के रूप में

वर्णित करते हैं जो लोगों को उनके सभी मूल्यों और विश्वासों पर सहमत हुए बिना न्याय के तुलनात्मक आकलन पर सहमत होने में सक्षम बनाता है। 'सार्वजनिक तर्क', यानी मुक्त प्रवचन और तर्कपूर्ण तर्क, इसे सुविधाजनक बना सकते हैं। यह लोगों की अन्याय को समाप्त करने की सहज इच्छा का परिणाम है जिसे ठीक किया जा सकता है।

न्याय का मूल्यांकन एक स्पेक्ट्रम के रूप में किया जाना चाहिए और इसे उसी तरह समझा जाना चाहिए। इसके अलावा, उनका तर्क है कि विभिन्न समूहों की समानता का मूल्यांकन न्याय के पहले से ही बनाए गए अमूर्त आदर्श की आवश्यकता के बिना किया जा सकता है। उनका तर्क है कि न्याय के आदर्श, पारलौकिक दृष्टिकोण को आगे बढ़ाए बिना दो समूहों में न्याय के स्तर का सार्थक मूल्यांकन करना संभव है। उनका कहना है कि दूसरा पक्ष पारलौकिक संस्थागतवाद है। सेन न्याय को निष्पक्षता के रूप में मानते हैं, जो रॉल्स के केंद्रीय सैद्धांतिक सिद्धांतों में से एक है। हालाँकि वे रॉल्स के न्याय के दो सिद्धांतों की आवश्यकता को अस्वीकार करते हैं, जो न्याय के सिद्धांत में प्रारंभिक स्थिति विचार प्रयोग से उत्पन्न हुए थे, फिर भी वे इस अस्पष्ट अवधारणा को मानते हैं—जिसे किसी भी स्थिति में लागू करना चुनौतीपूर्ण है—रॉल्स की सर्वश्रेष्ठ अवधारणाओं में से एक है।

सेन न्याय को नीति दृष्टिकोण से संबोधित करते हैं और रूढ़िवाद को अस्वीकार करने पर जोर देते हैं क्योंकि राज्य को एक संस्था के रूप में देखा जाता है, जिससे न्याय के प्रति उनका दृष्टिकोण बहिष्कारवादी और संस्थागत दोनों बन जाता है।

न्याय की केंद्रीय थीसिस यह है कि राष्ट्रीय कानून बहुत संकीर्ण प्रिज्म हैं जिसके माध्यम से हमारी दुनिया की वैश्विक प्रकृति को देखा, मूल्यांकन किया और चुनौती दी जा सकती है। ये न्याय पर स्थानीय, घरेलू दृष्टिकोण हैं जिन्हें दो अलग-अलग तरीकों से ध्यान में रखा जाता है। दूसरे, राष्ट्रीय कानून के पक्ष में वैश्विक संदर्भ की अनदेखी करना न्याय के खिलाफ लड़ाई में मुख्य चुनौतियों में से एक को नजरअंदाज करता है। सेन कानूनी शिक्षा में वैश्विक, तुलनात्मक और सबसे महत्वपूर्ण रूप से महत्वपूर्ण चिंताओं पर अधिक ध्यान देने का आह्वान करते हैं। निष्पक्ष दर्शकों के विचार के बारे में जो लगातार सामने आ रहा है, इसका परिणाम वैश्विक स्तर पर पश्चिमी कानूनी शिक्षा का (शायद महत्वपूर्ण) पुनर्गठन हो सकता है। यह दावा करना संभव है कि पूर्ण न्याय की खोज अथाह पूर्णता की ओर ले जाती है, लेकिन समस्या यह है कि कई संभावित न्याय परिदृश्य कहीं अधिक जटिल हैं। सेन के लेखन में प्रमुख न्याय को खत्म करने की मांग की गई है और पूर्ण न्याय की गति की आलोचना की गई है। कार्ल मार्क्स के अनुसार, एक आदर्श समाज में श्रमिक अन्य वर्गों के अधीन नहीं होंगे। उनकी थीसिस को अव्यवहारिक और अव्यवहारिक बताकर खारिज कर दिया गया, और इसलिए इस समाज की स्थापना नहीं हुई, लेकिन इसने श्रम उन्मूलन और श्रमिकों के मुआवजे के कानून जैसे अन्य आर्थिक सुधारों के लिए द्वार खोल दिए। पूरे समुदाय के दृष्टिकोण से, न्याय कम हो जाता है।

सेन मत्स्यंगया, या मछली जहाँ बड़ी मछली छोटी मछली खाती है, और प्राचीन हिंदू न्यायशास्त्र के निर्णय के बीच एक सादृश्यता खींचते हैं। यह सादृश्य अनिवार्य रूप से वर्तमान उपयोगिता सिद्धांत के समान है, जिसे चिंता-मुक्त नहीं कहा जा सकता है। हालाँकि, रॉल्स और सेन दोनों एक ही रास्ते पर हैं और उपयोगितावाद की अवधारणा या एक ऐसी प्रणाली जो केवल बहुमत के कल्याण या सबसे बड़ी संख्या की खुशी को बढ़ावा देती है, के बारे में समान विचार साझा करते हैं।

4.24 अभ्यास के लिए मॉडल प्रश्न

- प्राचीन भारत में न्याय की अवधारणा को संक्षेप में समझाएँ।
- न्याय और नीति की अवधारणा के बीच अंतर बताइए
- जॉन रॉल्स द्वारा न्याय की अवधारणा का विश्लेषण कीजिए
- अमर्त्य सेन द्वारा न्याय या न्याय की अवधारणा का विश्लेषण कीजिए।

REFERENCES

Amartya Sen, "Introduction" in The Idea of Justice, Harvard University Press, 2009.

Bimal Krishna Matilal, *Perception: An Essay on Classical Indian Theories of Knowledge*, Clarendon Press, 1986, pp. 5–6.

Bina Gupta, *An Introduction to Indian Philosophy Perspectives on Reality, Knowledge, and Freedom,* Routledge, New York, 2012, p.p. 171–172.

Brown, Chris, On Amartya Sen and The idea of justice, Ethics and International Affairs, 24 (3). pp. 309–318, 2010.

Chandradhar Sharma, *A Critical Survey of Indian Philosophy*, Motilal Banarsidass, Delhi, pp. 179–180.

Gavin Flood, *Introduction to Hinduism*, Cambridge university Press, 1996, pp. 224–225.

Kenneth Kramer, *World Scriptures: An Introduction to Comparative Religions*, Paulist Press, New York, 1986, p. 37.

Koemhong Sol, "Understanding epistemology and its key approaches in research," *Cambodian Journal of Educational Research* (2022), Vol. 2, No. 2, pp. 80–99.

Neha Sakhuja, *Asia Society Northern California*, AsiaSociety.org 2004 interview with Amartya Sen.

Peter M. Scharf, "The Denotation of Generic Terms in Ancient Indian Philosophy: Grammar, Nyāya, and Mīmāṃsā", *Transactions of the American Philosophical Society*, 1996, New Series, Vol. 86, No. 3 (1996), p. 151.

अध्याय 5

सभा और समिति

5.1 परिचय

भारतीय इतिहास को समझना भारत की सुदूर प्राचीनता के अध्ययन से आंतरिक रूप से जुड़ा हुआ है। एक अनुशासन के रूप में इतिहास अतीत में मानव गतिविधियों का अध्ययन करने का प्रयास करता है और ऐसा करने में इतिहासकार मानव अतीत को एक युग, काल, उम्र या अवधि की प्रमुख विशेषताओं के आधार पर कई समय-अवधियों में विभाजित करते हैं। ऐतिहासिक कालक्रम को आमतौर पर निम्नलिखित में वर्गीकृत किया जाता है:

1. **प्रागैतिहासिक:** यह लेखन प्रणालियों के आगमन से पहले मानव इतिहास की अवधि है। प्री-हिस्टोरिक शब्द एक फ्रांसीसी भूविज्ञानी पॉल टूरनल द्वारा गढ़ा गया था जब उन्होंने दक्षिणी फ्रांस की गुफाओं में कुछ कलाकृतियों की खोज की थी। 'प्रागैतिहासिक' शब्द को डैनियल विल्सन द्वारा मानव द्वारा लेखन के आविष्कार से पहले मानव विकासवादी इतिहास का उल्लेख करते हुए लोकप्रिय बनाया गया था। अवधि को वैकल्पिक रूप से पूर्व-साक्षर इतिहास के रूप में जाना जाता है। लिखित दस्तावेजों की अनुपस्थिति के कारण, इतिहासकार मुख्य रूप से अवधि का अध्ययन करने के लिए पुरातात्विक सामग्री पर निर्भर करते हैं। यह याद रखना महत्वपूर्ण है प्रागैतिहासिक काल की विशेषता पत्थर के औजारों का उपयोग है। मनुष्य खानाबदोश जीवन जीते थे और शिकार करना और इकट्ठा करना जीविका का मुख्य साधन था।

2. **प्रोटोहिस्ट्री:** प्रागैतिहासिक काल से ऐतिहासिक काल के बीच संक्रमण को संदर्भित करने के लिए 'ला प्रोटोहिस्टोरिक' शब्द भी फ्रांसीसियों द्वारा गढ़ा गया था। यह प्रागैतिहासिक काल से लिखित या रिकॉर्ड किए गए इतिहास के बीच का अंतराल काल है। हर सभ्यता या संस्कृति एक ही समय में लिखना शुरू नहीं कर सकती है। कुछ समाज अपने समकालीनों की तुलना में पहले लिखना शुरू कर सकते हैं। अक्सर यह देखा गया है कि एक साक्षर समाज अपने दस्तावेजों में एक गैर-साक्षर समाज का उल्लेख कर सकता है। इसलिए, हमें

उन सभ्यताओं के संदर्भ मिलते हैं जिन्होंने अपने स्वयं के दस्तावेज़ नहीं बनाए होंगे लेकिन उनके अस्तित्व का दस्तावेजीकरण अन्य सभ्यताओं द्वारा किया गया है।

3. **रिकॉर्ड किया गया इतिहास:** अक्सर इतिहास या रिकॉर्ड किए गए इतिहास के रूप में संदर्भित वह अवधि होती है जब समाजों ने महत्वपूर्ण या ऐतिहासिक घटनाओं को लिखना और उनका दस्तावेजीकरण करना शुरू किया। विभिन्न माध्यमों के माध्यम से लेखन और दस्तावेजीकरण एक सचेत प्रयास है।

भारत प्रोटोहिस्टोरिक और ऐतिहासिक काल के ओवरलैप का एक अनूठा उदाहरण है। भारत में ऐतिहासिक काल की शुरुआत पहली सहस्राब्दी ईसा पूर्व के मध्य से मानी जाती है, जब मौर्य साम्राज्य के सम्राट अशोक ने विभिन्न लिपियों और भाषाओं में शिलालेख जारी किए थे। हालांकि, यह भी ध्यान रखना महत्वपूर्ण है कि हड़प्पा काल (3300 ईसा पूर्व-1300 ईसा पूर्व) में लेखन ज्ञात था, हालांकि अभी तक इसका अर्थ नहीं समझा जा सका था, जो अशोक से बहुत पहले का है। साथ ही, यह भी ध्यान रखना आवश्यक है कि हड़प्पा के बाद का काल, जो वैदिक युग की शुरुआत का प्रतीक है, मुख्य रूप से मौखिक संस्कृति थी, जिसमें बनाए गए साहित्यिक विवरण लिखित रूप में प्रलेखित नहीं किए गए थे, बल्कि एक पीढ़ी से दूसरी पीढ़ी तक मौखिक रूप से पारित किए गए थे।

5.2 वैदिक युग को समझना

यह अध्याय मुख्य रूप से दो वैदिक संस्थाओं—सभा और समिति पर केंद्रित है। इसलिए वैदिक युग की बुनियादी समझ होना महत्वपूर्ण है। जैसा कि पहले उल्लेख किया गया है, वैदिक काल (लगभग 1500 – लगभग 500 ईसा पूर्व) एक मौखिक संस्कृति थी और यह हमें लिखित दस्तावेज प्रदान नहीं करता है, लेकिन फिर भी, आंतरिक रूप से विशाल अलिखित साहित्य के संग्रह से जुड़ा हुआ है। वैदिक युग इस तथ्य के कारण महत्वपूर्ण है कि भारत अपने पहले साहित्यिक चरण में प्रवेश करता है, जो अत्यधिक गहन, समृद्ध, विपुल और पांडित्यपूर्ण है। वेद संस्कृत में रचित पवित्र साहित्य के संग्रह के लिए एक सामूहिक शब्द है, जो दुनिया की सबसे प्राचीन भाषाओं में से एक है। वेदों की संख्या चार है, जो हैं: ऋग्वेद, सामवेद, यजुर्वेद और अथर्ववेद। विद्वान वैदिक काल को उनकी रचनाओं के कालक्रम के अनुसार दो अवधियों में विभाजित करते हैं—प्रारंभिक वैदिक या ऋग्वेदिक काल और बाद का वैदिक काल। वेद शब्द की व्युत्पत्ति मूल रूप से विद से हुई है जिसका अर्थ है 'जानना', 'ज्ञान' या 'बुद्धि', लेकिन इसमें मुख्य रूप से विभिन्न देवताओं और वैदिक यज्ञों को समर्पित धार्मिक भजन या मंत्र शामिल हैं। ये वैदिक भजन धार्मिक होने के साथ-साथ हमें वैदिक काल के राजनीतिक, सामाजिक और आर्थिक दृष्टिकोण के बारे में भी महत्वपूर्ण जानकारी देते हैं।

प्रारंभिक वैदिक समाज में एक कबीलाई राजनीतिक संरचना थी और यह एक पशुपालक या पशुपालक समाज था, जहाँ मवेशी कृषि के बजाय जीविका का प्राथमिक स्रोत थे। इसलिए, मवेशी अधिग्रहण ऐसे समाजों का एक प्रमुख घटक था और जनजातियों के बीच लड़ाई का सबसे महत्वपूर्ण कारण भी था। हमारे पास अंतर-जनजातीय संघर्षों के लगातार संदर्भ हैं, जिनमें से एक सबसे प्रसिद्ध दसराजान्या युद्ध या ऋग्वेद में वर्णित दस राजाओं की लड़ाई है। जनजातियों के कुछ प्रसिद्ध नामों में

भरत, पुरुस, यदु, द्रुह्यु और तुर्वसु शामिल हैं। ऋग्वेद में मवेशियों पर हमले और चोरी का आमतौर पर उल्लेख किया गया है। युद्ध के पर्याय के रूप में गविष्ठी (गायों की इच्छा) शब्द का प्रयोग किया जाता है जो मवेशी आधारित समाज का संकेत देता है। प्रारंभिक वैदिक समाज कबीले आधारित था और वर्ण या जाति संरचना कठोर नहीं थी। ऋग्वेदिक राजा का आमतौर पर राजा के रूप में अनुवाद किया जाता है जिसे आमतौर पर अधीन आबादी वाली भूमि संपत्ति का मालिक माना जाता है। इसके विपरीत राजा कबीले और मवेशियों का मुखिया या नेता और रक्षक होता था। राजा के लिए कई विशेषणों का इस्तेमाल किया जाता है, जैसे गोपति (गाय का रक्षक) या विसपति (जनजाति का रक्षक)। जैसे-जैसे हम उत्तर वैदिक काल की ओर बढ़ते हैं, संस्कृत बोलने वाले वैदिक लोग संभवतः बसने लगे और मवेशियों के अलावा, ज़मीन भी संपत्ति के रूप में महत्वपूर्ण होने लगी। उत्तर वैदिक राजा को अब भूपति (भूमि का रक्षक/स्वामी) कहा जाता है।

प्राचीन भारत में सभा एक सभा, मण्डली या परिषद थी। एक देवता के रूप में व्यक्त, सभा अथर्ववेद में प्रजापति की पुत्री है। महाकाव्य संस्कृत में, यह शब्द एक सभा हॉल या परिषद कक्ष और एक छात्रावास, भोजन-गृह या जुआ-घर को भी संदर्भित करता है। जबकि जनसभा शब्द बड़ी सार्वजनिक सभा को संदर्भित करता है।

महाभारत, पुस्तक 2 में एक सभा पर्व या सभा प्रकरण है, जो राजा युधिष्ठिर के अधीन सभा का वर्णन करता है। मोनियर-विलियम्स इस शब्द की तुलना पुरानी अंग्रेजी के सिब "कबीले" (पुराने उच्च जर्मन सिप्पा) से करते हैं, जो आधुनिक अंग्रेजी में गॉसिप (गॉड-सिब से) शब्द के रूप में मौजूद है।

दक्षिण भारत में, विशेष रूप से तमिलनाडु में, एक सभा, लोकप्रिय रूप से एक निकाय या संगठन को संदर्भित करती है जो कर्नाटक संगीत, भरतनाट्यम, नाटक जैसी कई अन्य कलाओं के अलावा ललित कलाओं के प्रचार में शामिल होती है। ये सभाएँ ज़्यादातर चेन्नई के मायलापुर और उसके आस-पास केंद्रित हैं और यह सुनिश्चित करने में सहायक हैं कि दुनिया के सभी हिस्सों से पारखी (जिन्हें रसिका के रूप में जाना जाता है) को मर्गज़ी (ज़्यादातर दिसंबर/जनवरी) के संगीत और नृत्य के मौसम के दौरान विविधता के साथ पेश किया जाए।

सभा शब्द ने भारत की संसद के आधुनिक शब्दों को भी जन्म दिया है, जैसे कि लोकसभा (निचला सदन) और राज्यसभा (उच्च सदन), और भारतीय राज्यों की विधानसभा (विधान सभा)। नेपाल की संघीय संसद, प्रतिनिधि सभा (निचला सदन), राष्ट्रीय सभा (उच्च सदन), और प्रदेश सभा (प्रांतीय विधानसभाएँ) के लिए सभा (नेपाली: सभा) शब्द का प्रयोग करती है।

प्राचीन भारत में, सभा एक परिषद, सभा या मण्डली होती थी। अथर्ववेद में, सभा को देवी और प्रजापति की पुत्री के रूप में चित्रित किया गया है। महाकाव्य संस्कृत में यह वाक्यांश छात्रावास, भोजनालय, जुआघर और सभा भवन या परिषद कक्ष को भी दर्शाता है। हालाँकि, जनसभा एक बड़ी सार्वजनिक सभा होती है। राजा युधिष्ठिर के अधीन सभा का वर्णन सभा पर्व में किया गया है, जिसे अक्सर सभा घटना के रूप में जाना जाता है, जो महाभारत की पुस्तक 2 में पाया जाता है। दक्षिण भारत में, विशेष रूप से तमिलनाडु में, सभा एक निकाय या संगठन है जो कई अन्य कलाओं के अलावा नाटक, भरतनाट्यम और कर्नाटक संगीत सहित ललित कलाओं को बढ़ावा देने में लोकप्रिय रूप से सक्रिय है। ये सभाएँ मुख्य रूप से चेन्नई के मायलापुर में और उसके आसपास स्थित हैं और यह सुनिश्चित करने में महत्वपूर्ण भूमिका निभाती हैं कि मार्गाज़ी संगीत और नृत्य सत्र (जो मुख्य रूप से दिसंबर और जनवरी में होता है) के दौरान, दुनिया भर के पारखी (जिन्हें रसिका भी कहा जाता है) को कई तरह के अनुभव दिए जाते है। भारतीय संसद को संदर्भित करने के लिए इस्तेमाल की जाने वाली आधुनिक शब्दावली, जैसे कि लोकसभा (निचला सदन) और राज्यसभा (उच्च सदन), साथ ही भारतीय राज्यों की विधानसभा (विधानसभा), भी सभा शब्द से ली गई है। प्रतिनिधि सभा प्रतिनिधि सभा (निचला सदन), राष्ट्रीय सभा राष्ट्रीय सभा (उच्च सदन), और प्रदेश सभा (प्रांतीय विधानसभाएँ) को नेपाल की संघीय संसद में "सभा" के रूप में संदर्भित किया जाता है।

प्रारंभिक और बाद की ऋग्वेदिक भाषाओं में विधानसभा और सभा भवन दोनों को "सभा" नाम से संदर्भित किया जाता है। प्राचीन भारत में, सभा और समिति दो सबसे लोकप्रिय सभाएँ थीं। वैदिक राज्य मामलों में उनका महत्व वास्तव में उल्लेखनीय था। सभा नृत्य, संगीत, जादू-टोने का स्थान है; ऋग्वेद में इसे पासा और जुआ खेलने का स्थान बताया गया है। ऋग्वेद में "समिति" शब्द के नौ उदाहरण हैं और अथर्ववेद में तेरह हैं। ऋग्वेद के अनुसार, कोई व्यक्ति समिति के बिना शासन नहीं कर सकता था। एक वैदिक संकेत में समिति में शासक की उपस्थिति की बात की गई थी। एक अन्य संबंध में, राजाओं का एक समूह एक समिति में एक साथ बैठते थे। ऋग्वेद के अनुसार, समिति के लोग अपने जानवरों के बारे में बात कर रहे थे। ऋग्वेदिक की एक प्रार्थना की मांग थी कि समिति में व्यवस्था और मन की सुसंगति हो। समिति की ओर से ब्राह्मण पुजारी की प्रार्थना अथर्ववेद में निहित थी।

सभा की भौतिक विशेषताओं का वर्णन सभा-स्थानु (सभा-कक्ष का स्तंभ) द्वारा किया गया था। सभा से संबंधित कई और शीर्षक सभा में होने वाले संभावित प्रतिभागियों और घटनाओं का संकेत देते थे: सभा-चार, सभासद, और सभास (सभा के सदस्य); सभा-वती (सभा की महिला सदस्य); और सभा-साहा (सभा में प्रतिष्ठित)। ऋग्वेद में कहा गया है कि सभा के सदस्य भगवान इंद्र से सभा और उसके सदस्यों की सुरक्षा के लिए प्रार्थना करते थे और साथ ही सभा से उनके तर्क सुनने और उन्हें महत्व देने के लिए भी प्रार्थना करते थे।

वेदों में से किसी में भी सभा, समिति और राजन के बीच संबंधों को स्पष्ट रूप से नहीं बताया गया है, हालाँकि वेदों में सभा, समिति और राजन का छिटपुट उल्लेख है। हालाँकि, इसने बाद के शोधकर्ताओं को यह प्रस्तावित करने से नहीं रोका कि सभाएँ और समितियाँ चुनाव आयोजित करती थीं और राजाओं को हटाती थीं, कर एकत्र करती थीं, युद्ध छेड़ती थीं और लोकतांत्रिक (शायद सर्वसम्मति से) निर्णय लेने में भाग लेती थीं।

इसने बाद के शोधकर्ताओं को समितियों और वैदिक सभाओं, कबीले और जनजाति सभाओं के मानवशास्त्रीय विवरणों, होमरिक अगोरा, रोमन सीनेट, ट्यूटन मुख्य परिषदों और एंग्लो-सैक्सन विटेनेजमोट संस्कृति के बीच तुलना करने से नहीं रोका। वेदों में संदर्भों की सीमित संख्या के कारण इन सभी विशेषज्ञों की सिफारिशों को काल्पनिक माना जाना चाहिए। इस सभा में सभावती के नाम से जानी जाने वाली महिलाएँ भी शामिल होती थीं। इसने न्यायिक, प्रशासनिक और देहाती मामलों के कर्तव्यों के साथ-साथ न्यायिक अधिकार का प्रयोग भी किया।

प्राचीन भारत में सभा और समिति की संकल्पना:

प्राचीन भारत में '**सभा**' और '**समिति**' दो प्रमुख जनसंस्थाएँ थीं, जिनका उल्लेख विशेष रूप से ऋग्वेद में मिलता है। ये संस्थाएँ तत्कालीन जनजीवन और शासन व्यवस्था का महत्वपूर्ण अंग थीं। ये दोनों संस्थाएँ जनतांत्रिक प्रकृति की थीं और राजा के अधिकारों पर नियंत्रण रखने में सहायक होती थीं।

1. **सभा:**
   - ***परिभाषा:*** सभा एक विशेष प्रकार की परिषद थी जिसमें समाज के वरिष्ठ, बुद्धिमान और अनुभवी लोग भाग लेते थे।
   - ***कार्य:***
     - राजा के निर्णयों की समीक्षा करना।
     - न्याय संबंधी मामलों पर विचार करना।
     - युद्ध और शांति से संबंधित मामलों में सलाह देना।
   - ***सदस्यता:*** आम तौर पर इसमें आयु में बड़े और प्रतिष्ठित पुरुष होते थे।
2. **समिति:**
   - ***परिभाषा:*** समिति एक व्यापक जनसभा थी जिसमें सभी वयस्क सदस्य भाग ले सकते थे। इसे लोकसभा के प्रारंभिक रूप के रूप में देखा जा सकता है।
   - ***कार्य:***
     - राजा का चयन करना या उसे हटाना।
     - नीतियों पर चर्चा करना।
     - युद्ध की स्वीकृति देना।
   - ***सदस्यता:*** इसमें सामान्य जनता की भागीदारी होती थी, विशेषकर योद्धा वर्ग के लोग।

मुख्य अंतर:

पहलू	सभा	समिति
प्रकृति	संकीर्ण और विशेष परिषद	व्यापक जनसभा
सदस्यता	वरिष्ठ और बुद्धिजीवी वर्ग	सामान्य वयस्क सदस्य
कार्य	न्याय और सलाहकारी भूमिका	शासन नीति और राजा का चयन

ऋग्वैदिक काल में सभा और समिति लोकतांत्रिक परंपराओं के प्रारंभिक रूप थे। इन संस्थाओं ने यह दर्शाया कि तत्कालीन भारतीय समाज में जनमत और सामूहिक निर्णय को महत्व दिया जाता था।

सभा (Sabha) और समिति (Samiti) दोनों ही भारतीय प्राचीन प्रशासनिक और राजनीतिक संस्थाएँ हैं, लेकिन इनमें कुछ प्रमुख अंतर होते हैं:

1. **सभा (Sabha):**
   - सार्वजनिक सभा होती थी, जिसमें प्रमुख रूप से आम लोगों, नागरिकों या जनसमूह को शामिल किया जाता था।
   - इसका मुख्य उद्देश्य सामूहिक निर्णय लेना और समाज की समस्याओं पर विचार विमर्श करना होता था।
   - सभा में अधिकतर सभी लोग या प्रमुख व्यक्तित्व शामिल होते थे और यह विधानसभा या पार्लियामेंट की तरह काम करती थी।
   - सभा का स्वरूप एक सामूहिक होता था, और इसमें आमतौर पर किसी एक व्यक्ति का विशेष प्रभाव नहीं होता था।
2. **समिति (Samiti):**
   - समिति एक छोटी और विशेष कार्यों के लिए गठित समूह होती थी।
   - इसमें आमतौर पर कुछ चुने हुए सदस्य होते हैं, जो किसी विशेष कार्य को पूरा करने या किसी खास मुद्दे पर निर्णय लेने के लिए बनाए जाते थे।
   - समिति में प्रमुख व्यक्ति या विशेषज्ञ हो सकते हैं जो किसी विशिष्ट विषय या क्षेत्र में विशेषज्ञता रखते हैं।
   - यह एक नियुक्तिकृत या संगठित समूह होता था और इसका उद्देश्य सीमित या विशेष कार्यों को पूरा करना होता था।

संक्षेप में:

- **सभा** एक बड़ी और सार्वजनिक संस्था होती है, जिसमें अधिक लोगों को शामिल किया जाता है, जबकि समिति एक छोटा, विशेष उद्देश्य से गठित समूह होता है।

सभा और **समिति** दोनों भारतीय प्राचीन प्रशासनिक संरचनाएँ थीं, लेकिन इन दोनों का उद्देश्य और कार्यक्षेत्र अलग था। आइए इनके उदाहरण देखें:

1. **सभा:**

   - सभा एक प्रकार का जन प्रतिनिधि समूह था, जिसे समाज के विभिन्न वर्गों का प्रतिनिधित्व करने के लिए बनाया गया था।
   - यह मुख्य रूप से बड़े और महत्वपूर्ण निर्णयों के लिए होता था, जैसे कि युद्ध की घोषणा, संधि आदि।
   - *उदाहरण:*
     - "महाजनपदों के समय में, सभा का गठन किया गया था, जिसमें प्रमुख लोग और नागरिकों के प्रतिनिधि शामिल होते थे।"
     - "वह सभा में एक महत्वपूर्ण प्रस्ताव को पारित करने के लिए उपस्थित थे।"

2. **समिति:**

   - समिति एक छोटा समूह होता था, जिसे किसी विशेष कार्य को पूरा करने के लिए नियुक्त किया जाता था।
   - यह विशिष्ट मुद्दों पर विचार करने और निर्णय लेने के लिए बनाई जाती थी।
   - *उदाहरण:*
     - "राज्य की समिति ने इस वर्ष के बजट के बारे में विचार-विमर्श किया।"
     - "उसने स्कूल की समिति में शामिल होकर बच्चों के लिए नए पाठ्यक्रम को मंज़ूरी दी।"

सारांश: सभा बड़े पैमाने पर एक सार्वजनिक या सामान्य सभा होती थी, जबकि समिति एक छोटे समूह के रूप में विशेष कार्यों या समस्याओं पर काम करने के लिए होती थी।

5.3 राजन सभा और समिति विधाता

1500 ईसा पूर्व से 1000 ईसा पूर्व तक प्रारंभिक वैदिक काल था, जिसे ऋग्वेदिक काल के रूप में भी जाना जाता है। इस अवधि के दौरान, पितृसत्तात्मक समाजों में परिवार का नेता आमतौर पर सबसे बड़ा पुरुष होता था।

"कुला" के रूप में जाना जाने वाला परिवार राजनीतिक संगठन के मूलभूत निर्माण खंड के रूप में कार्य करता था। "कुलपा" परिवार के नेता को दी जाने वाली उपाधि थी। इनमें से कई परिवार

मिलकर "ग्राम" बनाते थे। "ग्राम" का नेतृत्व करने का काम स्थानीय मुखिया को सौंपा जाता था जिसे "ग्रामिनी" कहा जाता था। कुछ समुदाय मिलकर "विसु" बनाते थे। "विसु" का प्रभारी "विषयपति" "विसु" का एक समूह मिलकर एक समुदाय बनाता था। ऋग्वेदिक काल में, एक समुदाय को "जन" कहा जाता था, जो सरकारी पदानुक्रम के उच्चतम स्तर को दर्शाता था।

राजन

"जन" या समुदाय के मुखिया को "राजन" भी कहा जाता था। राजन को एक सम्राट के रूप में देखने के बजाय, लोग उसे अपने रक्षक के रूप में देखते थे। इस समय कोई वास्तविक सरकारी संगठन या राजतंत्र नहीं था। अपने नेतृत्व गुणों के कारण, राजन को "गोपति जनस्य" या "जनस्य गोपा" के नाम से भी जाना जाता था।

इस समय, क्षेत्रीय दावों के बजाय संघर्षों से लड़ने का मुख्य कारण पशुधन पर नियंत्रण था। राजन ने इन संघर्षों में अपने "जन" की ओर से लड़ाई लड़ी।

"सभा" और "समिति" नामक दो सभाएँ, निर्णायक निर्णय लेने में राजा की सहायता करती थीं।

एक "पुरोहित" भी राजा को दैनिक प्रशासन में सहायता करता था। चूँकि राज्य क्षेत्र अस्तित्वहीन था, इसलिए राजा सेना नहीं रखता था।

5.4 सभा और समिति

ऋग्वेदिक काल में "सभा" शब्द का प्रयोग सभा के लिए किया जाता था। "सभा" में अधिक वरिष्ठ जन सदस्य शामिल होते थे। "सभावती" नाम से जानी जाने वाली महिलाएँ भी इस सभा में शामिल होती थीं। हालाँकि, उत्तर वैदिक काल में महिलाओं ने "सभा" में भाग लेना बंद कर दिया। पासा खेल और जुए के अलावा, "सभा" संगीत, नृत्य, जादू और जादू टोना का भी अभ्यास करती थी। यह सभा न्यायिक और प्रशासनिक व्यवसाय संचालित करती थी, अपनी न्यायिक शक्ति का उपयोग करती थी और देहाती मामलों पर चर्चा करती थी। "समिति" शब्द का प्रयोग लोक सभा में आयोजित राजनीतिक बहस और व्यवसाय के लिए किया जाता था। "समिति" द्वारा "राजन" का चयन किया जाता था। "समिति" राजनीतिक मामलों के अलावा बौद्धिक विषयों पर भी बात करती थी। इस सम्मेलन का एक मुख्य विषय प्रार्थना और धार्मिक गतिविधियाँ थीं। हालाँकि, इस सभा का महत्व प्रारंभिक वैदिक युग के अंतिम चरणों तक विकसित नहीं हुआ था।

विधाता

सबसे प्रारंभिक जनजातीय सभा को विधाता कहा जाता था। यह देखते हुए कि "विधाता" शब्द ऋग्वेद में 122 बार आता है, यह सबसे महत्वपूर्ण सभा प्रतीत होती है। इस सभा को सामाजिक, राजनीतिक, सैन्य, आर्थिक और धार्मिक क्षेत्रों से संबंधित निर्णय लेने के लिए बुलाया जाता था।

ऋग्वेद में "सभा" में महिलाओं की भागीदारी का सिर्फ़ एक बार उल्लेख है। दूसरी ओर, "विधाता" में महिलाओं की भागीदारी का बार-बार उल्लेख किया गया है। महिलाएँ सभा की बहसों में भी भाग लेती थीं। ऋग्वेदिक काल के दौरान, यह पहली ज्ञात लोक सभा थी। "विधाता" कई कुलों

और जनजातियों के लिए अपने-अपने देवताओं की पूजा करने के लिए एक सभा स्थल के रूप में कार्य करती थी।

सदस्य

"पुरोहित", "ग्रामणी" और "सेनानी" जैसे अन्य महत्वपूर्ण अधिकारी राजन की सहायता करते थे। "पुरोहित" की उपाधि सभी अधिकारियों में सबसे प्रतिष्ठित और सम्मानित थी। "पुरोहित" का बेटा आमतौर पर यह भूमिका ग्रहण करता था।

राजन "पुरोहित" को आध्यात्मिक शिक्षक मानते थे। इसके अलावा, वह राजन के मुख्य सलाहकार के रूप में कार्य करता था और उसके साथ मिशनों पर जाता था। "पुरोहित" राजन की सुरक्षा और विजय के लिए भगवान से प्रार्थना भी करता था। प्रारंभिक वैदिक युग के दो सबसे प्रसिद्ध पुरोहित "वशिष्ठ" और "विश्वामित्र" थे।

"सेनानी" सशस्त्र बलों का नेतृत्व करने का प्रभारी था, जबकि "ग्रामणी" गांव के अधिकारी के रूप में कार्य करता था। जब राजन ने शपथ ली, तो "ग्रामणी" और "सेनानी" दोनों, जो समान रूप से महत्वपूर्ण भूमिका निभाते थे, को उपस्थित होना था।

राजन को कई अन्य अधिकारियों का समर्थन प्राप्त था, जिनमें "सारथी" सूत, "मुख्य लेखाकार" अक्षवापा, "मुख्य रानी महिषी," "कोषाध्यक्ष" संग्रहिता, "दूत" काटा, "राजघराने का स्वामी" और "वन प्रमुख" गोविकर्ता शामिल थे। भागदुधा राजस्व एकत्र करने के लिए जिम्मेदार था। इसलिए, यह स्पष्ट है कि प्रारंभिक वैदिक युग ने आधुनिक शासन के बीज बोए।

प्रारंभिक वैदिक युग में एक परिवार या 'कुल' सरकारी संगठन की मूलभूत इकाई थी। कई परिवारों के एकत्र होने से एक "ग्राम" का गठन हुआ। "ग्राम" के एक समूह ने मिलकर "विसु" बनाया, और "विसु" के दूसरे समूह ने मिलकर "जन" बनाया, जो सर्वोच्च प्रशासनिक स्तर था।

एक "जन" का नेतृत्व एक "राजन" करता था, जिसे लोगों के नेता और रक्षक के रूप में सम्मानित किया जाता था। राजन को कई मुद्दों पर निर्णय लेने में दो सभाओं से सहायता मिलती थी जिन्हें "सभा" और "समिति" के नाम से जाना जाता था। लोगों की सभा को "समिति" के नाम से जाना जाता था, जबकि कबीले के बुजुर्ग "सभा" बनाते थे।

5.5 सभा और समिति के बीच अंतर और संबंध

सभा और समिति शुरू में एक ही चीज थीं। उन्हें प्रजापति की बेटियाँ कहा जाता था। ये सरदारों के नेतृत्व में चलने वाली इकाइयाँ थीं जो सेना के साथ लगातार चलती रहती थीं। ऐसा प्रतीत होता है कि सभा और समिति के बीच एकमात्र अंतर यह था कि पूर्व न्यायिक कर्तव्यों का पालन करती थी जबकि समिति नहीं करती थी। बाद में, समिति गायब हो गई और सभा एक छोटी कुलीन संस्था में सिमट गई।

समिति का उल्लेख ऋग्वेद की सबसे हाल की पुस्तकों में किया गया है, जो दर्शाता है कि इसे ऋग्वेदिक युग के समापन पर ही महत्व मिला। समिति या लोक सभा का उद्देश्य कबीले के सदस्यों का मिलना और व्यापार करना था। यह धार्मिक अनुष्ठानों और प्रार्थनाओं के साथ-साथ बौद्धिक विषयों से भी संबंधित थी। संदर्भों से ऐसा प्रतीत होता है कि समिति ने राजन को चुना और फिर से चुना।

ऋग्वेद में "सभा" शब्द के आठ उदाहरण हैं और अथर्ववेद में सत्रह। "सभा" शब्द का अर्थ कभी सभा भवन होता था। सभा ने विभिन्न संदर्भों में "एक साथ एकत्रित हुए लोगों का समूह" वाक्यांश का भी इस्तेमाल किया। "सभा" और "समिति" शब्द, जो दोनों एक सम्मेलन, सभा या लोगों की परिषद को दर्शाते हैं, अक्सर एक दूसरे के स्थान पर इस्तेमाल किए जाते थे।

अथर्ववेद के अनुसार, उच्च वैदिक देवता प्रजापति की दो बेटियों को सभा और समिति के रूप में मान्यता दी गई है। कुछ विद्वानों ने अनुमान लगाया है कि सभाएँ समितियों से पहले अस्तित्व में रही होंगी क्योंकि जब भी ये शब्द संयुक्त रूप से दिखाई देते हैं तो सभा हमेशा समिति से पहले आती है। हालाँकि, किसी भी ऐतिहासिक साहित्य ने सभाओं और समितियों, उनके प्रकटन क्रम या उनके संबंधों के बीच अंतर नहीं किया है।

उन दोनों में, सीमित सदस्यता वाली एक सभा और अधिक ठोस सदस्यता विचार-विमर्श पर आधारित एक संस्था के माध्यम से राजनीतिक विकल्प बनाए जाते थे; दूसरे शब्दों में, इन दोनों संस्थाओं ने राज्य के अधिकार को नियंत्रित करने का प्रयास किया। सभा और समिति के अलावा, विदथ, परिषद, संग्राम आदि जैसे अन्य प्रसिद्ध संगठनों का भी उल्लेख किया गया है।

हालांकि, यहां सभा और समिति का विस्तृत विवरण उनके महत्व के कारण दिया गया है।

समिति का अर्थ है इकट्ठा होना; यानी, समिति में पूरी जनता मौजूद थी। समिति को संगति और संग्राम के नाम से भी जाना जाता है। ऐसे कई उदाहरण हैं जब "समिति" शब्द का इस्तेमाल किया गया है, जिसमें एक ऐसा भी है जहां राजा को समिति में उपस्थित होने का उल्लेख किया गया है। "मैं सर्वोच्च हूं, जो सभी प्रकार के कार्यों को करने की शक्ति के साथ आया हूं और मैं आपके दिलों, आपके कार्यों और समिति को भी जीत लूंगा," दूसरे स्थान पर राजा खुद घोषणा करते हैं। इसलिए, यह सोचा गया कि राजा को समिति में होना चाहिए। राज्य की नीति, समिति की संरचना, लक्ष्य और मानसिकता में एकरूपता का सिद्धांत ऋग्वेद और अथर्ववेद दोनों में बताया गया है। इससे यह स्पष्ट होता है कि समिति की महत्वपूर्ण भूमिका थी। राजा का चुनाव और पुनर्निर्वाचन इसके प्रमुख कर्तव्यों में से एक था। इस स्थान पर गैर-राजनीतिक विषयों पर भी चर्चा की गई है। इसलिए यह जरूरी था कि सभी मौजूद रहें। अथर्ववेद के अनुसार, समिति वह सार्वजनिक सभा थी जिसका संप्रभु के साथ सबसे करीबी रिश्ता था। इसकी सभाएँ राष्ट्रीय संकट, युद्ध और राजा के राज्याभिषेक के समय होती थीं।

सभा लोगों का जमावड़ा होता था और यह ऋग्वेदिक काल के आरंभ में आम बात थी। पूरा समुदाय सभा का सदस्य होता था और इसमें भाग ले सकता था। सभा में महिलाएँ भी शामिल होती थीं। हालाँकि कभी-कभी यह न्यायिक कार्य भी करती थी, लेकिन सभा समाज के कल्याण पर कुछ सामाजिक रूप से महत्वपूर्ण निर्णय लेती थी।

बाद में ऋग्वेदिक काल में, समिति, जो लोगों की एक परिषद भी थी, ने लोकप्रियता हासिल की। समिति को केवल कुलीन वर्ग तक ही सीमित कर दिया गया। महिलाओं से समिति में भाग लेने की अपेक्षा की जाती थी। समिति अंततः एक कुलीन निकाय में सिमट गई। भारत में, प्रारंभिक वैदिक युग वह समय है जब सभा और समिति का पहली बार उल्लेख किया गया था। ये महत्वपूर्ण समूह थे जो प्रशासन और समाज को उनकी चुनौतियों का समाधान खोजने में मदद करते थे। अथर्ववेद में सभा और समिति को वैदिक भगवान प्रजापति की दो बेटियों के रूप में वर्णित किया गया है। गण और परिषद के साथ मिलकर ये सभाएँ संसाधनों के वितरण में महत्वपूर्ण रही होंगी।

सभा एक विशिष्ट परिषद थी जो मुख्यतः अधिकार प्राप्त व्यक्तियों से बनी थी। आरंभिक वैदिक युग में महिलाएँ भी इसमें शामिल थीं। ऋग्वेद में लगभग आठ बार और अथर्ववेद में सत्रह बार सभा शब्द का उल्लेख हुआ है।

कुछ इतिहासकारों का दावा है कि सभा और समितियाँ आपस में संबंधित हैं और समितियाँ पहले सभाएँ थीं। सभापति या सभा के स्वामी वे सदस्य होते हैं जो वेदों में वर्णित सभा से जुड़े होते थे। सम्माननीय सभेय और सभायोग्यसभा के सदस्यों को सभा-चोरा, सभासद और सब्यास कहा जाता है। सभावती, महिला सदस्य। संरक्षक सभापाल, सभा के रक्षक सभाविन आदि का उल्लेख भी मिलता है।

5.6 सभा और समिति के मुख्य कार्य

यह गणमान्य व्यक्तियों और जाने-माने व्यक्तियों की एक सभा थी जो उद्यमों और नीतियों पर कुछ महत्वपूर्ण निर्णय लेती थी। ऋग्वेद में उल्लेख है कि यह जुआ खेलने, पासा खेलने और संगीत पर नृत्य करने का स्थान था। आपराधिक मामलों में इसके पास न्यायिक अधिकार था। अतीत में, सभा के सदस्य निकाय और उसके सदस्यों की सुरक्षा के लिए भगवान इंदिरा से प्रार्थना करते थे। सभी कबीले और जनजाति के सदस्य एक अन्य महत्वपूर्ण सभा का हिस्सा हुआ करते थे जिसे समिति कहा जाता था। ऋग्वेद में समिति के नौ उदाहरण हैं, जबकि अथर्ववेद में तेरह हैं।

समिति का कार्य

किसी भी राजा की चुनाव पद्धति में समिति का योगदान योगदान होता था। उनका शासन अस्थायी था। समिति किसी भी समय राजा को हटा सकती थी यदि उन्हें लगता था कि वह लोगों पर शासन करने के लिए अयोग्य है। राजनीतिक गतिविधि से ज़्यादातर निपटा जाता है। प्रारंभिक वैदिक युग के दौरान, दोनों समान रूप से महत्वपूर्ण थे; लेकिन, जैसे-जैसे समय बीतता गया, समिति का महत्व बढ़ता गया और सभा का प्रभाव कम होता गया।

प्राचीन भारत में सभा

प्राचीन भारत में, सभा एक अलग इकाई थी जो गाँव का एक घटक थी। कुछ राज्यों में राजा और सभा जुड़े हुए थे। सभा एक ग्रामीण सभा थी जहाँ लोग राजनीतिक और सामाजिक मामलों पर चर्चा करने के लिए एकत्र होते थे। यह एक महत्वपूर्ण राजनीतिक विभाजन था। आम तौर पर कुलीन लोग इसमें शामिल होते थे। इसे राष्ट्रीय निर्णायक निकाय माना जाता था। ऋग्वेद में इस वाक्यांश का संदर्भ मिलता है। हर कार्य सभा के सदस्यों द्वारा पूरा किया जाता था। अंततः, एक सभा ने एक कुलीन और पितृसत्तात्मक चरित्र विकसित किया। अतीत में, महिलाएँ भी सभा में भाग लेती थीं। लेकिन बाद के वैदिक युग में, यह बंद हो गया। ग्राम प्रधान, जिसे ग्रामिनी के नाम से जाना जाता था, समिति के सत्रों में उपस्थित रहता था। पुजारी सभा में उपस्थित रहते थे। लेकिन वैदिक साहित्य में इसके बारे में बहुत कम जानकारी है।

ऋग्वेदिक युग ने सभा की मूल कुल प्रकृति को स्थापित किया गया। गरीब और बेसहारा लोग सभा के सदस्य नहीं हो सकते थे। जिनके पास घोड़े और रथ थे, वे सत्ता में थे। सभा राजा की सलाहकार संस्था थी, और यह उनके निर्णय और मार्गदर्शन पर निर्भर थी। ऋग्वेद के अनुसार सभा

एक जुआ खेलने वाली सभा है। सभा में नृत्य और गीत भी मनोरंजन के साधन थे। इसके अतिरिक्त, यह जादू-टोने और जादू-टोने से भी जुड़ा था। इसमें देहाती मामलों को भी शामिल किया गया था। सभा में धार्मिक गतिविधियों पर भी चर्चा होती थी। ऐसा माना जाता है कि इसके सदस्य सभा को सुरक्षित रखने के लिए भगवान इंद्र का आह्वान करते थे। वे हर बैठक से पहले एक बलिदान देते थे। सभा प्रशासनिक और राजनीतिक कर्तव्यों का भी पालन करती थी। इस बात के प्रमाण मौजूद हैं कि सभा न्यायिक कर्तव्यों का भी पालन करती थी। एक दावा है कि न्यायिक कार्यों को पूरा करने के लिए पूरी सभा नहीं, बल्कि सभा की स्थायी समिति जिम्मेदार है। जातक में सभा के न्यायिक कार्य का भी उल्लेख है, जो दर्शाता है कि यह बाद में अस्तित्व में आई। सभा में शाही उपस्थिति का भी उल्लेख है। इस बात के प्रमाण हैं कि राजा सभा में मौजूद थे। छांदोग्य उपनिषद के अनुसार राजा ने अपनी सभा को बरकरार रखा। राजा सभा की सलाह को अंतिम मानता था। सभा विशेष व्यक्तियों से बनी एक स्थायी संस्था थी।

5.7 वैदिक काल में गैर-राजतंत्रीय या गणतंत्रात्मक शासन प्रणाली, जगदीश पी. शर्मा द्वारा व्याख्या

बौद्ध धर्म के आपातकाल के दौरान वज्जियन संघ के तहत गणतंत्रात्मक शासन प्रणाली-बौद्ध काल।

- वैशाली के लिच्छवी
- मिथिला के विदेह
- कुंडापुरा के नेया
- पावा और कुशीनगर के मल्ल
- कपिलवस्तु के शाक्य
- रामागामा के कोलिग्य

वैदिक भारत में गैर-राजतंत्रीय शासन प्रणाली

1. विस (परिवार के मुखिया) द्वारा चुने गए शासक वाली सरकार
2. सभा की सरकार
3. सभा और समिति की सरकार
4. राजाओं और समिति की सरकार
5. एक राजा वाली सरकार, सभा उसका दरबार, समिति-परिषद

यह गणतंत्रवाद नहीं था। यह कुलीनतंत्रीय, कुलीनतंत्रीय या सबसे अच्छे रूप में सीमित राजतंत्र था।

स्रोत ऋग्वेद

- सभा के 8 सन्दर्भ;
- समिति अथर्ववेद के 9 संदर्भ
- सभा के 17 संदर्भ; समिति के 13 संदर्भ

- सभा और समिति को प्रजापति ब्राह्मणों की दो पुत्रियों के रूप में संदर्भित करें—वैदिक श्रुति कार्य
- ऐतरेय ब्राह्मण, जैमिनीय ब्राह्मण, शतपथ ब्राह्मण।
- उपनिषद—वेदान्तिक दर्शन।
- ब्याह्द्राण्यक उपनिषद्, छान्दोग्य उपनिषद्।
- वैदिक काल की अन्य संहिताएं (भजन और मंत्र)
- वाजसनेय संहिता, कथक संहिता बौद्ध ग्रंथ जैसे
- दीघा निहद्य, महापरिनिर्वाण सुत्त, और बौद्ध कहानियां जातक; जैन ग्रंथ
- प्रसिद्ध इतिहासकारों, विचारकों द्वारा इन ग्रंथों की व्याख्या
- राइस डेविड्स, के.पी. जयसवाल, आर.सी. मजूमदार, आर.एस. शर्मा, जिमर, लुडुरिग, अल्टेकर, टी.पी. शर्मा

5.8 प्राचीन भारत की संस्थाओं का नामकरण

5.8.1 संस्थाओं की संरचना

- **वैदिक लोग:** आर्य, खेती करने वाले, पशुपालन करने वाले और शिकार करने वाले समुदाय
- **गण, संघ, जन:** लोग राजनीतिक समुदाय
- विस
- कई परिवारों से मिलकर बना कुल; समुदाय, जनजाति, जाति, विषय, लोगों को भी दर्शाता है

राजनीतिक समुदाय के परिवारों के मुखियाओं से बना एक निकाय

- **विसपति:** कुल का मुखिया।
- **सभा:** कुलीन कुलीनतंत्र

सबसे अच्छे, सबसे अमीर और सबसे मजबूत लोगों से बना।

- **समिति:** आम लोगों की सभा
- **विधाता:** प्रारंभिक वैदिक काल की सभा जिसका उद्देश्य धर्मनिरपेक्ष, धार्मिक और सैन्य उद्देश्य था।
- सरकार जिसका शासक विस द्वारा चुना जाता था—लोकप्रिय राजतंत्र
- ऋग्वेद से पहले के काल में आर्यों के राजनीतिक संगठन का सबसे पुराना संस्करण
- विस बनाने वाले परिवारों के मुखियाओं द्वारा चुना या चुना गया राजा
- राजत्व गैर-वंशानुगत था, लेकिन आजीवन नियुक्त किया जाता था।
- राजा को हटाया या निर्वासित किया जा सकता था और फिर से बहाल किया जा सकता था।

सबसे अच्छे, सबसे अमीर और सबसे मजबूत लोगों से मिलकर बना। राजा के पास शक्ति, जोश और वीरता थी; वह महान वक्ता था, रथ दौड़ और पासा प्रतियोगिता में विशेषज्ञ था।

- राजा सेनाओं का कमांडर था, लेकिन शायद सर्वोच्च न्यायाधीश नहीं था।
- विस के महत्वपूर्ण लोगों के पास वास्तविक अधिकार था।
- ऐसे राजनीतिक समुदायों की क्षेत्रीय सीमाएँ बदलती रहती थीं।

5.8.2 सभा की सरकार

- एक कुलीन परिषद के रूप में सभा के पास शासन की सर्वोच्च शक्ति थी।
- ऐसा लगता है कि न तो कोई राजा था, न ही कोई समिति।
- सभा का मुखिया, सभापति, समान लोगों में प्रथम था
- ऐसा शासन मॉडल कुलीनतंत्र और अभिजाततंत्र का मिश्रण था।
- **संभावित समयरेखा:** ऋग्वेद के दौरान, जब सभा और समिति दोनों ही अस्तित्व में थे, उससे पहले।
- **नामकरण**

  सभ्य, सभेय, सभाग, सभावन: सभा का सदस्य;

  सभासदः न्यायिक कार्य करने वाला सभा सदस्य;

  सभासदः सभा का एक वरिष्ठ या प्रतिष्ठित सदस्य;

  सभापतिः सभा का अध्यक्ष:

  सभाः मीटिंग हॉल, काउंसिल हॉल, कोर्ट, सभागर

  परिषद भवनः राजनीतिक बैठक, शासन संबंधी निर्णय, न्याय का वितरण, धार्मिक कार्य, मनोरंजन—पासा खेल, नृत्य, संगीत, जादू-टोना, आदि।
- **सभासदों की भूमिका, सभापतिः** युद्ध और शांति का निर्णय लेना, न्याय का संचालन करना, धार्मिक अनुष्ठान करना।
- **सभ्य के लिए गुणः** शक्ति, युद्ध में निपुण, साहस, वीरता, वक्तृत्व, विद्या, धन, 30-35 वर्ष से अधिक आयु के पारिवारिक पुरुष।
- **सभावतीः** सभा में जाने की इच्छुक महिलाएँ।
- **सभा सदस्यों की संख्याः** 100 या 1000 हो सकती है।

5.8.3 सभा और समिति का शासन

- केवल अथर्ववेद में, सभा और समिति का उल्लेख एक ही श्लोक में किया गया है
- इसलिए, सरकार का यह रूप संभवतः सभा द्वारा शासन के बाद प्रकट हुआ होगा।
- सभा द्वारा शासन, एक छोटी लेकिन अधिक शक्तिशाली कुलीन परिषद और समिति, राजनीतिक समुदाय के सभी परिवार के प्रमुखों की बड़ी सभा।
- समिति, शायद ऋग्वेद पूर्व विस से विकसित हुई है
- समिति ने सभा के साथ मिलकर समुदाय पर शासन किया।
- समिति ने सभा की शक्ति पर अंकुश लगाया।

- अंतिम अधिकार संभवतः समिति में निहित था, लेकिन व्यवहार में सभा के पास शासन की वास्तविक शक्ति थी
- अथर्ववेद ने उन्हें (सभा और समिति) प्रजापति की बेटियाँ कहा है।
- कोई राजा नहीं था, जो सरकार के गणतंत्रात्मक रूप को दर्शाता है, तुलनात्मक रूप से अधिक लोकतांत्रिक।
- दोनों के पास महत्वपूर्ण मामलों पर विचार-विमर्श करने की शक्तियाँ थीं।
- कभी-कभी सभा और समिति का संयुक्त सत्र हो सकता है
- यह कुछ मामलों पर दोनों निकायों के बीच असहमति का संकेत हो सकता है।
- सभा के सदस्य समिति की बैठक में भाग ले सकते हैं।
- इन दोनों निकायों में वक्ताओं को बैठकों में भाग लेने वालों का पक्ष जीतने के लिए विनम्र और सुखद होना पड़ता था।
- ऐसा लगता है कि सभा को अधिक शक्ति और प्रतिष्ठा प्राप्त है।
- ऐसे राजनीतिक समुदायों में सभा, समिति और सेना तीन सबसे महत्वपूर्ण संस्थाएँ थीं।
  सेना: सभी सक्षम पुरुष सदस्य।
  समिति: सभी परिवारों के मुखिया।
  सभा: सबसे योग्य, मजबूत, विद्वान, धनी, प्रभावशाली व्यक्ति।

समिति रोमन सीनेट और एथेनियन एक्लेसिया (सार्वजनिक व्यवसाय के संचालन और परिषद द्वारा प्रस्तावित मामलों पर विचार करने के लिए एथेनियन नागरिकों की आवधिक बैठक) की तरह थी।

सभा और समिति

'सभा' और 'समिति' प्रारंभिक वैदिक काल में विधानसभा के दो अलग-अलग सदन थे। समाज के पुराने सदस्य 'सभा' में भाग लेते थे जबकि 'समिति' को आम लोगों की सभा माना जाता था।

तालिका 5.1: सभा और समिति के बीच अंतर

	सभा	**समिति**
स्थिति	कुलीन या कुलीन परिषद	जन सभा
शक्ति	शासन की वास्तविक शक्ति थी	सर्वोच्च औपचारिक अधिकार था लेकिन कम या कोई शासन शक्ति नहीं थी।
सदस्यता	केवल कुछ प्रभावशाली धनी पुरुषों तक सीमित थी	परिवार के सभी मुखिया
आकार	छोटा निकाय	बड़ा निकाय
सामान्य सदस्यता	सभा सदस्य समिति की बैठकों में भाग ले सकते थे	समिति सदस्य सभा की बैठकों में भाग नहीं ले सकते थे।
सदस्य, मुखिया को कहा जाता था	सभ्य सभापति	समिति ईशान
कालक्रम	सभा से पहले दिखाई दिया	बाद में दिखाई दिया
राजा के दरबार में समाप्त हो गई	राजा की परिषद	विद्वान पंडितों की परिषद

5.8.4 राजाओं और समिति की सरकार

राजाओं के नाम से जाने जाने वाले राजाओं या कुलीनों का एक समूह, समितियों के साथ शासन करता है। इन व्यक्तियों को उनके साहस, वक्तृत्व कौशल, धन और बुद्धिमत्ता के कारण पहचाना जाता है। यह संभव है कि कुलीनता विरासत में मिली हो; कुलीनों के बेटे कुलीन बन सकते हैं।

सभा की जगह कुलीनों का समूह अध्यक्षता करता था। संभवतः यह सभा से आकार में छोटा था। इसका मुख्य शासक शासकों के समूह और समिति दोनों का सबसे शक्तिशाली, सम्मानित और भयभीत सदस्य होता था। समिति एक अलग, शक्तिशाली राजनीतिक इकाई थी। समिति ने पूरे कबीले को सौभाग्य प्रदान करने के लिए देवताओं को युद्ध में भेजने का पवित्र कर्तव्य भी निभाया। कुलीनों की परिषद ने कुलीन तत्व का गठन किया, जबकि समिति ने लोकतांत्रिक तत्व का गठन किया। शासकों का प्राथमिक कर्तव्य समुदाय को विदेशी हमले से बचाना और शांति और समृद्धि सुनिश्चित करना है। इस व्यवस्था के तहत, सरकार के पास व्यापक क्षेत्र और बड़ी आबादी पर क्षेत्रीय अधिकार की एक मजबूत भावना हो सकती है। राजशाही बनने पर, समय के साथ, "मुख्य कुलीन" बहुत शक्तिशाली हो गया और अपने साथियों पर हावी हो गया, जिससे समिति एक परिषद के स्तर तक कम हो गई। मुख्य कुलीन या राजा बनना विरासत में मिला। राजा की परिषद ने समिति का स्थान लिया। सभा (प्रारंभिक ऋग्वेदिक में) और सभा भवन (बाद के ऋग्वेदिक में) दोनों को सभा नाम से संदर्भित किया जाता है। प्राचीन भारत में, दो लोगों की सभाएँ थीं: सभा और समिति। वास्तव में उनका वैदिक राज्य के मामलों पर महत्वपूर्ण प्रभाव था। जबकि ऐतरेय ब्राह्मण में समिति का उल्लेख नहीं है, सभा का उल्लेख है। समिति के रूप में जानी जाने वाली एक सभा प्राचीन भारत में राजा का समर्थन करती थी। यह आज के निचले सदन या लोकसभा के बराबर है। समिति का उल्लेख कई ऋग्वेदिक खंडों में किया गया है, लेकिन इसकी सटीक प्रकृति और उद्देश्य को स्पष्ट नहीं किया गया है। जनजाति के सदस्य, जिन्हें विश के नाम से जाना जाता था, इस नियमित सभा में उपस्थित रहते थे। राजा भी समिति में शामिल होता था। राजा का चुनाव समिति के सबसे महत्वपूर्ण कार्यों में से एक था। समिति की प्राथमिक जिम्मेदारी राजा का चुनाव करना थी। समिति की बैठकों में स्थानीय प्रमुख, जिन्हें ग्रामिनी के रूप में जाना जाता था, शामिल होते थे। ऋग्वेद में समिति का उल्लेख है। ऋग्वेदिक युग के अंत होने पर समिति अधिक महत्वपूर्ण हो गई। सभा, समिति से थोड़ी पुरानी थी। समिति पहले एक लोक सभा थी जहाँ लोग व्यापार करने के लिए एकत्र होते थे। कुछ इतिहासकारों का दावा है कि समिति एक सर्व-समावेशी सभा थी जिसमें धनी संरक्षक, ब्राह्मण और सामान्य लोग शामिल होते थे। राजा इसके मुखिया के रूप में कार्य करता था। अर्थशास्त्र की कथा के अनुसार, समिति में महिलाएँ भी मौजूद रहती थीं

समिति द्वारा अनेक गैर-राजनीतिक गतिविधियाँ भी की जाती थीं। उत्तर वैदिक काल में, वे दार्शनिक मुद्दों पर भी बात करते थे। इसके अलावा, धर्म एक कारक था। आम सहमति बनाने के लिए, कभी-कभी प्रार्थनाएँ की जाती थीं। यह तथ्य कि "सभा" और "समिति" के रूप में जानी जाने वाली लोगों की परिषदें अस्तित्व में थीं और सरकार का एक अभिन्न अंग थीं, वैदिक युग की राजनीतिक व्यवस्था के विकास का अतिरिक्त प्रमाण प्रदान करती हैं। ऋग्वेद में कई अंशों में सभा और समिति का उल्लेख है।

यह अनुमान लगाया जा सकता है कि समिति राजा की अध्यक्षता वाली एक बड़ी परिषद थी जहाँ जनता राजनीतिक मुद्दों पर चर्चा करती थी, जिसमें प्रशासनिक, राजनीतिक और अन्य उद्देश्यों के

लिए ब्राह्मण और धनी वर्ग जैसे कुछ विशेष या चुने हुए व्यक्ति शामिल होते थे। एक बार मनोरंजन के लिए इकट्ठा हुए।

सभा का अर्थ "लोगों का एकत्रित समुदाय" और "बैठक स्थल" दोनों प्रतीत होता है, इसकी सदस्यता सीमित थी, और ऋग्वेद में पाए गए विवरणों के आधार पर इसमें राजनीतिक शक्ति थी। इतिहासकारों ने सभा और समिति के बारे में अलग-अलग दृष्टिकोण प्रस्तुत किए हैं। बातचीत के अलावा, अन्य गतिविधियाँ भी की जाती थीं; फिर भी, समिति एक ऐसी संस्था का प्रतिनिधित्व करती है, जिसके सदस्यों की संख्या अधिक है, जहाँ राजनीतिक निर्णय लिए जाते थे। चाहे जो भी मामला हो, यह स्पष्ट है कि इन दोनों संस्थाओं के पास पर्याप्त अधिकार थे, जो राजा की शक्ति पर अंकुश लगाने का काम करते थे। राजा को समिति (समिति) और संसद (सभा) के साथ मैत्रीपूर्ण संबंध बनाए रखने की आवश्यकता थी।

उत्तर वैदिक साहित्य से प्राप्त जानकारी के अनुसार, सभा और समिति का उपयोग सामाजिक संपर्क, राजनीतिक बहस, गंभीर बहस और जुए के लिए मंच के रूप में भी किया जाता था। "सभ्य" जय सभा सत्रों के दौरान इस्तेमाल की जाने वाली यज्ञ अग्नि का नाम था। मैत्रायणी संहिता के अनुसार, सभा में उपस्थित महिलाएँ शामिल नहीं थीं। उसी संहिता में "सभा" शब्द का प्रयोग दरबार को संदर्भित करने के लिए किया गया है, और यजुर्वाद के साहित्य में ग्राम्य-वादियों का भी उल्लेख है। इस तथ्य से यह भी स्पष्ट है कि सभा एक कार्यशील संगठन था, जिसकी एक अलग आचार संहिता थी, साथ ही निगरानी और निष्पादन के लिए इसके अधिकारियों और सदस्यों का एक परिभाषित भौगोलिक वितरण भी था। इससे पता चलता है कि विधानसभा ने अपने राजनीतिक कर्तव्यों के अलावा अपने विधायी कर्तव्यों को भी पूरा किया।

गहन जांच करने के बाद, वी.एम. आप्टे ने निष्कर्ष निकाला कि "हर प्रकार की नीति पर विचार-विमर्श, निर्णय लेना और कानून बनाना समिति के मुख्य कार्य थे, जो एक बड़ी संस्था थी, जबकि न्यायिक कार्य मुख्य रूप से विधानसभा के अधिकार क्षेत्र में आते थे, हालांकि इसे सभी राजनीतिक मामलों पर विचार-विमर्श करने का भी अधिकार था।" यह इस तथ्य के बावजूद है कि वर्तमान में उपलब्ध साक्ष्यों के आधार पर सदन और समिति के कार्यों के बीच अंतर के बारे में कोई निष्कर्ष निकालना मुश्किल है।

मनुस्मृति में कहा गया है: "सभा वह क्षेत्र है जहाँ विद्वान ब्राह्मण राजा से अनुमति प्राप्त करने के बाद बैठते हैं जो तीनों वेदों के बारे में जानते हैं। सभा के सदस्यों को झूठ बोलने से बचना चाहिए और अन्याय के खिलाफ धर्म की रक्षा करनी चाहिए।

एरियोपैगस का उपयोग यूनानियों द्वारा, क्यूरिया का उपयोग रोमनों द्वारा और विटानागेमोट का उपयोग एंग्लो-सैक्सन द्वारा किया जाता था। भारत में सभा और समिति के नाम से इसी तरह के आर्य संगठन मौजूद थे। सभा को अक्सर परिषद या जनता के रूप में संदर्भित किया जाता है। वैदिक युग के दौरान, सभा समिति और जनता शब्द आम थे।

बृहस्पति, भृगु और नारद के लेखन में कई छोटी और बड़ी सभाओं का उल्लेख किया गया है। इनमें चल और अचल सभाएँ, ग्रामीण और शहरी सभाएँ, चार्टर सभाएँ शामिल हैं, "ऐसा लगता है कि राज्य की मुख्य सभा के अलावा, कुछ छोटी या माध्यमिक सभाएँ थीं जो बनाई गई थीं, इन विवरणों के आधार पर निष्कर्ष निकालता है, जाति और पेशेवर सभाएँ, और राजा की अध्यक्षता

वाली सुव्यवस्थित सभाएँ। अपने सामाजिक और राजनीतिक मुद्दों को संबोधित करने के लिए, प्रत्येक वर्ग ने काम किया। सभी सवालों पर, ऐसा प्रतीत होता है कि प्रधान सभा का अंतिम निर्णय था।

सभा की सदस्यता को कई तरीकों से भी संदर्भित किया जाता है। सभा के अन्य चिंता के क्षेत्रों में संघर्ष, शांति, भूमि विवाद, ऋण वसूली, खेल में धोखाधड़ी, विरासत, महिलाओं का अपहरण, लोगों और जानवरों की सुरक्षा और संरक्षण, और युद्ध शामिल हैं। चोरी, हमला, हत्या और अन्य अपराधों के माध्यम से प्राप्त जानकारी का वितरण उल्लेखनीय है।

5.9 अभ्यास के लिए मॉडल प्रश्न

- प्राचीन भारत में सभा और समिति की अवधारणा को संक्षेप में समझाएँ।
- प्राचीन भारत में सभा और समिति के बीच संबंधों की व्याख्या करें।
- प्राचीन भारत में सभा और समिति की तुलना और अंतर बताएँ।
- प्राचीन भारत में सभा और समिति की भूमिका क्या थी?

REFERENCES

H.C. Raychaudhuri, Political History of Ancient India, Calcutta, 7th edn. 155–156. [PubMed] 41. R. Pischel and K.F. Geldner, Vedic Studies, Stuttgart, 1889–1901.

History of Ideas, Chapter: Political Institution of Vedic age, Sabha, Samiti and Vidatha, October 2019, Sahitya Bhavan Publication and Distribution Agra, U.P., India.

Jagadish P. Sharma, "Non-Monarchical Governments in Vedic India", *Republics in Ancient India*, Brill, Leiden, 1968, p. 34.

Janki Nath Bhat, Ancient Indian Democracies civilization, Vol. 4.1 (1954), pp. 51–59, Available at://www.jstore.org/stable/41377595.

Political Structure in the Early Vedic Period, Available at:https://unacademy.com/content/bpsc/study-material/history/political-structure-in-the-early-vedic-period/

Political Structure in the early vedic period, Rajan, Sabha and Samiti, Vidatha.

अध्याय 6

राष्ट्र और राज्य

राजा, मंत्री, देश, दुर्ग, नगर, राजकोष, सेना और मित्र ये सभी (राज्य के) अभिन्न अंग हैं।

—कौटिल्य का अर्थशास्त्र, VI.1.1

संस्कृत में कई शब्द हैं जिनका अनुवाद राज्य के रूप में किया जाता है, जिनमें से मुख्य शब्द राष्ट्र और राज्य हैं। कौटिल्य का अर्थशास्त्र राज्य को एक राजनीतिक इकाई के रूप मे परिभाषित करने वाला सबसे पहला ग्रंथ है जिसका नेतृत्व राजा करता है और जिसमें सात तत्व होते हैं जिन्हें सप्तांग राज्य के रूप में जाना जाता है। राज्य के ये सात तत्व हैं: (क) स्वामी (राज्य का मुखिया, वास्तव में राजा या राजशाही राज्य का मुखिया), (ख) अमात्य (कार्यकर्ता), (ग) जनपद (आबादी वाला क्षेत्र), (घ) दुर्ग (किलेबंद शहरी केंद्र, आमतौर पर राज्य की राजधानी), (ङ) कोष (खजाना), (च) बल (सेना, यदि स्थायी सेना नहीं है) और (छ) मित्र (सहयोगी)।

राज्य शब्द को कौटिल्य के अर्थशास्त्र में पहली बार व्यवस्थित परिभाषा मिली, हालाँकि, इस शब्द के पूर्ववर्ती पुराने वैदिक साहित्य में भी मिलते हैं। राजा शब्द रंज धातु से बना है, जिसका अर्थ है नेतृत्व करने वाला या चमकने वाला। विद्वानों का सुझाव है कि ऋग्वेद के विवरण के अनुसार, राजा को कुल या जनजाति का नेता मानना अधिक उचित है। ऋग्वेदिक समाज पशुपालक था, इसलिए संपत्ति का स्वामित्व मवेशियों से जुड़ा था, न कि ज़मीन से; इसलिए राजा को दिए जाने वाले विशेषण गोपति (मवेशियों का स्वामी) या विशपति (जनजाति/कुल का स्वामी/नेता/मुखिया) जैसे शब्द थे, जबकि बाद के वैदिक राजा को भूपति (मिट्टी/पृथ्वी का स्वामी), नृपति (मनुष्यों का स्वामी), अधिपति (अधिपति) कहा जाता था। उत्तर वैदिक काल में राजाओं की स्थिति और भी अधिक बढ़ गई और शक्तिशाली हो गई, जब कुलों ने निर्दिष्ट क्षेत्रों में स्थायी निवासियों के रूप में बसना शुरू कर दिया। ऋग्वेदिक विशपति (कुल का नेता) बाद में विशमत्ता (विश या कुल का भक्षक) बन गया, जो राजा की कुल को अधीन करने की शक्ति को दर्शाता है।

राज्य की एक ऐसी व्यवस्था है जो किसी भी समुदाय की भू-सीमा और संविधान को निर्दिष्ट करती है, उन्हें पहचान और शिक्षा के सूत्र में पिरोती है, उनके आंतरिक मामलों को नियंत्रित किया जाता है और अन्य राज्यों के साथ यथायोग्य व्यवहार सुनिश्चित किया जाता है। राज्य ऐसी वस्तुओं और प्रयोगशालाओं से बना है जो समुदाय के विभिन्न आयामों और गरीबों का समूह बनाते हैं,

विभिन्न सामाजिक वस्तुओं का सुनिश्चित सिद्धांतों के अनुसार वितरण करते हैं। अपने मूल कार्यान्वयन के दृष्टिकोण से राज्य किसी भी समाज के स्वयं को नियंत्रित करने के तरीके को उपजाता है जिससे यह सुनिश्चित हो जाता है कि कोई और उसे नियंत्रित नहीं कर पाएगा। राज्य शक्ति के उद्देश्य पर एकाधिकार का दावा है। यह उस केंद्रीय सत्ता का प्रतीक है जो कुछ लोगों को अन्य सभी कार्यों को आवंटित और नियंत्रित करने का अधिकार देता है।

प्राचीन भारत में राजा की मानवी उत्पत्ति या विकास के साथ-साथ देवताओं की परिकल्पना भी प्राप्त होती है। उनके कार्य की तुलना दैवीय कार्य या जगत के कार्य से की गई है। भारत में राजा के देवत्व संबंधी वैचारिक सिद्धांत का औचित्य राजा, राज्य या शासन की अनिवार्यता की स्थापना और सत्य के प्रति आदर की भावना को प्रोत्साहन देने वाले साधन के रूप में स्थापित किया गया है, लेकिन राजा ने हमेशा धर्म और विधि (दंड) का पालन किया है और अधर्मी राजा के विरोध में हमेशा न्यायप्रियता की स्थापना की गई है। राज्य में अब साझी जीवन का पर्याय इसलिए बन गया है क्योंकि 'सार्वजनिक मूल्यों और व्यवहारों के एक समूह के प्रतिनिधि के रूप में 'राज्यत्व और व्यवहार के एक समूह का प्रतिनिधित्व भी किया जाता है, जिसमें हम संक्षेप में नागरिकता, सभ्यता और सभ्यता का नाम देते हैं।' आधुनिक राज्य केवल शक्ति का प्रयोग नहीं करता है।

रणवीर चक्रवर्ती के अनुसार, "उत्तर वैदिक ग्रंथों में स्पष्ट रूप से शासक और विश के बीच विरोध देखा गया है, जो काफी हद तक अधीनस्थ था। क्षत्रिय और विश के बीच परस्पर विरोधी स्थिति भी इस कथन में स्पष्ट रूप से दिखाई देती है कि शासक हिरण था जबकि विश की तुलना जौ से की गई थी; एक बार फिर भक्षक और भक्षक का विरोधाभास स्पष्ट है। शासक की उच्च स्थिति इस धारणा से भी स्पष्ट है कि यज्ञ करने से शासक इंद्र, अग्नि, वरुण और सोम बन गए। इसलिए, जैसा कि स्पेलमैन सुझाते हैं, बाद के वैदिक शासक को 'कभी-कभार देवत्व' प्रदान किया जाता था।" हालांकि, बाद के वैदिक ग्रंथों का राजा अपने ऋग्वेदिक समकक्ष की तरह, युद्ध में नेता होता है। लेकिन वह बस्तियों और लोगों, विशेषकर ब्राह्मणों का रक्षक भी होता है। शतपथ और ऐतरेय ब्राह्मण 10 पीढ़ियों के राज्य (दश-पुरुषम राज्यम) का उल्लेख करते हैं। राजा के चुनाव के कुछ संदर्भ हैं (उदाहरण के लिए, अथर्ववेद 1.9; 3.4), लेकिन ये संभवतः वंशानुगत उत्तराधिकार की पुष्टि के बराबर थे। सृंजय द्वारा अपने राजा दुष्टारितु पौमसायन को राज्य से निष्कासित करने का एक दिलचस्प संदर्भ है, जबकि उनकी 10 पीढ़ियों का शाही वंश था। निस्संदेह यह नियम का अपवाद था। बाद के वैदिक अनुष्ठानों ने राजा की अपने सगे-संबंधियों और अपनी प्रजा दोनों पर सर्वोच्चता को बढ़ाया। साम्राज्य और सम्राट जैसे शब्द कुछ राजाओं की शाही आकांक्षाओं और महत्वाकांक्षाओं को दर्शाते हैं। इसलिए राज्य का प्रारंभिक काल उत्तर वैदिक काल (1000–600 ईसा पूर्व) में देखा जा सकता है। राजनीतिक इकाई की प्रकृति ईसा पूर्व छठी शताब्दी के आसपास बदलनी शुरू हुई, जिसके कारण विभिन्न प्रकार की राजनीतिक व्यवस्थाएँ उभरीं, जिनमें राज्य के रूप में पहचानी जाने वाली प्रारंभिक राजशाही संरचना शामिल थी, जबकि गण या संघ के रूप में जाने जाने वाले कुलीन राज्य और आदिवासी रियासतें भी बनीं। उपिंदर सिंह के अनुसार, "जबकि कुछ समुदायों ने अपने आदिवासी चरित्र को बनाए रखा, अन्य राज्य की ओर संक्रमण कर रहे थे। जनजातियों के एकीकरण के माध्यम से बड़ी राजनीतिक इकाइयाँ बनाई गई। पुरु और भरत ने मिलकर शक्तिशाली कुरु का निर्माण किया, तुर्वश और कृवि ने पंचाल का गठन किया, और कुरु और पंचाल सहयोगी या संघी प्रतीत होते हैं।" राष्ट्र एक पुराना

शब्द है जिसका वैदिक साहित्य में अक्सर उपयोग किया जाता है। राष्ट्र की उत्पत्ति विशेष रूप से महत्वपूर्ण है क्योंकि इसका उल्लेख वैदिक आख्यानों में बहुत ही स्पष्ट रूप से किया गया है। अक्सर उल्लेख किया जाता है कि वैदिक ऋषियों द्वारा की गई घोर तपस्या के बाद बलिदान द्वारा राष्ट्र का निर्माण किया गया था। राष्ट्र के रूप में जो प्रदान किया गया था, उसमें निम्नलिखित विशेषताएँ थीं:

- राष्ट्र ने पुरोहितों को जागृत किया था जो राजा का राज्याभिषेक करने और उसके सलाहकार के रूप में कार्य करने के लिए भी जिम्मेदार थे।
- राष्ट्र का समाज संगठित, सुदृढ़ रूप से प्रशासित और आध्यात्मिक रूप से जागृत था
- समाज की ऐतिहासिक और सांस्कृतिक चेतना और ज्ञान राष्ट्र का एक पहलू है
- राष्ट्र की भूमि को माता के रूप में माना जाता है और उसका आह्वान किया जाता है।

कौटिल्य के अर्थशास्त्र के अनुसार, राजस्व संग्रह के सात प्रमुखों में से एक राष्ट्र है। (i) दुर्ग (किलेबंद शहरी केंद्र), (ii) राष्ट्र (कृषि भूमि), (iii) खानी (खान और खनिज), (iv) सेतु (सिंचाई परियोजनाएँ), (v) वन (जंगल), (vi) व्रज (चारागाह भूमि) और (vii) वणिक-पथ (व्यापार मार्ग)। राष्ट्र और राष्ट्रवाद की अवधारणा के विकास की प्रक्रिया अलग-अलग देशों और समयों में अलग-अलग तरीकों से व्यक्त होती है। राष्ट्र और राष्ट्रवाद का स्वरूप दुनिया के सभी समाजों में मूलतः एक जैसा नहीं हो सकता। सामाजिक एकता की भावना की यह धारा अलग-अलग समाजों में अलग-अलग तरह से बहती है। जातीय समाज में जातीय एकता की भावना ही राष्ट्र का सार है। धार्मिक समाज में आध्यात्मिकता राष्ट्र के मूल स्वरूप में व्यक्त होती है। धर्मनिरपेक्ष समाज में "सर्वधर्म समभाव" राष्ट्र का प्रतिनिधित्व करता है। लेकिन राष्ट्र की सामाजिक एकता के मूल में प्रत्येक समाज का अपना विशिष्ट सामाजिक एवं सांस्कृतिक दर्शन होता है, जो विविध सामाजिक वर्गों को एक सूत्र में जोड़ने का काम करता है। किसी राष्ट्र की एकता, शक्ति एवं विचारधारा की वैधता इस बात पर निर्भर करती है कि वह किसी ऐतिहासिक संदर्भ में किसी प्रमुख वैश्विक विचारधारा से अपनी स्वायत्तता बनाए रखने में किस हद तक सफल होता है।

मोनियर विलियम्स ने संस्कृत-अंग्रेजी शब्दकोष में राष्ट्र शब्द के कई अर्थ दिए हैं- साम्राज्य, देश, राष्ट्र आदि। उपरोक्त तथ्यों से स्पष्ट है कि शब्द का प्रयोग शब्दावली ग्रंथों में व्यापक अर्थ में किया जाता है।

वेद में 'राष्ट्र' शब्द का प्रयोग कई बार हुआ है जो राज्य, साम्राज्य, देश, प्रजा आदि का वाचक है। इन सन्दर्भों से वेद में राष्ट्रीय भावना और राष्ट्र की परिकल्पना का चित्र उभरता है। वैदिक ऋषि अपनी राष्ट्रभूमि के प्रति आस्थावान हैं। उनके लिए राष्ट्रभूमि ही सर्वस्व है। अथर्ववेदीय भूमिसूक्त में उन्हें सुखदायिनी, अभयप्रदा, आनंदप्रदायिनी, कल्याणकारिणी माता कहा गया है।

आज "राष्ट्र" शब्द को सामान्यतः अंग्रेजी शब्द "नेशन" का रूपान्तरण माना जाता है तथा "नेशनलिटी" शब्द को अंग्रेजी शब्द "नेशनलिटी" का रूपान्तरण माना जाता है। भाषाविदों का मानना है कि यह शब्द मूलतः लैटिन शब्द नैटस से विकसित हुआ है, जिसका अर्थ है 'एक जाति का जन्म जिसमें जाति समानता पाई जाती है।' प्राचीन संस्कृत साहित्य में "राष्ट्र" शब्द के प्रयोग के संदर्भ में "राष्ट्र" की परिभाषा। भारतीय सभ्यता बहुत प्राचीन रही है। भारतीय संस्कृति जिस भाषा (संस्कृत) में विकसित हुई, वह दुनिया की सबसे प्राचीन भाषा मानी जाती है। भारत में राष्ट्र और राष्ट्रवाद की

अवधारणा कोई नई बात नहीं है। राष्ट्रवाद की अवधारणा का उल्लेख प्राचीनतम भारतीय ग्रंथों में मिलता है।

भूमि, भूमि पर रहने वाले लोग और लोगों की संस्कृति के मेल से राष्ट्र का स्वरूप बनता है। भूमि यानी भौगोलिक एकता, लोग यानी जनसंख्या की राजनीतिक एकता, लोगों की संस्कृति यानी सांस्कृतिक एकता—तीनों के मेल का नाम राष्ट्र है। भौगोलिक, राजनीतिक और सांस्कृतिक इकाइयां मिलकर राष्ट्र का स्वरूप बनती हैं। **—सुधींद्र**

राष्ट्र के स्वरूप में मुख्य रूप से भौगोलिक, राजनीतिक और सांस्कृतिक इकाइयां शामिल होती हैं। इन तीनों तत्वों के संकुचन और विस्तार के अनुसार राष्ट्र का स्वरूप भी क्रमशः सिकुड़ता और फैलता रहता है। लेकिन मुख्य रूप से राष्ट्र इन तीनों तत्वों—पृथ्वी, उस पर रहने वाले लोग और उसकी संस्कृति के मिलन से बनता है। राष्ट्र केवल धरती, मिट्टी, पहाड़, नदियाँ आदि नहीं है। इनकी शक्ति तभी सार्थक है जब उसमें जनता निवास करती है और जनता की शक्ति तभी सार्थक है जब उसमें संस्कृति विद्यमान हो और उसका विकास हो। संक्षेप में यह कहा जा सकता है कि राष्ट्र लोगों का एक समुदाय है जो एक निश्चित भूभाग पर निवास करते हैं, उनकी अपनी सभ्यता और संस्कृति होती है तथा वे प्रेम और एकता के बंधन से बंधे होते हैं।

राष्ट्र केवल सीमाओं और जनसंख्या के समूह का नाम नहीं है, इसमें परिस्थितियों की एक विशिष्ट आकस्मिकता और एक विशिष्ट इतिहास भी होता है। राष्ट्र एक व्यक्ति की तरह होता है। **—नंद दुलारे वाजपेयी**

भूमि, भूमि पर रहने वाले लोगों और लोगों की संस्कृति के मेल से राष्ट्र का स्वरूप बनता है। **—वासुदेवशरण अग्रवाल**

राष्ट्र को कुछ विशेष तत्वों पर बल देकर अपने-अपने तरीके से परिभाषित करने का प्रयास किया है।

6.1 राष्ट्र की प्रकृति

उपर्युक्त परिभाषाओं में क्षेत्र, जाति, भाषा, धर्म, संस्कृति, इतिहास, सभ्यता, आध्यात्मिक भावना आदि की एकता या समानता को राष्ट्र का स्वरूप बनाने वाले तत्वों में गिना गया है। निश्चय ही इनमें से कुछ तत्व ऐसे हैं जो

1. *एकजुट होते हैं, किसी विशेष भूभाग में निवास करते हैं तथा सुशासन द्वारा शासित होते हैं, तथा राष्ट्र के नियंत्रण में आते हैं।* **—ऑक्सफोर्ड इंग्लिश डिक्शनरी।**
2. *राष्ट्र जातीय एकता के सूत्र से बंधे हुए वे लोग हैं जो एक अखंड भौगोलिक क्षेत्र में निवास करते हैं।* **—बर्गेस**
3. *'राष्ट्र' विभिन्न व्यवसायों और सामाजिक स्तरों के लोगों का एक समुदाय है, जो राज्य-संबंधी सूत्र से इतर, पारंपरिक मूल्यों और समान भावनाओं वाले समाज में रहते हैं, और जिनका प्रत्येक सदस्य भाषा और रीति-रिवाजों के आधार पर समाज के अन्य सदस्यों के*

साथ अपनी एकता और विदेशियों से अलगाव का अनुभव करता है।

—जर्मन विद्वान ब्लंटशली

4. *लोगों या जातियों का वह संगठन, जो परंपरागत समाज, भाषा, इतिहास या विभिन्न राजनीतिक भाषाओं द्वारा लक्षित होता है, राष्ट्र कहलाता है।* **—फाउलर**
5. *राष्ट्र ऐसे लोगों का समुदाय है जो एक निश्चित क्षेत्र में रहते हैं और एक ही भूमि पर रहने के कारण उनमें परस्पर प्रेम होता है।* **— बार्कर**
6. राष्ट्र सांस्कृतिक समानता का एक सामाजिक समूह है जो अपने मानसिक जीवन और अभिव्यक्ति की एकता के बारे में पूरी तरह से सचेत और दृढ़ है। **—जे.डब्ल्यू. गार्नर**
7. *राष्ट्र जनसंख्या में मौजूद एकता की उस विशेष भावना का नाम है।*

भारत के सबसे प्राचीन साहित्य वेदों से "राष्ट्र" शब्द का प्रयोग दिखाई देता है। ऋग्वेद संहिता 21 और यजुर्वेद में उल्लेखों से ज्ञात होता है कि क्षत्रियों द्वारा शासित भूमि को राष्ट्र कहा जाता था।

यजुर्वेद के दसवें अध्याय में "राष्ट्र" शब्द का प्रयोग कई बार हुआ है। 'तुम बल बढ़ाने वाले हो और राष्ट्र को देने वाले हो, उसे राष्ट्र दो' तथा 'तुम राष्ट्र को देने वाले हो, मुझे राष्ट्र दो'। यजुर्वेद के एक अन्य मंत्र में राष्ट्र में सभी प्रकार के लोगों की ही नहीं, बल्कि जीव-जंतुओं और वनस्पतियों की भी समृद्धि की कामना व्यक्त की गई है, जिससे राष्ट्र का व्यापक आभास मिलता है। अथर्ववेद के प्रसिद्ध भूमिसूक्त में भूमि से प्रार्थना है कि वह हमारे महान राष्ट्र में वैभव और शक्ति स्थापित करे। स्पष्ट है कि इन प्रार्थनाओं में राष्ट्र से उस "भू-भाग" की अपेक्षा की गई है, जिसकी व्यवस्था एक सूत्र में बंधी हुई है। राष्ट्र की उन्नति और सुरक्षा के लिए राजा को क्या करना चाहिए, इसका यहां प्रतीकात्मक रूप से स्पष्टीकरण किया गगा है। वैदिक ग्रंथों में राष्ट्र शब्द पर आधारित कई अन्य शब्द मिलते हैं जैसे राष्ट्रकाम, अभिराष्ट्र, राष्ट्रभृत, राष्ट्रद, राष्ट्रीय आदि। निरुक्त में यास्क ने राष्ट्र शब्द का प्रयोग करते हुए विभिन्न मनुष्यों के स्थान और उपभोग की एकता को राष्ट्र के लिए आवश्यक बताया है। मनुस्मृति में राष्ट्र शब्द का प्रयोग हुआ है जिसका तात्पर्य किसी शासन राज्य के भूभाग से है जिसकी सुरक्षा व्यवस्था राजा के नियंत्रण में होती है। राष्ट्र विषयक चिंतन किसी बाह्य चिंतन के फलस्वरूप नहीं आया बल्कि राष्ट्र और राष्ट्रीयता के चिंतन की परंपरा की नींव वैदिक ऋषियों ने ही रखी थी। वैदिक ऋषियों ने न केवल नींव रखी बल्कि विभिन्न स्मृतियों ने भी इस चिंतन परंपरा को विस्तार से हमारे सामने प्रस्तुत किया जो सभ्यता के विकास के साथ मानव समुदाय की उन्नति का कारण बनी। राष्ट्र और राष्ट्रीयता पर विमर्श जो वैदिक साहित्य में बीज रूप में विद्यमान था

"राष्ट्र" शब्द संस्कृत साहित्य में पनपा और हिंदी साहित्य के माध्यम से आम लोगों के मन का विषय बन गया और अपनी जातीय, भाषाई और धार्मिक विविधताओं के बावजूद भारत एक अखंड राष्ट्र बन गया।

वैदिक साहित्य में राज्य, जनपद, पुर, साम्राज्य, भौज्य, स्वराज्य, वैराज्य, परमेष्ठ्य, महाराज्य और राष्ट्र सहित कई शब्दावली का इस्तेमाल राज्य को नामित करने के लिए किया गया था। बौद्ध राजनीतिक सिद्धांतों ने राज्यों को विजित (अधीन क्षेत्र), राज (राज्य), या रत्थ (देश) के रूप में दर्शाया।

राष्ट्र, मोटे तौर पर लोगों, पवित्र क्षेत्र, एक क्षेत्र, प्रभुत्व या अधिकार क्षेत्र को दर्शाता है जो सामान्य चेतना और धर्म से बंधा होता है। जबकि राष्ट्र आम तौर पर लोगों के बड़े समूहों को दर्शाता

है जो किसी विशेष देश या क्षेत्र में रहने वाले वंश (जातीयता), भाषा, धर्म, संस्कृति और ऐतिहासिक पहचान जैसे सामान्य बंधनों का दावा करते हैं। ऋग्वेद में राष्ट्र शब्द 10 बार आता है, जबकि राज्य केवल एक बार आता है।

राष्ट्र केवल एक राजनीतिक इकाई नहीं है। यह अपनी भौतिक विशेषताओं से परे है। एक राष्ट्र बहुलवाद का सम्मान करता है और 'वसुधैव कुटुम्बकम' के मंत्र के साथ पूरे विश्व को एक परिवार मानता है।

भारतीय सभ्यता का राष्ट्र एक माँ और भगवान का व्यक्तित्व है। अथर्ववेद घोषणा करता है: 'माता भूमिपुत्रोहमपृथ्व्याः', जिसका अर्थ है कि यह पृथ्वी मेरी माँ है और मैं उसका पुत्र हूँ। "मैं राष्ट्र का द्रष्टा हूँ," ऋग्वेद घोषणा करता है, "देवताओं का उपकारक, और पूज्यों में प्रथम हूँ।" राष्ट्र आध्यात्मिक चेतना थी और इस तरह यह सांसारिक (नियमित) बौद्धिक जांच के दायरे से परे थी। राष्ट्रवाद मन, शरीर और आत्मा की स्वतंत्रता के साथ-साथ आत्म-साक्षात्कार के मूल सिद्धांत के रूप में धर्म था। इसमें एक दिव्य शक्ति थी जो दूसरों को चोट पहुँचाने या अधीन करने का प्रयास नहीं करती थी। अथर्ववेद के पृथ्वी सूक्त में एक प्रार्थना मंत्र है जो कहता है - "हे धरती माता, उन लोगों को नष्ट कर दो जो शस्त्र (हथियार) और/या शास्त्र (ज्ञान) द्वारा मेरे राष्ट्र को वश में करना चाहते हैं।" विभिन्न भाषाई और क्षेत्रीय संस्कृतियों में, राष्ट्र का प्रतिनिधित्व अलग-अलग शब्दों ने किया; बांग्ला में—'जाति', असमिया और उड़िया में यह शब्द 'देश' है; कन्नड़ में, 'देशम'; तमिल में, 'देसम', और मराठी और गुजराती में 'राष्ट्र'। वैदिक साहित्य में राज्य को नामित करने के लिए राज्य, जनपद, पुर, साम्राज्य, भौज्य, स्वराज्य, वैराज्य, परमेष्ठ्य, महाराज्य और राष्ट्र शब्दों का इस्तेमाल किया गया था। बौद्ध राजनीतिक विचार में रथ (देश), राज (राज्य), या विजिता (आधीन क्षेत्र) राज्यों का प्रतिनिधित्व करते थे। राज्य की स्थापना का उद्देश्य "मत्स्य न्याय" को रोकना, कानून और व्यवस्था बनाए रखना और न्याय प्रदान करना था। धर्म के तहत एकजुट राज्य शक्ति, राज्य को एक साथ बांधने वाले सर्वोच्च शासक, को "दंड" शब्द द्वारा दर्शाया गया था। राज्य की जैविक धारणा: राजा, मंत्री, सेना, क्षेत्र, किला, खजाना, मित्र राष्ट्र राज्य के सात अंग हैं (अर्थशास्त्र, मनुस्मृति, महाभारत)। राज्य/राज्य के महत्वपूर्ण घटक: निश्चित क्षेत्र, संप्रभुता, राजा/सरकार, तथा अंतरराज्यीय संबंध स्थापित करने की क्षमता। राज्य के प्रकारों में राज्य, कुलीनतंत्र, अभिजाततंत्र और गणराज्य शामिल हैं।

बौद्ध काल में, यह एक भारतीय तथ्य प्रतीत होता है कि बौद्ध साहित्य में इस बात के प्रमाण मिलते हैं कि शाक्य साम्राज्य के छोटे शहरों और गांवों में भी पंचायतें थीं, जिनमें संभवतः सभी वर्गों के लोगों को प्रवेश और शासन करने का अधिकार प्राप्त था। बुद्ध के समय के साहित्य में अक्सर शासन की एक गणतंत्र प्रणाली का उल्लेख मिलता है जिसमें कोई वंशानुगत शासक नहीं था, राज्य की शक्ति सार्वजनिक सभा में निहित थी, जिनमें से प्रत्येक अपने आप को राजा कहता था। बौद्ध धार्मिक ग्रंथ मज्जिम निकाय में, वज्जि और मल्ल का उल्लेख गण या संघ के रूप में किया गया है जिनका शासन किसी एक संप्रभु के हाथ में नहीं बल्कि एक निगमित संघ के हाथ में था। इसी प्रकार महावस्तु में 84 हजार लिच्छवि 'राजाओं' का उल्लेख है जो वैशाली में रहते थे। राजा का अर्थ यहां शासक नहीं लिया जा सकता, लेकिन अर्थ इतना अवश्य स्पष्ट है कि वे सभी स्वतंत्र और शक्तिशाली थे तथा मिलकर उन्होंने एक संप्रभु संघ बनाया था।

6.2 भारतीय राज्य की उत्पत्ति और विकास

भारतीय राज्यों की उत्पत्ति और विकास एक महत्वपूर्ण विषय है, विशेष रूप से भारतीय राजनीतिक इतिहास और संविधान से जुड़ा हुआ। नीचे इसका संक्षिप्त विवरण दिया गया है:

- प्राचीन भारत में राज्य की अवधारणा 'राज्य' और 'राजा' से जुड़ी थी।
- ऋग्वेद में 'राज्य' की शुरुआती झलक मिलती है, जहाँ जन, राष्ट्र और राजा जैसे शब्दों का उल्लेख है।
- महाजनपद काल (छठी शताब्दी ई.पू.) में 16 महाजनपदों का विकास हुआ, जो राज्य की उन्नत संकल्पना को दर्शाता है।
- मौर्य काल (चंद्रगुप्त मौर्य से शुरू होकर अशोक तक) में एक केंद्रीकृत शक्तिशाली राज्य की स्थापना हुई।
- 'अर्थशास्त्र' (कौटिल्य द्वारा रचित) में राज्य के प्रशासन, कानून और नीति का विवरण मिलता है।
- गुप्तकाल में प्रशासन अधिक विकेन्द्रीकृत था।
- दिल्ली सल्तनत और मुगल साम्राज्य ने एक केंद्रीकृत प्रशासनिक राज्य को मजबूत किया।
- राजपूत, मराठा, और अन्य स्थानीय शासनों ने क्षेत्रीय राज्यों की अवधारणा को आगे बढ़ाया।
- ब्रिटिश शासन में भारत को कई प्रांतीय इकाइयों में विभाजित किया गया।
- 1935 का भारत सरकार अधिनियम राज्य के आधुनिक रूप की नींव रखता है, जिसमें प्रांतों को सीमित स्वायत्तता दी गई थी।
- 1947 में स्वतंत्रता प्राप्ति के समय भारत में 562 देसी रियासतें थीं।
- सरदार वल्लभभाई पटेल के नेतृत्व में इन रियासतों का एकीकरण हुआ।
- 1956 में राज्य पुनर्गठन अधिनियम (States Reorganization Act) के तहत राज्यों को भाषाई आधार पर पुनर्गठित किया गया।
- वर्तमान में भारत में 28 राज्य और 8 केंद्र शासित प्रदेश हैं।
- संविधान की सातवीं अनुसूची के अनुसार भारत एक संघात्मक ढांचा अपनाता है, जिसमें राज्य और केंद्र की शक्तियाँ विभाजित हैं।

6.3 राष्ट्र की संकल्पना

राष्ट्र एक सामाजिक, सांस्कृतिक और राजनीतिक अवधारणा है, जो ऐसे लोगों के समूह को दर्शाता है जो सामान्य इतिहास, संस्कृति, भाषा, परंपराओं, जातीयता, या क्षेत्रीय पहचान साझा करते हैं। यह एक भावनात्मक और वैचारिक एकता की भावना को दर्शाता है जो लोगों को एक समुदाय के रूप में जोड़ती है।

राष्ट्र की मुख्य विशेषताएँ:

1. **साझा पहचान (Common Identity):** राष्ट्र के लोगों में एक सांस्कृतिक, भाषाई, या ऐतिहासिक पहचान होती है, जो उन्हें एकजुट करती है।

2. **भौगोलिक क्षेत्र (Territorial Attachment):** अधिकांश राष्ट्र किसी विशेष क्षेत्र या भूभाग से जुड़े होते हैं, जिसे वे अपना मातृभूमि या देश मानते हैं।
3. **राजनीतिक आकांक्षा (Political Aspiration):** राष्ट्र अक्सर स्वशासन या पूर्ण स्वतंत्रता की आकांक्षा रखते हैं। जब कोई राष्ट्र अपने लिए एक राज्य स्थापित करता है, तो उसे राष्ट्र-राज्य (*Nation-State*) कहा जाता है।
4. **सांस्कृतिक और ऐतिहासिक उत्तराधिकार (Cultural & Historical Continuity):** राष्ट्र एक साझा अतीत, गौरवशाली इतिहास या परंपराओं के माध्यम से खुद को पहचानते हैं।
5. **कल्पित समुदाय (Imagined Community):** प्रसिद्ध विद्वान बेनेडिक्ट एंडरसन ने राष्ट्र को "कल्पित समुदाय" कहा है, जिसका अर्थ है कि राष्ट्र के सभी सदस्य एक-दूसरे को नहीं जानते, फिर भी वे एकता और भाईचारे की भावना से जुड़े होते हैं।

राष्ट्र बनाम अन्य अवधारणाएँ:

- **राष्ट्र और राज्य (Nation vs. State):** राज्य एक राजनीतिक संस्था है जो किसी भूभाग पर संप्रभुता रखती है, जबकि राष्ट्र सांस्कृतिक और भावनात्मक एकता का प्रतीक है।
- **राष्ट्र और जातीय समूह (Nation vs. Ethnic Group):** जातीय समूह सांस्कृतिक या वंशानुगत समानताओं पर आधारित होते हैं, पर वे जरूरी नहीं कि राजनीतिक संप्रभुता की मांग करें।

"राज्य" (Rajya) शब्द का हिन्दी में अर्थ और उसका सिद्धांत (concept) भारतीय राजनीति, दर्शन और प्रशासन में महत्वपूर्ण स्थान रखता है। इसका प्रयोग प्राचीन काल से आधुनिक युग तक भिन्न-भिन्न संदर्भों में होता आया है।

राज्य का अर्थ:

"राज्य" का सामान्य अर्थ है—एक निश्चित भू-भाग, जिसकी एक सरकार हो, और जहाँ नियम-कानून के अधीन एक संगठित समाज निवास करता हो।

राज्य की परिभाषा:

राजनीति विज्ञान में राज्य को आमतौर पर चार तत्वों से मिलकर बना माना जाता है:

1. **जनसंख्या (Population)** – राज्य में रहने वाले लोग
2. **भू-भाग (Territory)** – एक निश्चित सीमाओं वाला क्षेत्र
3. **सरकार (Government)** – शासन करने वाली संस्था
4. **संप्रभुता (Sovereignty)** – स्वतंत्र रूप से निर्णय लेने की शक्ति

भारतीय परंपरा में "राज्य" का विचार:

भारतीय दृष्टिकोण में राज्य केवल शासन या शक्ति का केन्द्र नहीं था, बल्कि धर्म (न्याय), लोक-कल्याण और समाज के संतुलन का माध्यम भी था।

- मनुस्मृति में राज्य को धर्म की रक्षा करने वाला बताया गया है।
- कौटिल्य के अर्थशास्त्र में राज्य की संरचना, दंडनीति, प्रशासनिक व्यवस्था, और राजा के कर्तव्यों का विस्तृत वर्णन है।

- महाभारत और रामायण में आदर्श राज्य की संकल्पना (जैसे रामराज्य) दी गई है, जहाँ न्याय, नैतिकता और जन-कल्याण सर्वोपरि होते हैं।

आधुनिक संदर्भ में:

वर्तमान समय में राज्य संविधान द्वारा निर्देशित होता है और लोकतांत्रिक शासन प्रणाली के अंतर्गत कार्य करता है। भारत एक गणराज्य (Republic) है जहाँ जनता सर्वोच्च सत्ता की धारक होती है।

पार्थ चटर्जी (Partha Chatterjee) एक प्रमुख भारतीय राजनीतिक विचारक, इतिहासकार और सबऑल्टर्न स्टडीज़ (Subaltern Studies) समूह के सदस्य हैं। उन्होंने राष्ट्र (Nation) और राष्ट्रवाद (Nationalism) के पश्चिमी और औपनिवेशिक संदर्भों में गहराई से विश्लेषण किया है। उनका दृष्टिकोण खासतौर पर उपनिवेशवाद के तहत राष्ट्र निर्माण की प्रक्रिया पर केंद्रित है।

पार्थ चटर्जी की "राष्ट्र" की अवधारणा:

1. *"नैशन एंड इट्स फ्रैगमेंट्स" (Nation and Its Fragments)*

इस प्रसिद्ध कृति में पार्थ चटर्जी ने यह सवाल उठाया कि क्या भारत जैसे उपनिवेशित देशों में राष्ट्रवाद वही प्रक्रिया है जो यूरोप में हुई थी? उनका उत्तर "नहीं" है।

2. *पश्चिम बनाम उपनिवेश का राष्ट्रवाद:*

चटर्जी कहते हैं कि:

- यूरोपीय राष्ट्रवाद आधुनिकता और प्रगति के साथ जुड़ा था।
- लेकिन भारत जैसे उपनिवेशों में राष्ट्रवाद एक अलग संदर्भ में विकसित हुआ।
- भारत में राष्ट्रवादी विचारकों ने "पश्चिमी आधुनिकता" को अपनाते हुए भी अपनी सांस्कृतिक परंपरा की रक्षा करने की कोशिश की।

3. *"आंतरिक" और "बाहरी" क्षेत्र की धारणा:*

पार्थ चटर्जी का एक प्रसिद्ध तर्क है —

The "inner" (spiritual/cultural) domain vs. the "outer" (material/political) domain.

- **बाहरी क्षेत्र (outer domain):** औपनिवेशिक सत्ता द्वारा नियंत्रित था—प्रशासन, विज्ञान, तकनीक।
- **आंतरिक क्षेत्र (inner domain):** भारतीय समाज ने इसे आत्म-रक्षा के रूप में विकसित किया—धर्म, संस्कृति, परिवार, स्त्री की भूमिका आदि।

उदाहरण: भारतीय मध्यवर्ग ने ब्रिटिश शिक्षा और कानून अपनाया, लेकिन अपने घरों में भारतीय रीति-रिवाज, पहनावा और पारिवारिक मूल्यों को बनाए रखा। यही दोहरापन राष्ट्र निर्माण की प्रक्रिया में एक खास भारतीय तरीका बन गया।

4. *राष्ट्रवाद की आलोचना:*

चटर्जी इस बात पर भी ज़ोर देते हैं कि भारतीय राष्ट्रवाद के अंदर भी वर्ग, जाति और लैंगिक असमानताएं मौजूद थीं, जिन्हें अक्सर अनदेखा किया गया।

संक्षेप में:

पार्थ चटर्जी के अनुसार, भारतीय राष्ट्रवाद:

- ♦ पूरी तरह पश्चिमी मॉडल पर आधारित नहीं था,
- ♦ बल्कि यह एक रक्षात्मक सांस्कृतिक प्रतिक्रिया थी,
- ♦ जिसमें परंपरा और आधुनिकता का मिश्रण देखने को मिलता है।

"Nation" और **"State"** (राष्ट्र और राज्य) के बीच का अंतर इस प्रकार है:

1. **राष्ट्र (Nation):**
   - ♦ परिभाषा: राष्ट्र एक सांस्कृतिक, ऐतिहासिक, भाषाई, नस्लीय या भावनात्मक एकता पर आधारित लोगों का समूह होता है, जो खुद को एक इकाई के रूप में पहचानता है।
   - ♦ *मुख्य तत्व:*
     - समान संस्कृति
     - समान भाषा
     - साझा इतिहास
     - एकता की भावना
     - राष्ट्रीय पहचान
   - ♦ *उदाहरण:*
     - यहूदी लोग एक "राष्ट्र" हैं, भले ही वे अलग-अलग देशों में रहते हों।
     - भारत एक बहुसांस्कृतिक राष्ट्र है।
2. **राज्य (State):**
   - ♦ *परिभाषा:* राज्य एक राजनीतिक संस्था होती है, जिसमें एक निश्चित भू-भाग, स्थायी जनसंख्या, सरकार और संप्रभुता होती है।
   - ♦ मुख्य तत्व:
     - निश्चित भू-भाग
     - स्थायी जनसंख्या
     - सरकार
     - संप्रभुता (Sovereignty)
   - ♦ *उदाहरण:*
     - भारत एक राज्य है, जिसमें कई राष्ट्र (सांस्कृतिक समूह) शामिल हैं।
     - संयुक्त राष्ट्र में लगभग 190 से अधिक राज्य मान्यता प्राप्त हैं।

Difference : पहलू	**राष्ट्र (Nation)**	**राज्य (State)**
आधार	सांस्कृतिक, भावनात्मक, भाषाई	राजनीतिक और कानूनी
सीमाएँ	भौगोलिक रूप से निश्चित नहीं	स्पष्ट सीमाओं वाला क्षेत्र
पहचान	लोगों की साझा पहचान	कानूनी संस्था और प्रशासनिक तंत्र
उदाहरण	कश्मीरी, पंजाबी, कुर्द	भारत, अमेरिका, फ्रांस

ए. एस. अल्तेकर (A. S. Altekar) एक प्रसिद्ध भारतीय इतिहासकार थे, जिन्होंने प्राचीन भारत के इतिहास और संस्कृति पर गहन अध्ययन किया था। उन्होंने "राष्ट्र-राज्य" (Nation-State) की अवधारणा को भारत के ऐतिहासिक परिप्रेक्ष्य में देखने की कोशिश की थी।

ए. एस. अल्तेकर द्वारा "राष्ट्र-राज्य" की अवधारणा (हिन्दी में): ए. एस. अल्तेकर का मानना था कि प्राचीन भारत में "राष्ट्र" और "राज्य" की अवधारणाएँ स्पष्ट रूप से विद्यमान थीं। उनके अनुसार:

1. **सांस्कृतिक एकता:** उन्होंने कहा कि भारत एक सांस्कृतिक इकाई के रूप में हजारों वर्षों से विद्यमान रहा है, जिसमें भाषा, धर्म, रीति-रिवाज और परंपराएँ लोगों को जोड़ती थीं।
2. **राजनीतिक रूप से विविध लेकिन एकीकृत:** भले ही भारत में अनेक राज्य और राजा थे, लेकिन फिर भी एक "भारतवर्ष" की भावना लोगों के बीच प्रचलित थी। लोग स्वयं को एक व्यापक सांस्कृतिक राष्ट्र का हिस्सा मानते थे।
3. **राष्ट्र-राज्य की परिकल्पना:** अल्तेकर के अनुसार, यद्यपि प्राचीन भारत में आधुनिक "राष्ट्र-राज्य" जैसा राजनीतिक ढांचा नहीं था (जैसे कि सीमाएं, नागरिकता, आदि), लेकिन एक सांस्कृतिक राष्ट्र की भावना अवश्य मौजूद थी, जो राज्य व्यवस्था को एक पहचान देती थी।
4. **धार्मिक और भाषाई आधार:** उन्होंने यह भी कहा कि भारत की एकता धर्म और संस्कृत भाषा के माध्यम से बनी रही, जिससे एक राष्ट्र की बुनियादी चेतना विकसित हुई।

ए. एस. अल्तेकर ने यह तर्क दिया कि भारत में राष्ट्र की भावना बहुत पुरानी है, और यह केवल आधुनिक यूरोपीय राष्ट्र-राज्य की तरह सीमित नहीं है। उन्होंने इसे एक "सांस्कृतिक राष्ट्र-राज्य" के रूप में परिभाषित किया, जहाँ विविधता में भी एकता थी।

राज्य संबंधों की एक प्रणाली हे जो किसी समुदाय की क्षेत्रीय सीमाओं और सदस्यता को परिभाषित करती है, उन्हें पहचान और सामंजस्य में एक साथ बांधती है, इसके आंतरिक मामलों को नियंत्रित करती है और अन्य राज्यों के साथ इसके निष्पक्ष व्यवहार को सुनिश्चित करती है। राज्य संस्थाओं और प्रक्रियाओं से बना है जो समुदाय के विभिन्न आयामों और क्षेत्रों को नियंत्रित करते हैं और कुछ सिद्धांतों के अनुसार विभिन्न सामाजिक वस्तुओं को वितरित करते हैं। अपने मूल कार्यों के संदर्भ में, राज्य वह तरीका है जिससे समाज खुद को नियंत्रित करता है, यह सुनिश्चित करके कि कोई और इसे नियंत्रित नहीं कर सकता। राज्य सत्ता के प्रयोग पर एकाधिकार का दावा करता है। यह केंद्रीकृत शक्ति का प्रतीक है जो कुछ व्यक्तियों को अन्य सभी के कार्यों को विनियमित और नियंत्रित करने का विशेषाधिकार देता है।

6.4 कुछ अवधारणाओं की उत्पत्ति: शतपथ ब्राह्मण का साक्ष्य

अतीत में नेताओं के धार्मिक और राजनीतिक कर्तव्य बहुत हद तक आपस में जुड़े हुए थे, फिर भी हम यह देखने का प्रयास कर सकते हैं कि प्राचीन ग्रंथों में भविष्य की अवधारणाओं का किस हद तक कोई संकेत था, जो लोगों के राजनीतिक जीवन में महत्वपूर्ण भूमिका निभाने वाली थीं। प्राचीन भारतीय, वेदों, संहिताओं और ब्राह्मणों के प्रारंभिक दिनों में भी, अपने सामाजिक-राजनीतिक जीवन से

संबंधित महत्वपूर्ण अवधारणाओं से अवगत थे, यह राज्य, स्वराज्य, साम्राज्य, भौज्य, वैराज्य, महाराज्य और अधिपत्य जैसे शब्दों के अस्तित्व से सिद्ध होता है, जो विशेष रूप से अथर्ववेद, तैत्तिरीय संहिता, ऐतरेय ब्राह्मण और जैमिनीय उपनिषद ब्राह्मण जैसे प्राचीन ग्रंथों में पाए जाते हैं। इनमें से पहले शब्द का अर्थ "संप्रभु शक्ति" माना जाता है, जिसे जब दूसरे शब्द आसंदी (सिंहासन पर बैठना) के साथ जोड़ा जाता है तो यह साम्राज्य की विशेषताओं में से एक बन जाता है।"

6.5 भारतीय राज्य की उत्पत्ति और विकास

समकालीन राजनीतिक सिद्धांत में राजनीति को राज्य या राज्यत्व की आकांक्षा से अलग करना बेहद मुश्किल है। इसे राज्य की राजनीति का सार भी कहा जा सकता है।

व्यावहारिक स्तर पर, राज्य अब सभ्य नागरिक जीवन का स्थल बन गया है क्योंकि 'राज्यत्व न केवल संस्थाओं के एक समूह का प्रतिनिधित्व करता है, बल्कि व्यवहार और व्यवहार के नियमों और प्रथाओं का एक समूह भी है, जिसे संक्षेप में हम नागरिकता, शालीनता और सभ्यता का नाम दे सकते हैं'। आधुनिक राज्य न केवल शक्ति का प्रयोग करता है, बल्कि नियमों और विनियमों के एक समूह के आधार पर भी शक्ति का प्रयोग करता है जो राज्य के अस्तित्व के संकेतक भी हैं।

अब तक प्रायः यह माना जाता था कि राज्य की प्रकृति उस समाज के प्रभावी सामाजिक और आर्थिक संबंधों को प्रतिबिम्बित करती है। इसी मान्यता के आधार पर दास युग के राज्यों, सामंती राज्यों आदि का उल्लेख मिलता है। लेकिन समकालीन साहित्य में इस मान्यता को खारिज कर दिया गया है और इसके स्थान पर राज्य-केंद्रित मॉडल प्रस्तुत किया गया है। यह इस तर्क पर आधारित है कि राज्य किसी सामाजिक या आर्थिक स्थिति का प्रतिबिंब नहीं है और इसे अपने आप ही समझना चाहिए। मूलतः इसे एक स्वायत्त संस्था के रूप में समझना चाहिए। जिसके अपने हित और लक्ष्य होते हैं। और जिसमें इन्हें प्राप्त करने की क्षमता भी शामिल होती है।

राज्य की अवधारणा, चाहे इसके रूप कितने भी भिन्न क्यों न हों, अक्सर सामाजिक संदर्भ में आदेश और आज्ञाकारिता के संबंध, कुछ उद्देश्यों को प्राप्त करने के लिए शक्ति के प्रभावी उपयोग और कुछ संरचनाओं को स्थापित करने के प्रयासों को याद दिलाती है जो विभिन्न ऐतिहासिक कालखंडों में अस्तित्व में रही हैं। भिन्न हो सकती हैं। लेकिन इसकी अद्भुत विशेषता यह कही जा सकती है कि इसका अस्तित्व चाहे प्रत्यक्ष हो या प्रतीकात्मक, यह सर्वव्यापी है। राज्य की सर्वव्यापकता की ओर इशारा करते हुए एडेलमैन लिखते हैं, "राज्य लाभ भी पहुँचाता है और डराता भी है। कभी-कभी यह 'हम' होते हैं और अक्सर यह 'वे' होते हैं। यह अमूर्त है लेकिन इसके नाम पर लोगों को जेल भेजा जाता है। भत्तों और अनुबंधों के ज़रिए समृद्ध किया जाता है और युद्ध में शहीद किया जाता है।" राज्य की सर्वव्यापकता हमारे समय की ऐसी वास्तविकता है जिससे न तो औद्योगिक राष्ट्र, चाहे पूंजीवादी हों या समाजवादी, और न ही विकासशील राष्ट्र बच सकते हैं।

एक राजनीतिक इकाई वह होती है जो एक निश्चित क्षेत्र पर संप्रभु होती है, जिसके अंदर एक आबादी रहती है, एक कुशल सरकार होती है और अन्य राज्यों के साथ समान स्तर पर बातचीत करने की क्षमता होती है।

- राजनीतिक समुदाय जो किसी दिए गए क्षेत्र में शारीरिक बल (हिंसा या जबरदस्ती) के वैध उपयोग के एकाधिकार का सफलतापूर्वक दावा करता है (वेबर)
- ग्लोब के राजनीतिक उपखंड का प्रकार
- एक निश्चित क्षेत्र और उसमें रहने वाली आबादी की सर्वोच्च राजनीतिक संस्था
- एक क्षेत्र में रहने वाले लोगों की राजनीतिक स्वतंत्रता और स्वायत्तता का प्रतिनिधित्व करता है
- 'राजनीतिक निकाय', राजनीति या 'राजनीतिक' को दर्शाता है - राजनीति वह है जो राज्य से संबंधित है
- इस प्रकार राज्य को इस प्रकार परिभाषित किया जाता है:
- एक परिभाषित क्षेत्र और सीमा
- एक स्थायी आबादी
- संप्रभुता: आंतरिक और बाहरी दोनों
- एक प्रभावी सरकार
- अन्य राज्यों के साथ संबंध बनाने की क्षमता •

6.6 राष्ट्र-राज्य

- एक राज्य जिसकी आबादी खुद को एक राष्ट्र मानती है
- जब किसी राष्ट्र की क्षेत्रीय सीमाएँ राज्य की सीमाओं के समान होती हैं
- जब किसी राष्ट्र का अपना राज्य होता है
- सभी आधुनिक संयुक्त राष्ट्र के सदस्य राष्ट्र-राज्य माने जाते हैं
- 19वीं और 20वीं सदी के यूरोप में पहली बार उभरा, जब भाषाई और जातीय राष्ट्रों को अपना राज्य मिला
- लैटिन-अमेरिका, एशिया और अफ्रीका के वि-उपनिवेशित राज्यों को भी राष्ट्र-राज्य कहा जाता था
- सही मायने में, बहुत कम देशों को राष्ट्र-राज्य के रूप में परिभाषित किया जा सकता है

6.7 राष्ट्र बनाम राज्य

- राजनीतिक और क्षेत्रीय अवधारणा—भूमि, लोग, सरकार और संप्रभुता के तत्वों के साथ राजनीतिक निर्माण, और संविधान का पालन करना
- एक क्षेत्र में रहने वाले लोगों का प्रतिनिधित्व करने वाली संप्रभु राजनीतिक संस्था
- अधिक मूर्त इकाई—क्षेत्र, जनसंख्या, सरकार, सेना, संस्थान
- राज्य बहुराष्ट्रीय हो सकता है
- राष्ट्र-राज्य का 'कठोर' हिस्सा
- पुरानी अवधारणा, प्राचीन ग्रीक काल से अस्तित्व में है

- राज्यवाद: सिद्धांत है कि राज्य का हस्तक्षेप राजनीतिक समस्याओं को हल करने, या आर्थिक और सामाजिक विकास लाने का सबसे उपयुक्त साधन है। लोगों की 'सामान्य इच्छा' और लोकप्रिय संप्रभुता का प्रतिनिधित्व करने वाला राज्य राष्ट्र/राष्ट्र
- सांस्कृतिक और आध्यात्मिक अवधारणा
- समान वंश, भाषा, धर्म, संस्कृति और इतिहास का दावा करने वाले और संप्रभु राजनीतिक गठन की आकांक्षा रखने वाले लोगों का समूह
- अमूर्त अवधारणा- कल्पित या अमूर्त समुदाय
- राष्ट्र में कई राज्य हो सकते हैं
- राष्ट्र-राज्य का 'नरम' हिस्सा
- राष्ट्र आधुनिक यूरोप में उभरी नई अवधारणा है; राष्ट्र एक प्राचीन अवधारणा है
- राष्ट्रवाद: अपने राष्ट्र के प्रति स्नेह, वफादारी और समर्थन की विचारधारा

6.8 सावरकर की हिंदू राष्ट्र की अवधारणा

सावरकर ने "हिंदू राष्ट्र" (हिंदू राष्ट्र) के अपने विचार को "अखंड भारत" (अविभाजित भारत) के रूप में वर्णित किया है, जिसमें संपूर्ण भारतीय उपमहाद्वीप शामिल है। वे सभी भारतीय धर्मों को संदर्भित करने के लिए "हिंदू धर्म" शब्द का उपयोग करते हैं।

हिंदू राष्ट्र या हिंदू राजनीति की अवधारणा को भी सावरकर ने परिभाषित किया था। हिंदू राजनीति ने इस बात पर जोर दिया कि राजनीतिक और आर्थिक संस्थाओं की स्थापना पश्चिम से लिए गए विचारों के बजाय स्वदेशी दर्शन पर की जानी चाहिए और हिंदुओं और उनकी संस्कृति के संरक्षण की अपील की। सावरकर, जो खुद को अज्ञेयवादी मानते हैं, हिंदू धर्म को एक राजनीतिक और सांस्कृतिक पहचान के रूप में देखते हैं। मुसलमानों और ईसाइयों को छोड़कर, उन्होंने अक्सर हिंदुओं, सिखों, बौद्धों और जैनियों के बीच सामाजिक और सांप्रदायिक सामंजस्य पर जोर दिया। अपनी पुस्तक हिंदुत्व में, सावरकर ने मुख्य रूप से तर्क दिया कि समय की शुरुआत में भारत में आने वाले आर्यों ने पहले ही एक ऐसा देश स्थापित कर लिया था जिसका बाद में हिंदुओं द्वारा प्रतिनिधित्व किया जाएगा। उन्होंने कहा कि उनके हिंदुत्व की तीन नींव साझा संस्कृति, जातीय विशेषताएँ और भौगोलिक एकता थीं। एक हिंदू "मुख्य रूप से एक नागरिक है, या तो खुद में या अपने पूर्वजों के माध्यम से 'हिंदुस्थान', जो पहाड़ों, महासागरों और नदियों द्वारा परिभाषित एक अद्वितीय भौगोलिक इकाई है। सावरकर इस क्षेत्र को "हिंदुस्तान" के रूप में संदर्भित करना पसंद करेंगे। अपनी पुस्तक हिंदुत्व: कौन हिंदू है (1923) में, सावरकर ने हिंदू राष्ट्र की अपनी अवधारणा साझा की।

सावरकर के अनुसार, "हिंदुत्व" शब्द का अर्थ किसी भी ऐसी चीज़ से है जो भारतीय है। सावरकर की अवधारणा के अनुसार, समान राष्ट्र (राष्ट्र), समान नस्ल (जाति), और समान संस्कृति या सभ्यता (संस्कृति) हिंदुत्व के तीन मूलभूत घटक हैं।

उनके विचार में, हिंदू राष्ट्र सिंधु से लेकर समुद्र तक, हिमालय से लेकर केप कोमोरिन तक फैली एक पवित्र भूमि

अपनी मातृभूमि या पितृभूमि (पितृभूमि) मानता है और जो हिंदू माता-पिता के वंशज हैं जिन्होंने इस भूमि का सम्मान किया।

भारतवर्ष में हिंदू बहुसंख्यक आबादी बनाते हैं, और हिंदुत्व उनके मूल्यों का मूर्त रूप है। हिंदुत्व (हिंदूपन) का एक अनिवार्य घटक हिंदू राष्ट्र है।

- **नस्लीय पहचान (जाति):** सदियों से सहवास के कारण, हिंदुओं में अद्वितीय नस्लीय विशेषताएँ हैं जो उन्हें अन्य जातियों से अलग करती हैं।
- **क्षेत्रीय पहचान:** हिंदू राष्ट्र (राष्ट्र)-भारतवर्ष के हिंदू
- **सांस्कृतिक पहचान:** एक अनूठी जीवन शैली, विश्वदृष्टि, अनुष्ठान, रीति-रिवाज, सामाजिक प्रथाएँ, त्यौहार, कला/शिल्प, साहित्य, इत्यादि जो हिंदू राष्ट्र (हिंदू राष्ट्र) को हिंदू राज्य (हिंदू राज्य) से अलग करती हैं और इसे मुस्लिम या ईसाई संस्कृति से आसानी से अलग किया जा सकता है।

6.9 पार्थ चटर्जी की राष्ट्र की व्याख्या

भारतीय राजनीतिक वैज्ञानिक और मानवविज्ञानी पार्थ चटर्जी (1947) ने अपनी रचनाओं 'द नेशन एंड इट्स फ्रैगमेंट्स: कोलोनियल एंड पोस्टकोलोनियल हिस्ट्रीज़' (1994), 'नेशनलिस्ट फिलॉसफी एंड द कोलोनियल वर्ल्ड 'और 'ट्रुथ्स एंड लाइज़ ऑफ़ नेशनलिज्म' में भारतीय राष्ट्र की अपनी अवधारणा को विस्तार से बताया। उन्होंने राज्य के नागरिकों के राष्ट्र होने के आदर्श भव्य आख्यान और राष्ट्र की अवधारणा के बीच अंतर किया, जो इस बात को संदर्भित करता है कि व्यक्ति खुद को समान व्यक्तियों के व्यापक समूह से संबंधित कैसे मानते हैं।

प्रसिद्ध सिद्धांतकार पार्थ चटर्जी इस पुस्तक में एशिया और अफ्रीका में राष्ट्रवादी कल्पना के कल्पनाशील और शक्तिशाली परिणामों की जांच करते हैं, जो पश्चिम द्वारा प्रचारित राष्ट्रवाद के साथ पहचान के बजाय अंतर पर आधारित है। उनका तर्क है कि शिक्षाविदों ने राजनीतिक राष्ट्रवाद को सामान्य रूप से राष्ट्रवाद के रूप में गलत तरीके से समझा है और यह दर्शाता है कि कैसे उपनिवेशवाद विरोधी राष्ट्रवादियों ने राजनीतिक रूप से साम्राज्यवादी सत्ता से लड़ना शुरू करने से पहले ही औपनिवेशिक समाज के अंदर अपनी संप्रभुता का क्षेत्र बना लिया था।

इन राष्ट्रवादियों ने अपनी संस्कृति के आध्यात्मिक और भौतिक क्षेत्रों के बीच अंतर किया, जाति, धर्म, महिलाओं और परिवार तथा किसानों के प्रतिनिधित्व के माध्यम से पहले से ही भौतिक क्षेत्रों पर दावा किया। चटर्जी ने दर्शाया कि कैसे मध्यम वर्ग के अभिजात वर्ग ने आध्यात्मिक क्षेत्र की विशेषता वाले कई सीमांत समूहों की इच्छाओं को "सामान्यीकृत" किया, जबकि पहले देश को इस आध्यात्मिक आयाम में मौजूद होने की कल्पना की और फिर इसे राजनीतिक प्रतिस्पर्धा के लिए तैयार किया।

पुस्तक राष्ट्रवाद और समकालीन राज्य पर सामान्य सैद्धांतिक चर्चा को जोड़ती है, भले ही चटर्जी बंगाली भाषा के बहुत सारे ग्रंथों का उपयोग करते हैं और भारतीय स्रोतों से अपने विशिष्ट उदाहरण देते हैं। लेखक ने निष्कर्ष निकाला कि उत्तर-औपनिवेशिक आधुनिकता की खोज आधुनिकता के खिलाफ पहले की लड़ाइयों से अटूट रूप से जुड़ी हुई है, पहले आध्यात्मिक क्षेत्र में एक विशिष्ट गैर-पश्चिमी राष्ट्र और फिर भौतिक दुनिया में एक सार्वभौमिक राष्ट्र-राज्य के निर्माण में शामिल अस्पष्टताओं की जांच करने के बाद। उन्होंने लोगों-राष्ट्र (हिंदू राष्ट्र और बहुलवादी) बनाम लोगों-राष्ट्र (राष्ट्र, जाति, देशम, देस, आदि) की कई क्षेत्रीय/भाषाई कल्पनाओं के बारे में दो भव्य आख्यान देखे और कैसे भारत की विभिन्न भाषाई और क्षेत्रीय संस्कृतियों में लोगों-राष्ट्र के अर्थ, कल्पना और चेतना अलग-अलग तरीके से विकसित हुई है। राष्ट्र-राज्यों के बारे में भव्य आख्यानः मौर्य, गुप्त, मुगल, ब्रिटिश/औपनिवेशिक और उत्तर-औपनिवेशिक काल सहित महान साम्राज्यों के मार्ग का अनुसरण करते हुए; ये राज्य निर्माण कठिन-से-परिभाषित राष्ट्रों से जुड़े थे। चूंकि वे दोनों कई क्षेत्रीय धाराओं के साथ एक एकीकृत भारतीय देश का चित्रण करते हैं, इसलिए लोगों-राष्ट्र के भव्य आख्यानों को भी कठिनाइयों का सामना करना पड़ता है। लोगों-राष्ट्रों की कई क्षेत्रीय अवधारणाओं को भारतीय राष्ट्र-राज्य या लोगों-राष्ट्र की व्यापक कहानी के साथ कैसे समेटा जा सकता है? वास्तविक संघवाद के माध्यम से, प्रत्येक व्यक्ति-देश समान अधिकारों, मान्यता और अधिकार क्षेत्र के साथ समान स्तर पर भारतीय राष्ट्र में शामिल होता है। अपनी 1983 की पुस्तक "इमेजिन्ड कम्युनिटीज" में, बेनेडिक्ट एंडरसन (1936–2015) ने एक राष्ट्र को एक कल्पित समुदाय के रूप में वर्णित किया है, जो प्रिंट पूंजीवाद द्वारा मुख्यधारा की संस्कृति को अपनाने के माध्यम से बनाया गया है। ब्रिटिश राजनीतिक दार्शनिक अर्नेस्ट जेलनर (1925–1995) ने अपनी 1983 की पुस्तक नेशन एंड नेशनलिज्म में राष्ट्रवाद को "एक राजनीतिक सिद्धांत के रूप में परिभाषित किया है जो मानता है कि राजनीतिक और राष्ट्रीय इकाई एकरूप होनी चाहिए"। राष्ट्रवाद ने औपचारिक शिक्षा प्रणाली, औद्योगीकरण, शहरीकरण और सांस्कृतिक समरूपता का प्रतीक बनाकर राष्ट्रों को जन्म दिया। एंथनी डी. स्मिथ (1939–2016) द्वारा राष्ट्र को "एक नामित आबादी के रूप में परिभाषित किया गया है जो एक ऐतिहासिक क्षेत्र, सामान्य मिथकों और ऐतिहासिक यादों, एक सामूहिक सार्वजनिक संस्कृति, एक सामान्य अर्थव्यवस्था और अपने सदस्यों के लिए सामान्य कानूनी अधिकारों और कर्तव्यों को साझा करती है"। राष्ट्र त्रिविध क्रांति का उत्पाद है—पूंजीवाद, धर्मनिरपेक्षता, नौकरशाही और सांस्कृतिक केंद्रीकरण।

6.10 ए.एस. अल्तेकर की राष्ट्र-राज्य की अवधारणा

"राष्ट्र" के लिए संस्कृत शब्द राष्ट्र है। राष्ट्र का एक विशेषण रूप है जिसे राष्ट्रीय कहा जाता है। "राष्ट्र" शब्द राज्य और देश (राज्य) की अवधारणाओं को जोड़ता है। एक अर्थ में, राज्य राष्ट्र का प्रतिनिधित्व करता है, ठीक उसी तरह जैसे राष्ट्र का प्रतिनिधित्व राज्य करता है। चूँकि अंग्रेजी शब्द "राष्ट्र-राज्य" और हिंदी शब्द "राष्ट्र" आज अनिवार्य रूप से तुलनीय हैं, इसलिए यह स्पष्ट है कि भारतीय राज्य महाराष्ट्र 1900 के दशक के मध्य से ही राष्ट्र-राज्य के रूप में अस्तित्व में है।

चार्वाक संकेत देते हैं कि एक राष्ट्र के रूप में भारत कई वैचारिक निवेशों, राजनीतिक चालों और प्रशासनिक समझौतों का परिणाम है जो अपने औपनिवेशिक और उत्तर-औपनिवेशिक इतिहास

की दुर्घटनाओं का विवरण देकर अपने स्वयं के औचित्य के लिए निरंतरता की कल्पना करते हैं। भारतीय राष्ट्र के लिए एक राष्ट्रीय जन संघ की कल्पना कैसे की जा सकती है और की जानी चाहिए। निस्संदेह, भारतीय लोग पूरे देश में पाए जाते हैं।

लोगों ने साझा पहचान और मूल्यों, जीवित अनुभवों और समूह लड़ाइयों के माध्यम से प्रत्येक खंड में इसके बारे में अपनी अवधारणाएँ बनाई हैं। एक विकेंद्रीकृत संघीय व्यवस्था के भीतर काल्पनिक लेकिन ऐतिहासिक रूप से वास्तविक सांप्रदायिक जीवन पर इन सभी दावों को समान महत्व देकर एक न्यायसंगत, समतापूर्ण और उपयोगी समाज प्राप्त किया जा सकता है। विविधता को "विविधता में एकता" के नारे के बजाय एकता के सबसे मजबूत संकेत के रूप में देखना आवश्यक है।

एक पुराने राष्ट्र की इच्छा से काल्पनिक कथाओं की शानदार रचनाएँ बनाई जा सकती हैं। क्या मौर्य, गुप्त, दिल्ली सल्तनत, विजयनगर, मुगल और मराठा साम्राज्य प्रमुख राज्य नहीं माने जाते थे? वे निश्चित रूप से थे। हालाँकि, वे राष्ट्र नहीं थे; वे साम्राज्य थे। यह भी संभव है कि हाल ही में लोकप्रिय संप्रभुता और आत्मनिर्णय के बारे में वैश्विक जागरूकता बढ़ी है।

राज्य की उत्पत्ति एक ऐसा विषय है जिसे समकालीन राजनीतिक प्रकाशनों में बहुत विस्तार से कवर किया गया है। महाभारत और दिग्घनिकाय में राज्य की उत्पत्ति पर छिटपुट अनुमान हैं। अपने अलग-अलग ऐतिहासिक और धार्मिक संदर्भों के बावजूद, ये लेखन समानता की उल्लेखनीय डिग्री प्रदर्शित करते हैं। राज्य केवल उस आदर्श की एक फीकी प्रतिकृति हो सकती है जिसे प्लेटो ने अपने रिपब्लिक में परिभाषित किया था, जिसे ऐसे स्वर्ण युग के आदर्शीकरण के रूप में देखा जा सकता है।

महाभारत यह कहकर आगे बढ़ता है कि काफी समय तक, समाज राजतंत्र या न्यायिक प्रणाली के बिना समृद्ध रहा, लेकिन अंततः, एक नैतिक पतन हुआ। मानवता अनैतिकता में उतर गई क्योंकि लोभ, लालच और स्वार्थ ने उनके दिमाग पर कब्जा कर लिया और समाज को एक शाब्दिक नरक में बदल दिया। जंगल का शासन प्रभावी होने लगा; जैसा कि हमेशा मछलियों के बीच होता है, मजबूत ने कमजोर को खा लिया (मत्स्यन्याय)। महाभारत में, यह निहित है कि लोगों ने विराज को राजा के रूप में वोट दिया; हालाँकि, दीघनिकाय स्पष्ट रूप से कहता है कि एक बार महाजनसम्मत ने अराजकता को खत्म करने की लोगों की इच्छा को पूरा किया, उन्होंने उसे अपना राजा चुना।

समकालीन लेखकों ने राज्य की उत्पत्ति के बारे में कई अन्य विचारों को आगे बढ़ाया है। एक दावा है कि सुदूर अतीत में, लोग स्वेच्छा से किसी व्यक्ति को शासन का अधिकार देते थे, या तो इसलिए कि वह व्यक्ति एक पुजारी था जो स्वर्गीय सहायता और अनुग्रह की गारंटी दे सकता था, एक जादूगर जो बारिश के लिए कह सकता था, या एक चिकित्सक जो रोगियों को ठीक कर सकता था। यह संभव है कि पितृसत्तात्मक संयुक्त परिवार प्रणाली एक बीज के रूप में उत्पन्न हुई जिससे अंततः राज्य विकसित हुआ। तुलनात्मक भाषाविज्ञान के आकडो से पता चलता है कि आर्य लोग अपने दादा-दादी, पिता, चाचा, भतीजे, बेटों और बहुओं के साथ संयुक्त घरों में रहते थे, भले ही वे अपने मूल घर में रहते थे। होमर की गवाही के अनुसार, इन संयुक्त परिवारों में कभी-कभी दो या तीन सौ सदस्य होते थे।

संयुक्त परिवार के मुखिया का अपने सभी सदस्यों पर व्यापक नियंत्रण होता था। ऋग्वेद के साक्ष्यों के अनुसार, परिवार, इयानमैन, विसा और जन प्रारंभिक आर्य सभ्यता का निर्माण करते थे। ऐसा प्रतीत

होता है कि जनमैन का संबंध ऐसे गांव से था, जिसमें एक साझा वंश का दावा करने वाले व्यक्ति शामिल थे, और पारिवारिक संबंधों से बंधे ऐसे कई गांवों ने एक विसा का गठन किया था: इसके मुखिया को विस्पति कहा जाता था। विसा एक दूसरे से घनिष्ठ रूप से जुड़े हुए थे, और युद्ध के मैदान में, बटालियनों को अक्सर उस विसा के अनुसार संगठित किया जाता था, जहाँ से उन्हें भर्ती किया जाता था। (ऋग्वेद, X,84,4)

ऋग्वेद (लगभग 2500 ई.पू.) में विस्पति और जनपतियों के अलावा यदु, पुरुस, अनुस, तुर्वस आदि जैसी कुछ जनजातियों का बार-बार उल्लेख किया गया है। ऐसा कहा जाता है कि भरत के लोग विश्वामित्र की प्रार्थनाओं से सुरक्षित थे। इसके विपरीत, राष्ट्र या प्रादेशिक राज्य का विचार उत्तर वैदिक युग में धीरे-धीरे विकसित हो रहा था; यह अथर्ववेद में देखा जाता है। तैत्तिरीय संहिता में एक समारोह का उल्लेख है, जिसे यदि आंशिक रूप से किया जाए, तो राजा को अपने कबीले (विश) पर आधिपत्य प्राप्त हो सकता है, लेकिन पूरे राष्ट्र (राष्ट्र) पर नहीं।

ब्राह्मण साहित्य में अक्सर सम्राट को केवल सभी कबीलों के बजाय समुद्र से घिरे पूरे विश्व पर शासक के रूप में वर्णित किया गया है। यह स्पष्ट है कि इस बिंदु पर, एक प्रादेशिक राज्य का राष्ट्र पूरी तरह से निर्मित हो चुका था।

6.11 अभ्यास के लिए मॉडल प्रश्न

- 'राष्ट्र' और 'राज्य' की अवधारणा के बीच समानताओं और अंतरों पर चर्चा करें
- प्राचीन भारत के राजनीतिक विचार में राष्ट्र (राष्ट्र) और राज्य (राज्य) के विकास पर चर्चा करें।

REFERENCES

A.S. Altekar, *Origin and Types of the State in State and Government in ancient India*, Motilal Banarsidass, Banaras, 1949, p. 16.

Partha Chatterjee, *All Nations are Modern in the Truth and Lies of Nationalism: As Narrated by Charvak*, Permanent Black, 2021, pp. 5–25.

R.P. Kangle (tr.), *Kautiliya Arthasastra* PART II, Motilal Banarsidass, Delhi, 2010, p. 314.

Ranabir Chakravarti, *Exploring Early India* up to c. AD 1300, Macmillan, Haryana, p. 56.

See R.P. Kangle ed and trn., *The Kautiliya Arthaśāstra* in three parts, Bombay, 1966–72; see the section, Prakrtisampad, Book VI.

Upinder Singh, *A History of Ancient and Early Medieval India*, Pearson, p. 344.

अध्याय 7

जाति और वर्ण

7.1 जाति और वर्ण का ऐतिहासिक विकास

"जाति" शब्द सैकड़ों अंतर्विवाही समुदायों का वर्णन करता है जो पूरे उपमहाद्वीप में पाए जाते हैं। एक ही गोत्र के आधार पर, एक जाति को बहिर्विवाही समूहों में विभाजित किया जा सकता है। जातियों का निर्माण समाज द्वारा किया गया था। लोगों के बीच भेदभाव ने जाति व्यवस्था के निर्माण को जन्म दिया। जाति व्यवस्था सबसे पहले राज्य में अपने नागरिकों के व्यवसायों के अनुसार स्थापित की गई थी। इसकी शुरुआत 2,000 साल से भी पहले हुई थी। हिंदू धर्म से जुड़ी इस व्यवस्था में लोगों को उनके व्यवसायों के अनुसार वर्गीकृत किया जाता था। अतीत में, किसी व्यक्ति की योग्यता और विशेषताओं का उपयोग उसके वर्ण को निर्धारित करने के लिए किया जाता था। जाति व्यवस्था की विरासत के अनुसार, बाद के वैदिक काल में वर्ण बदल गए। वैदिक काल, जो लगभग 1500 से 1000 ईसा पूर्व तक चला, ने प्राचीन भारत में जाति व्यवस्था को लागू और स्वीकार किया। शाश्वत व्यवस्था बनाने, जाति की शुद्धता बनाए रखने और व्यक्तियों को बोझिल दायित्वों से मुक्त करने के लिए, लोगों को उनके वर्ण के अनुसार समूहों में विभाजित किया गया था।

हिंदू समाज की सबसे अनोखी विशेषता वर्ण और जाति नामक व्यवस्था है। वर्ण समाज में स्थिति के आधार पर जाति है और जाति एक उपजाति है (संस्कृत में वर्ण का अर्थ वास्तव में रंग होता है)। वर्ण विभिन्न जातियों पर सामाजिक वर्गीकरण के लिए एक मानदंड के रूप में लगाया गया पदीय लेबल है। वर्ण-जाति वर्गीकरण के आधार पर यह भेदभाव, शोषण और मानवाधिकारों का उल्लंघन था जिसका सुधारवादी आंदोलनों ने सबसे अधिक विरोध किया। वर्ण संख्या में चार हैं: ब्राह्मण, क्षत्रिय, वैश्य और शूद्र। और इस प्रकार ब्राह्मण जो देवताओं की पूजा और अनुष्ठानों के प्रदर्शन के संरक्षक थे, उन्हें वर्णों में सबसे ऊंचा स्थान दिया गया। शूद्र जिन्हें शारीरिक श्रम और संबंधित 'स्वच्छ' काम दिए गए थे, वे सबसे निचले स्तर पर थे। इन चार स्तरों के नीचे कई अन्य जातियाँ और उपजातियाँ थीं जो 'अस्वच्छ' काम में लगी हुई थीं। ये लोग वर्ण से नीचे हैं इसलिए इनके साथ 'अस्पृश्यता' के रूप में व्यवहार किया जाता था, जो कानून द्वारा निषिद्ध है, लेकिन यह देश के कुछ हिस्सों में जारी था। महात्मा गांधी ने अस्पृश्यता को हरिजन, भगवान विष्णु के लोग कहा। वे अब खुद को दलित

कहते हैं। सरकार ने अनुसूचित जनजाति शब्द गढ़ा। 'वर्ण' का सामाजिक व्यवस्था के संचालन में कोई विशेष उपयोग नहीं था, न ही इसके लिए इसमें कोई अंतर्निहित शक्ति थी। लेकिन सबसे महत्वपूर्ण कारक जाति थी। जाति ने बड़े पैमाने पर रीति-रिवाजों की परिभाषा के साथ एक विशेष समुदाय को दर्शाया, जिसमें वंशानुगत रूप से एक विशेष पेशा और समावेशी विवाह अधिकार थे। प्रत्येक वर्ण में कई जातियाँ होंगी जिनमें से प्रत्येक की अपनी रीति-रिवाज और प्रथाएँ होंगी। इतिहासकार रोमिला थापर जाति व्यवस्था की उत्पत्ति और निर्माण पर लिखती हैं: जाति की कोई चेतना नहीं थी, जैसा कि 'मैं एक कवि हूँ, मेरे पिता जोंक हैं और मेरी माँ अनाज पीसती है' जैसी टिप्पणियों से स्पष्ट है। पेशे वंशानुगत नहीं थे और न ही इन वर्गों के भीतर विवाह को सीमित करने वाले नियम थे, या किसी के साथ खाने पर प्रतिबंध थे। तीन विभाजन केवल सामाजिक और आर्थिक संगठनों की सुविधा प्रदान करते थे। जातियों (वर्ग से अलग) की दिशा में पहला कदम तब उठाया गया जब आर्यों ने दासों (दासों) को सामाजिक रूप से कमजोर माना, संभवतः दासों के डर के कारण और इससे भी बड़ा डर कि उनके साथ आत्मसात होने से आर्य पहचान खत्म हो जाएगी। जाहिर तौर पर यह अंतर मुख्य रूप से रंग का था, दासों का रंग गहरा था और एक विदेशी संस्कृति थी। वर्ण (व्यवसाय के आधार पर सैद्धांतिक वर्गीकरण) और जाति (जाति) शब्द दो अलग-अलग अवधारणाएँ हैं। जाति (समुदाय) उपमहाद्वीप में मौजूद हजारों अंतर्जातीय समूहों को संदर्भित करता है। एक जाति को समान गोत्रों के आधार पर बहिर्जातीय समूहों में विभाजित किया जा सकता है।

प्रक्रिया को समझने के लिए प्रारंभिक भारत में सामाजिक स्तरीकरण के संदर्भ में वर्ण और जाति की प्रकृति को समझना आवश्यक है। वर्ण और जाति मूलतः एक ही प्रकार के हैं। चातुर्वर्ण्य व्यवस्था के माध्यम से समाज को चार श्रेणियों में विभाजित किया गया है। ब्राह्मण, क्षत्रिय, वैश्य और शूद्र के लिए अलग-अलग कर्तव्य निर्धारित किए गए हैं, लेकिन सामाजिक स्थिति और पवित्रता की दृष्टि से

ब्राह्मण को प्रथम, क्षत्रियों को दूसरा, वैश्यों को तीसरा और शूद्रों को चतुर्य स्थान दिया गया है। वर्ण तो चार ही हैं, लेकिन जातियों की संख्या हजारों में है। 1901 की जनगणना के अनुसार भारतवर्ष में केवल 2,000 प्रकार के ब्राह्मण थे। ये हजारों जातियां किसी न किसी वर्ण में सम्मिलित हैं और कर्मकांड की दृष्टि से इनकी पारस्परिक शुचिता का भी ध्यान रखा जाता है। वर्ण और जाति दोनों ही आनुवांशिक हैं और विवाह तथा खान-पान संबंधी प्रतिबंध दोनों पर लागू होते हैं। जाति का अर्थ जन्म से है। अत: जाति का निर्धारण जन्म से होता है, कर्म से नहीं; यही बात वर्ण निर्धारण में भी लागू होती है।

प्रारंभ में वर्ण को एक बड़ी इकाई माना जाता था और एक वर्ण के भीतर कई जातियां हो सकती थीं। वर्ण-विभाजित समाज में विदेशियों और जनजातियों के शामिल होने से जैसे-जैसे जातियों की संख्या बढ़ती गई, उनके अस्तित्व को सही ठहराने के लिए धार्मिक शास्त्रों में वर्णसंकर या वर्णसंकरिन का सिद्धांत प्रतिपादित होता रहा। अधिकांश जातियों को वर्णसंकर या वर्णसंकीर्ण बताया गया और कहा गया कि ये जातियां अधिकांशतः व्युत्क्रम संबंध के कारण पैदा हुई हैं। जब उच्च जाति की स्त्री का संबंध निम्न जाति के पुरुष से होता है तो ऐसे संबंध को प्रतिलोम कहते हैं। उदाहरण के लिए शूद्र पुरुष का ब्राह्मण स्त्री से मिलन होने से प्रतिलोमज संतान चांडाल पैदा होती है। अनुलोम संबंध इसका विपरीत है। उच्च जाति का पुरुष निम्न जाति की स्त्री से विवाह करता है। इस प्रकार यदि शूद्र स्त्री का ब्राह्मण पुरुष से संतान होती है तो वह अनुलोमज होगी और निषाद कहलाएगी। आगे बताया जाएगा कि संकरता का सिद्धांत गढ़ा गया है, इस सिद्धांत में वास्तविकता बहुत कम या बिलकुल नहीं है। वर्णों की संख्या अभी भी मूलतः चार मानी जाती है, लेकिन मध्यकाल के आगमन के साथ ही वर्ण और जाति का भेद मिटने लगा। ऐसे कई गांवों का वर्णन है जिन्हें 36 वर्णों का गांव बताया गया है। इसका मतलब है कि उनमें 36 प्रकार की जातियां रहती थीं। इसलिए वास्तव में जातियों के बीच बहुत अधिक अंतर नहीं है। जातिगत भेदभाव के कारण ही भारतीय समाज का स्तरीकरण हुआ। हमें यह पता लगाना होगा कि जातिवाद और वर्णवाद कैसे पैदा हुए और समाज में बदलाव के साथ उनमें कैसे बदलाव आया। कुछ लोगों का मत है कि भारतीय समाज प्राचीन काल से ही जाति व्यवस्था पर आधारित रहा है और हाल ही में औद्योगीकरण के दबाव के कारण इसमें बदलाव आने लगा है। पश्चिमी इंडोलॉजिस्टों ने इसे एक कठोर, निष्क्रिय और अपरिवर्तनीय समाज बताया है।

विवाह और सामाजिक मेलजोल पर प्रतिबंध, आनुवंशिकता और पदानुक्रम अपरिवर्तनीय मानी जाने वाली जाति व्यवस्था की मुख्य विशेषताएं हैं। किसी जाति के सदस्य न तो अपनी जाति के बाहर वैवाहिक संबंध रख सकते हैं और न ही वे निम्न जाति से भोजन ग्रहण कर सकते हैं। उच्च - हीनता की भावना जन्म और वंशानुक्रम से जुड़ी होती है। केवल ब्राह्मण के रूप में जन्म लेने से ही व्यक्ति अपने जीवनकाल में अपना वर्ण नहीं बदल सकता। जातियाँ किसी न किसी श्रेणी में आती हैं और कर्मकांडों की दृष्टि से ब्राह्मण सर्वोच्च श्रेणी में हैं तथा क्षत्रिय तीसरी श्रेणी में हैं। बौद्ध ग्रंथों में क्षत्रियों को प्रथम स्थान तथा ब्राह्मणों को दूसरा स्थान प्राप्त है तथा वर्ण का आधार जन्म स्थान है।

7.2 वर्ण और जाति का परिचय

वर्ग और वर्ण दो शब्द वर्ग संरचना के प्राथमिक संकेतक हैं जो पारंपरिक भारतीय जीवन का आधार बनते हैं। "वर्ण" नवजात शिशु की विरासत में मिली जड़ों को दर्शाता है; यह रंग, प्रकार, प्रकृति और

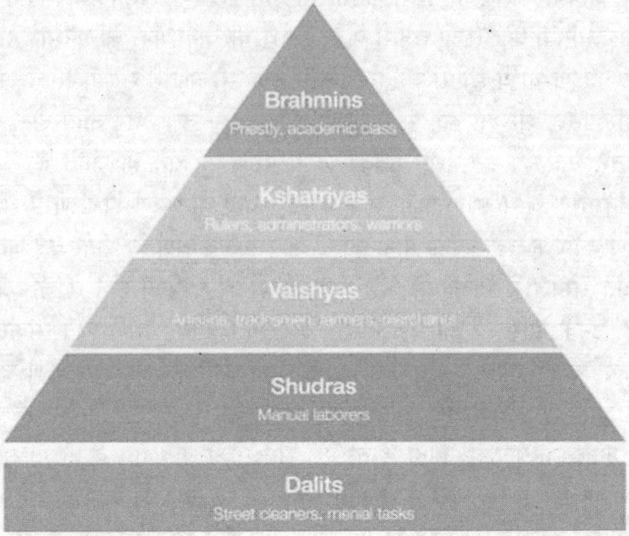

गुणवत्ता को इंगित करता है। "जाति" दूसरा शब्द है, जो जन्म द्वारा निर्धारित अस्तित्व के स्वरूप को संदर्भित करता है। अधिकांश लोग इस विचार को ऋग्वेद के पुरुष सूक्त नामक एक अंश से जोड़ते हैं। वर्ण व्यवस्था पर मनुस्मृति की टिप्पणी एक अक्सर संदर्भित स्रोत है। इन साक्षर वर्गीकरणों के विरोध में, कई हिंदू धर्मग्रंथ और शिक्षाएँ सामाजिक स्तरीकरण की वर्ण व्यवस्था का विरोध करती हैं। मूल शब्द वृ संस्कृत शब्द वर्ण का स्रोत है, जिसका अर्थ है "आवरण करना, आच्छादित करना, गिनना, वर्गीकृत करना, विचार करना, वर्णन करना या चुनना।" "रंग, बाहरी रूप, बाहरी, रूप, आकृति या आकार" शब्द की परिभाषा है जैसा कि ऋग्वेद में दिखाई देता है।

महाभारत के अनुसार, यह शब्द "रंग, रंग-डाई या रंगद्रव्य" को दर्शाता है। कुछ वैदिक और मध्यकालीन स्रोत वर्ण को किसी वस्तु या लोगों के "रंग, जाति, जनजाति, प्रजाति, प्रकार, प्रकृति, चरित्र, गुण या गुण" के रूप में परिभाषित करते हैं। मनुस्मृति में, "वर्ण" चार सामाजिक वर्गों को संदर्भित करता है। धर्मशास्त्र साहित्य, महाभारत और पुराण सभी वैदिक युग के बाद के वर्ण विभाजन का वर्णन करते हैं। धर्मशास्त्रों में वर्ण व्यवस्था की विस्तृत चर्चा है। धर्मशास्त्रों की वर्ण व्यवस्था लोगों को चार समूहों में विभाजित करती है: ब्राह्मण, क्षत्रिय, वैश्य और शूद्र। छांदोग्य उपनिषद के अनुसार, किसी व्यक्ति का वर्ण उसके जन्म और पिछले जन्मों से निर्धारित होता है: दक्षिण एशिया में वर्ण व्यवस्था का उल्लेख प्राचीन बौद्ध धर्मग्रंथों में किया गया है, लेकिन विशिष्टताओं से पता चलता है कि यह लचीली, गैर-कठोर और सामाजिक स्तरीकरण संरचना के तत्वों से रहित थी। जैन साहित्य में वर्ण और जाति का पहला लिखित विवरण आचार्य जिनसेन की आठवीं शताब्दी की जैन रचना आदि पुराण में मिलता है। वर्ण और जाति के बीच संबंध आदि पुराण में भी वर्णित है। सिख धर्म 15वीं शताब्दी के उत्तरार्ध का धर्म है जिसकी जड़ें भारतीय उपमहाद्वीप के पंजाब क्षेत्र में हैं। सिख धर्मग्रंथों में जाति को जाट या जाट-बिरादरी और वर्ण को वरन कहा गया है। पौराणिक अटकलें वर्ण के उदय और राज्य की उत्पत्ति के बीच कारण संबंध स्थापित करती हैं।

दीपांकर गुप्ता के अनुसार: 'वर्ण से जाति तक: भारतीय जाति व्यवस्था, एशियाई से सामंती उत्पादन पद्धति तक'। वर्ण एशियाई उत्पादन पद्धति की अभिव्यक्ति थी जो सामान्य शोषण की विशेषता थी; कृषि कार्य वर्ण योजना की सभी श्रेणियों के लिए खुले थे, निचले वर्ग काफी आत्मनिर्भर थे और इसने किसानों और कारीगरों के बीच किसी भी स्पष्ट सीमांकन को रोक दिया। जाति सामंती उत्पादन पद्धति का परिणाम थी, जिसकी विशेषता एक बंद गांव में स्थानीयकृत शोषण थी; अब प्रत्येक गांव समुदाय एक विशिष्ट कार्य कर रहा था और जजमानी प्रणाली विकसित हुई।

तालिका 7.1 जाति व्यवस्था पर विचारक और उनके दृष्टिकोण

एम. एन. श्रीनिवास (1916–1999) भारतीय समाजशास्त्री और सामाजिक मानवविज्ञानी ने 'आधुनिक भारत में जाति' और 'प्रमुख जाति' लिखी; जातियों की सामाजिक गतिशीलता को दर्शाने के लिए 'संस्कृतिकरण' की अवधारणा दी।

रजनी कोठारी (1928–2015) एक भारतीय राजनीतिक वैज्ञानिक; कांग्रेस प्रणाली के अपने सूत्रीकरण के लिए जाने जाते हैं; 'भारत में राजनीति (1970)' पुस्तक लिखी; जाति के राजनीतिकरण और राजनीति में जाति पर चर्चा की।

दीपांकर गुप्ता (1949) एक भारतीय समाजशास्त्री हैं; 'वर्ण से जाति तक: भारतीय जाति व्यवस्था, एशियाई से सामंती उत्पादन पद्धति तक' पर लेख लिखा; मार्क्सवादी दृष्टिकोण से वर्ण और जाति की व्याख्या की।

निकोलस बी. डर्क्स (1947) अमेरिकी शिक्षाविद और कैलिफोर्निया विश्वविद्यालय, बर्कले के पूर्व चांसलर थे; उन्होंने 'कास्ट्स ऑफ माइंड: कोलोनियलिज्म एंड द मेकिंग ऑफ मॉडर्न इंडिया (2001)' पुस्तक लिखी; उन्होंने बताया कि किस तरह भारतीय जाति व्यवस्था जनगणना और औपनिवेशिक स्वामियों की शासन-क्षमता से प्रमाणित होती है।

पारंपरिक भारतीय जीवन मुख्य रूप से वर्ग विभाजन की प्रणाली पर आधारित है जिसे दो शब्दों वर्ण (रंग, चरित्र, प्रकृति और गुण) (एम. विलियम्स) और जाति (जन्म से निर्धारित अस्तित्व का रूप) (आप्टे) द्वारा दर्शाया जाता है। इस प्रकार भारतीय लोग मोटे तौर पर चार समूहों में विभाजित हैं

- ब्राह्मण या पुरोहित वर्ग।
- क्षत्रिय या शूरवीर वर्ग।
- वैश्य या व्यवसायी और व्यापारी।
- शूद्र या वह वर्ग जो दूसरों की सेवा करता था।

ऋग्वेद के दसवें मंडल में पाए जाने वाले प्रसिद्ध पुरुष-सूक्त में बताया गया है:

- "ब्राह्मण उसका मुख था;
- राजन्य उसका हाथ था;
- वैश्य उसकी जांघें थे;
- शूद्र उसके पैरों से उत्पन्न हुए;

तथाकथित चतुर्भुज जाति व्यवस्था जैसा कि हम भारत में पाते हैं, का आविष्कार बाद के ऋग्वेदिक युग में हुआ था। प्राचीन ईरान में यह चतुर्भुज विभाजन जन्म पर आधारित नहीं था। कुछ विद्वानों का मानना है कि हालांकि दूसरे, तीसरे और चौथे समूह (राठेस्ता, वस्त्रिया फ़क्सहौयनिया और हुइति) ने कोई जाति समूह नहीं बनाया। भारत में अपने शुरुआती चरण में भी मानव जाति का चतुर्भुज विभाजन संभवतः एक वंशानुगत संस्था नहीं थी, बल्कि कुछ बाद के अधिकारियों के अनुसार ऋण और कर्म पर आधारित थी। इस प्रकार भगवान गीता में घोषणा करते हैं कि "गुण और सक्रिय कार्य के विभाजन के अनुसार चतुर्भुज क्रम मेरे द्वारा बनाया गया था"। फिर से, "ब्राह्मण, क्षत्रिय, वैश्य के कार्य और शूद्रों को उनके अपने आंतरिक स्वभाव से उत्पन्न गुणों (गुणों) के अनुसार विभाजित किया जाता है"।

7.3 प्राचीन भारत में चतुर्वर्ण और चतुराश्रम का अर्थ और महत्व

ब्राह्मण, क्षत्रिय, वैश्य और शूद्र वे चार वर्ण हैं जिनका उल्लेख सबसे पहले ऋग्वेद के पुरुष-सूक्त में मिलता है। यह अब तक खोजा गया सबसे पुराना लिखित अभिलेख है। ऋग्वेद के 10वें मंडल के सूक्त के सोलह श्लोक पुरुष, ब्रह्मांडीय प्राणी को उसके विशाल रूप (विराट स्वरूप) में दर्शाते हैं। कई शिक्षाविदों के अनुसार, ऋग्वेद के पारिवारिक मंडलों (दूसरे से सातवें तक) की तुलना में ये अंतर्वेशन हैं। यह विशिष्ट श्लोक केवल यह बताता है कि ब्राह्मण, क्षत्रिय, वैश्य और शूद्र क्रमशः पुरुष के मुंह, दो भुजाओं, दो जांघों और दो पैरों से उत्पन्न हुए हैं। चूँकि उस समय कोई स्थापित जाति संरचना नहीं थी, इसलिए यह विभाजन जन्म के बजाय कार्य के अनुसार किया गया था। उस समय समाज के बढ़ने, विस्तार और अधिक जटिल होने के साथ-साथ उसे अधिक संगठित बनाने के प्रयास में प्रणालियाँ विकसित हो रही थीं। आश्रम प्रणाली ने जीवन को चार खंडों में विभाजित किया, इस विचार के आधार पर कि प्रत्येक व्यक्ति 100 वर्षों तक जीवित रहेगा। अध्ययन और अपने कौशल को विकसित करने में ब्रह्मचर्य अभ्यास और छात्र जीवन (ब्रह्मचर्याश्रम) के पहले 25 वर्ष लग गए। गृहस्थ जीवन (गृहस्थाश्रम) के अगले 25 वर्षों में, व्यक्ति धन कमाना शुरू करता है, शादी करता है, बच्चे पैदा करता है और उन्हें अच्छी तरह से पालता है। आध्यात्मिकता का पवित्र जीवन जीने और अपने बच्चों के जीवन में हस्तक्षेप से बचने के लिए पचास साल के बाद, जब बच्चे बड़े हो जाते हैं, तो आदमी जंगल संन्यासाश्रम के अंतिम 25 वर्ष त्याग, जंगल के सुदूर क्षेत्र में जाने, उच्च आध्यात्मिक अभ्यासों में संलग्न होने और ईश्वर के साथ एक होने के लिए तैयार होने में व्यतीत हुए। इन आश्रम जीवन शैलियों में यज्ञ करना शामिल था।

वैदिक विद्वानों को चार-स्तरीय वर्ण व्यवस्था का निरंतर अध्ययन करने का काम सौंपा गया था। सिद्धांत की शुरुआत से ही देवत्व और सामाजिक विभाजन की धारणा आई। कार्य की सिद्धि के लिए विभाजन की अनिवार्यता वैदिक और उत्तर-वैदिक सभ्यता दोनों में परिलक्षित हुई। वास्तव में, कार्य के वितरण के संदर्भ में, यह सत्य प्रतीत होता है। हालाँकि, संभावित क्षमता का प्रयास और गुण केवल जन्म की पहचान से ही तय होता है। इस प्रकार भारतीय लोग चार समूहों में विभाजित हैं:—

(i) ब्राह्मण/पुरोहित वर्ग

(ii) क्षत्रिय/शूरवीर क्रम

(iii) वैश्य/किसान और व्यापारी

(iv) शूद्र (मजदूर, वह वर्ग जो दूसरों की सेवा करता था)।

7.4 वर्ण (जाति) का विकास

परिचय

- वर्ण—इसका संदर्भ वैदिक और मध्यकालीन ग्रंथों में किसी वस्तु या लोगों के "रंग, नस्ल, जनजाति, प्रजाति, प्रकार, प्रकार, चरित्र, गुण, संपत्ति" से है।
- वर्ण का पहला उल्लेख प्राचीन संस्कृत ऋग्वेद के पुरुष सूक्तम श्लोक में मिलता है।
- इसके अनुसार, चार वर्ण हैं, ब्राह्मण, क्षत्रिय, वैश्य और शूद्र।
- भारत के आर्य इसे बाहर से लाए होंगे।
- ऋग्वेद के अनुसार, आर्य समूह के अप्रवासी थे जो गोरी चमड़ी वाले लोग थे। आर्यों का अंतिम उद्देश्य दमन द्वारा काली चमड़ी वालों को गुलाम बनाना था।
- आर्यों द्वारा दबाए गए और विरोध किए गए इन स्थानीय मूल निवासियों को "शूद्र" के रूप में जाना जाता था। शूद्रों को ऊपरी तीन स्तरों के लोगों द्वारा बहिष्कृत कहा जाता था।
- उन्हें प्रदूषण साफ करने और समाज की स्वच्छता व्यवस्था बनाए रखने जैसे व्यवसाय चुनने के लिए मजबूर किया गया। उन्हें अछूत कहा जाता था।

7.5 वर्ण व्यवस्था और जाति व्यवस्था में अंतर

वर्ण व्यवस्था लोगों के काम पर आधारित थी, लेकिन समय-समय पर यह जन्म पर आधारित जाति व्यवस्था में बदल जाती है। इसमें अगर कोई ब्राह्मण परिवार में जन्म लेता है तो वह ब्राह्मण होता है, वह ब्राह्मण कोई खास काम करता है। इसलिए समाज के एक खास स्तर पर जन्म से ही जाति व्यवस्था की शुरुआत हुई।

गीता की रचना लगभग 200 ईसा पूर्व में हो रही थी, शुरुआती धर्मसूत्र लेखक इस बात की जोरदार वकालत कर रहे थे कि चार गुना विभाजन मुख्य रूप से जन्म पर आधारित है। यह लेखन बताता है कि कैसे वर्ण धीरे-धीरे जाति में बदल गया।

हालांकि, वर्ण व्यवस्था पूरी तरह से खत्म नहीं हुई थी। डॉ. डी.आर. भंडारकर ने दिखाया है कि ऐतिहासिक काल में भारत में प्रवेश करने वाली विभिन्न विदेशी जनजातियों को जाति में शामिल किया गया था। यह वर्ण व्यवस्था के संचालन के माध्यम से ही संभव था, जिसे बाद के कार्यों के पन्नों में स्पष्ट किया गया है।

- उसी महाकाव्य में हमने पाया कि अच्छे कर्मों के माध्यम से एक शूद्र ब्राह्मण और एक वैश्य क्षत्रिय बन सकता है। हरिवंश में भी बताया गया है कि नभगरिष्ठ के दो पुत्र जो वैश्य थे, ब्राह्मण बन गए।

- इस प्रकार हम पाते हैं कि प्राचीन काल में वर्ण और जाति दोनों सिद्धांत एक साथ काम कर रहे थे।

ब्रह्म पुराण

- ब्रह्म पुराण संस्कृत भाषा में हिंदू ग्रंथों के अठारहवें प्रमुख पुराण संग्रह में से एक है। इसे सभी संकलनों में पहले महा-पुराण के रूप में सूचीबद्ध किया गया है और इसलिए इसे आदि-पुराण भी कहा जाता है
- इस ग्रंथ का एक अन्य शीर्षक सौर पुराण है, क्योंकि इसमें सूर्य देव के रूप में सूर्य से संबंधित कई अध्याय शामिल हैं।
- व्यास ने ब्रह्म पुराणम लिखा था जिसमें 18,000 श्लोक हैं।

ब्रह्म पुराण की पांडुलिपियाँ विश्वकोश हैं, जैसे कि ब्रह्मांड विज्ञान, संस्कार, वंशावली (नैतिकता और कर्तव्यों के अध्याय), प्रशासन, कूटनीति, व्यापार, भूगोल आदि। आदि पुराण, या प्राथमिक पुराण, सभी बाद के पुराणों की माँ, वेद व्यास द्वारा संकलित पाँचवाँ वेद है क्योंकि इसमें वैदिक विचारों को कहानी में प्रस्तुत किया गया है। हालांकि, इतिहासकार 5वीं शताब्दी के बाद से पौराणिक साहित्य के उदय का पता लगाते हैं, जो तीर्थ स्थलों की कहानी बताता है, साथ ही जाति पुराण भी हमें विभिन्न प्रकार की जातियों के बारे में बताता है। इस पाठ में, हमें अंतर-विवाह जाति के बारे में बताएं जो पवित्रता के नुकसान का परिणाम है, उदाहरण के लिए निषाद (ब्राह्मण पिता और शूद्र माताओं से पैदा हुए) और वैश्य पिता और ब्राह्मण माता से पैदा हुए) के बीच विवाह।

अन्य कथाओं में, समुदाय ने खुद को चवर वंश के राजाओं के रूप में पहचाना, जिन्होंने अपनी स्थिति खो दी, क्योंकि उन्होंने संकट में अनुष्ठान शुद्धता के नियमों को तोड़ा।

- जाति पुराण स्थानीय भाषाओं में लिखे गए हैं, और कई विशुद्ध रूप से मौखिक रूप में मौजूद हैं, कुछ लोगों को उनके स्थान पर रखने के लिए हैं और अन्य किसी जाति को उच्च्च दर्जा देने या उसके पेशे को उचित ठहराने, या बस अलग से काम करने के लिए हैं।
- फिर से ऐसे ही कालिका पुराण में, हमें कहानी मिलती है कि कैसे परशुराम ने पृथ्वी पर सभी क्षत्रियों को मार डाला, लेकिन उनके अजन्मे बच्चों को छोड़ दिया, और बशर्ते कि उन्हें योद्धा बनने के लिए नहीं पाला गया हो।
- बच्चों ने शिव का आह्वान करने और उनसे हथियार चलाने का अधिकार मांगने का फैसला किया। लेकिन परशुराम द्वारा आह्वान की गई सरस्वती ने उनकी जीभ घुमा दी और उन्होंने कहा कि हम व्यापारी बन सकते हैं। यह ताम्रकारों की जाति की कहानी है। इस प्रकार, समुदाय खुद को मुख्य रूप से क्षत्रिय मानता है, लेकिन भाग्य के फेर से वैश्य बनने के लिए मजबूर है।

7.6 वर्ण बनाम जाति

वर्ण

- व्यक्तिगत योग्यता, गुणों और सामाजिक आवश्यकताओं के आधार पर समाज के चार विभाजन।

- केवल 4 वर्ण
- शुरू में वंशानुगत नहीं
- अलग-अलग जातियाँ के माध्यम से वर्णों के अंतर्संबंध से उत्पन्न हुई लगती हैं
- अधिक अनुष्ठान और आध्यात्मिक आधारित
- अधिक सैद्धांतिक।

जाति

- एक ही व्यवसाय से जुड़े और विशिष्ट विशेषताओं वाले स्थानीय जन्म आधारित सामाजिक समूह
- हज़ारों जातियाँ
- वंशानुगत
- स्थानीयकृत/क्षेत्रीय सामाजिक व्यवस्थाएँ
- प्रत्येक जाति अपने संबंध को किसी एक वर्ण से जोड़ती है
- अधिक लौकिक, सांसारिक और सामाजिक-आर्थिक व्यवस्था
- वास्तविक और व्यावहारिक—लोगों के दैनिक जीवन को प्रभावित करती है।
- रीति-रिवाज, पहनावे और बोली में अंतर
- विभिन्न जातियों द्वारा प्राप्त अक्षमताएँ और विशेषाधिकार
- जाति व्यवस्था में क्षेत्रीय और स्थानीय विविधताएँ
- क्रमिक असमानता
- धार्मिक स्वीकृति
- जाति के कई अर्थ हो सकते हैं: कई लोगों के लिए यह राष्ट्र (राष्ट्र) को भी दर्शाता है

वर्ण (व्यवसाय के आधार पर सैद्धांतिक वर्गीकरण) और जाति (जाति) शब्द दो अलग-अलग अवधारणाएँ हैं। जाति (समुदाय) उपमहाद्वीप में प्रचलित हज़ारों अंतर्जातीय समूहों को संदर्भित करता है। एक जाति को समान गोत्रों के आधार पर बहिर्जातीय समूहों में विभाजित किया जा सकता है। शास्त्रीय लेखक वर्णों के अलावा शायद ही किसी और चीज़ के बारे में बात करते हैं; यहाँ तक कि इंडोलॉजिस्ट भी कभी-कभी दोनों को भ्रमित करते हैं।

जाति शब्द पारंपरिक रूप से भारतीय उपमहाद्वीप में लोगों के एक एकजुट समूह का वर्णन करने के लिए इस्तेमाल किया जाता है, जैसे कि एक जनजाति, समुदाय, कबीला, उप-कबीला या धार्मिक संप्रदाय। प्रत्येक जाति का आमतौर पर एक व्यवसाय, भूगोल या जनजाति के साथ संबंध होता है। विभिन्न धार्मिक मान्यताएँ (जैसे श्री वैष्णववाद या स्मार्तवाद या शैववाद) या भाषाई समूह भी कुछ जातियों को परिभाषित कर सकते हैं। इस शब्द का अक्सर अंग्रेजी में लगभग जाति के रूप में अनुवाद किया जाता है। वर्ण और जाति की अवधारणा के बीच एक स्पष्ट अंतर है। यह सच है कि जाति और पंथ सामाजिक स्थिति में एक दूसरे से संबंधित हैं, लेकिन अन्य आधारों पर हम उन्हें आसानी से एक दूसरे से अलग कर सकते हैं। वर्ण व्यवसाय के आधार पर समाज का एक विभाजन है जबकि 'जाति' एक ऐसा विभाजन है जो केवल 'वर्ण' व्यवस्था के मामले तक सीमित नहीं था। यह हिंदू

समाज की जन्म इकाइयों पर आधारित विभाजन है। केवल चार वर्ण हैं लेकिन जातियाँ हज़ारों हैं; चार वर्ण 'ब्राह्मण', 'क्षत्रिय', 'वैश्य' और 'शूद्र' हैं।

वेदों के अनुसार, जीवन की अन्य जिम्मेदारियों पर लगातार अतिक्रमण से समाज में अस्थिरता पैदा होती है। ब्राह्मण, क्षत्रिय, वनिश और शूद्र समाज की चार गुना प्रकृति बनाते हैं, जिनमें से प्रत्येक को उचित जीवन कर्तव्य और आदर्श स्वभाव सौंपा गया है। पहले तीन पदानुक्रमिक जातियों के पुरुषों को द्विज कहा जाता है; पहला, अपने माता-पिता से पैदा हुआ, और दूसरा अपने गुरु से पवित्र धागा दीक्षा के बाद जो वे अपने कंधे पर पहनते हैं।

7.7 भारतीय समाज में चार वर्ण

वर्ण व्यवस्था वेदों में भ्रूण प्रतीत होती है, जिसे बाद में उपनिषदों और धर्मशास्त्रों में विस्तृत और संशोधित किया गया:

1. **ब्राह्मण:** यज्ञ: यज्ञ, शिक्षण अध्ययन, और धार्मिक अनुष्ठान और प्रथाओं को ब्राह्मण के रूप में जाना जाता है; समाज में ब्राह्मणों का एक विशेष स्थान है। ब्राह्मणों को ज्ञान के अवतार के रूप में सम्मानित किया जाता था, जो समाज के सभी वर्णों को दिए जाने वाले उपदेशों और उपदेशों से घिरे थे। पुरोहित, गुरु, ऋषि, शिक्षक और विद्वान ब्राह्मण समुदाय का गठन करते थे। हालाँकि, अन्य वर्णों का कोई भी व्यक्ति भी ब्राह्मण बन सकता था, अक्सर ज्ञान प्राप्त करना और अपनी बुद्धि को विकसित करना महंगा पड़ता था, अच्छे कर्मों के माध्यम से एक शूद्र ब्राह्मण और एक वैश्य क्षत्रिय बन सकता है। हरिवंश हमें बताता है कि नभगरिष्ठ के दो पुत्र जो वैश्य थे, ब्राह्मण बन गए। सभी ब्राह्मण पुरुषों को पहले तीन वर्णों की महिलाओं से विवाह करने की अनुमति थी, जबकि शूद्र महिला से विवाह करने से ब्राह्मण को अपने पुरोहित पद से कुछ हद तक वंचित होना पड़ता था। फिर भी, अगर ब्राह्मण सहमत हो तो शूद्र महिला को अस्वीकार नहीं किया जाएगा। मनु स्मृति के अनुसार, एक ब्राह्मण महिला को केवल एक ब्राह्मण से ही विवाह करना चाहिए और किसी अन्य से नहीं, लेकिन वह पुरुष को चुनने के लिए स्वतंत्र है। दुर्लभ परिस्थितियों में उसे क्षत्रिय या वैश्य से विवाह करने की अनुमति है, लेकिन शूद्र पुरुष से विवाह करना प्रतिबंधित है। अंतरजातीय विवाह में प्रतिबंध इसलिए लगाए गए थे ताकि जोड़े से पैदा होने वाली संतानों में अपवित्रता न आए।
2. **क्षत्रिय:** ब्राह्मणों के बाद क्षत्रियों का स्थान आया। शरीर में भुजाओं का स्थान वही था जो समाज में क्षत्रियों का था। क्षत्रिय योद्धा कुल, राजा, प्रदेशों के शासक, प्रशासक आदि थे। सभी क्षत्रियों को कम उम्र से ही ब्राह्मणों के आश्रम में भेजा जाता था जब तक कि वे आवश्यक ज्ञान से पूरी तरह सुसज्जित न हो जाएं। उन्हें आपसी सहमति से सभी वर्णों की महिलाओं से विवाह करने की अनुमति थी। हालाँकि क्षत्रिय या ब्राह्मण महिला पहली पसंद होती थी, लेकिन शूद्र महिलाओं को क्षत्रिय से विवाह करने से नहीं रोका जाता था। क्षत्रिय महिलाएँ, अपने पुरुष समकक्षों की तरह, पुरुषोचित अनुशासन से सुसज्जित थीं, युद्धकला से पूरी तरह परिचित थीं, राजा की अनुपस्थिति में कर्तव्यों का निर्वहन करने का

अधिकार रखती थीं और राज्य के मामलों में भाग लेती थीं। हम तालगुंडा शिलालेख में पढ़ते हैं कि कैसे ब्राह्मण मयूरसरमन ने पृथ्वी पर विजय प्राप्त करने के लिए तलवार उठाई और उनके वंशजों ने मनु के अनुसार वर्मन की उपाधि धारण की, जो एक क्षत्रिय उपाधि थी, यानी वे क्षत्रिय बन गए।

3. **वैश्य:** वैश्य समाज में तीसरा वर्ण है, जो अक्सर ब्राह्मण और क्षत्रिय होते हैं, जिनका प्रतिनिधित्व कृषिविदों, व्यापारियों, साहूकारों और वाणिज्य से जुड़े लोगों द्वारा किया जाता है। वैश्य भी द्विज हैं और वे पुण्य जीवन के नियमों को सीखने और जानबूझकर या आकस्मिक दुराचार से बचने के लिए ब्राह्मण आश्रम जाते हैं। वैश्य महिलाएँ भी अपने पतियों को व्यापार, पशुपालन और कृषि में सहायता करती थीं। वे चार वर्णों में से अपनी पसंद का जीवनसाथी चुनने के लिए समान रूप से स्वतंत्र थीं।
   - व्यक्तिगत योग्यता, गुणों और सामाजिक आवश्यकताओं के आधार पर समाज के चार विभाजन।
   - केवल 4 वर्ण
   - शुरू में वंशानुगत नहीं
   - अलग-अलग जातियाँ हाइपरगैमी/हाइपोगैमी के माध्यम से पर्णों के अंतर्संबंध से उत्पन्न हुई लगती हैं
   - अधिक अनुष्ठान और आध्यात्मिक आधारित
   - अधिक सैद्धांतिक या किताबी अवधारणा/ढांचा।

4. **शूद्र:** अंतिम वर्ण एक समृद्ध अर्थव्यवस्था की रीढ़ का प्रतिनिधित्व करता है। शूद्र समाज में सबसे निचली जाति थी, उन्हें शरीर में पैर कहा जाता था। शूद्र सभी उच्च वर्गों की सेवा करने में असमर्थ थे, शूद्र सबसे अधिक विविधता वाले हैं क्योंकि उन पर अधिक प्रतिबंध प्रतीत होते हैं। हालाँकि, अथर्ववेद शूद्रों को वेदों को सुनने और कंठस्थ करने की अनुमति देता है और महाभारत भी; आश्रम में शूद्रों को शामिल करने और वेदों को सीखने का समर्थन करता है। शूद्र द्विज नहीं हैं, इसलिए उन्हें अन्य वर्णों की तरह पवित्र धागा पहनने की आवश्यकता नहीं है। शूद्र पुरुष को केवल शूद्र स्त्री से ही विवाह करने की अनुमति थी, लेकिन शूद्र स्त्री को चारों वर्णों में से किसी भी वर्ण से विवाह करने की अनुमति थी।

7.8 भारत में वर्ण व्यवस्था की उत्पत्ति

वर्ण का पहला उल्लेख ऋग्वेद के दसवें मंडल में पाए जाने वाले प्रसिद्ध "पुरुष सूक्तम" में मिलता है:

"ब्राह्मण उसका मुख था; राजन्य उसकी भुजा थी; वैश्य उसकी जांघें थे; शूद्र उसके पैरों से उत्पन्न हुए"।

विभिन्न अंगों की उत्पत्ति का संदर्भ उनके कार्य से संबंधित है। मुख से ब्राह्मण की उत्पत्ति अध्ययन और अध्यापन के कार्य से संबंधित है। जैसे बोलने का कार्य और इसने समाज की उत्कृष्टता को भी प्रदर्शित किया। क्षत्रियों को हाथ की रक्षा के कार्य के कारण भुजा कहा जाता है। वैश्य को जंघ। कहा

जाता है, क्योंकि यह शरीर को सहारा देने का काम करता है, इसलिए संसार का कार्य उत्पादन के माध्यम से समाज की सहायता करना है। शूद्र की स्थिति पैरों के समान है, जो श्रम तो करते हैं, परंतु उसका फल नहीं पाते।

अवेस्ता (जोरास्ट्रियन धर्म के धार्मिक ग्रंथों का प्राथमिक संग्रह जो अवेस्तान भाषा में रचित है) के अनुसार प्राचीन ईरानी लोग भी एक समान विभाग में विभाजित थे, अर्थात, अथर्व (पुजारी), रथेस्टस या सारथी (योद्धाओं के प्रमुख), वस्त्रिया फूयंत (कृषक और कारीगर) और ह्युति (संत)। इसका उल्लेख महाभारत के शांति पर्व में भी मिलता है।

इससे पता चलता है कि मानव जाति को चार समूहों में विभाजित करने की प्रणाली इंडो-इरामियन की विभिन्न शाखाओं के बीच विकसित हुई और यदि प्रत्यक्ष प्रमाण होते तो हम यह निष्कर्ष निकाल सकते थे कि भारत के आर्यों ने इसे बाहर से लाया होगा।

इस प्रकार यह माना जाता है कि तथाकथित चतुर्भुज जाति व्यवस्था जैसा कि हम भारत में पाते हैं, इसका आविष्कार बाद के ऋग्वेदिक युग में हुआ था।

7.9 भारत में जाति (जाति व्यवस्था) की उत्पत्ति

भारतीय समाज की पहचान जाति के आधार पर होती है। आज के समाज और राजनीति में जाति सबसे महत्वपूर्ण तत्व है। आज की जाति व्यवस्था को चुनावी राजनीति की अवधारणा के बिना नहीं समझा जा सकता। भले ही जाति व्यवस्था की आलोचना की जाती हो, लेकिन भारतीय राजनीति में जाति की भूमिका मतदान से लेकर मंत्रिमंडल के गठन तक स्पष्ट है। जाति एक पदानुक्रमित व्यवस्था है जिसमें स्तरीकरण और विभाजन पाया जाता है। विद्वानों के बीच जाति की उत्पत्ति ने भारतीय समाज में उनकी भूमिका के बारे में अलग-अलग राय दी है। कुछ विद्वान जाति व्यवस्था में ही जाति की उत्पत्ति का समर्थन करते हैं। सवाल उठता है कि क्या जाति व्यवस्था प्राचीन काल में भी मौजूद थी, समाज और राजनीति में इसकी कोई भूमिका थी और उपलब्ध साहित्यिक स्रोतों के आधार पर इसका विश्लेषण किया जा सकता है।

जाति

जनगणना रिपोर्ट से पता चलता है कि कम से कम तीन हज़ार जातियाँ विवाह और खान-पान में तेजी से अलग-थलग पड़ गईं और प्रत्येक ने विवाह और खान-पान में दूसरों से श्रेष्ठता का दावा किया। मानवविज्ञानी मानते हैं कि यह बहुलता निम्नलिखित कारकों के कारण है:

(क) विभिन्न कार्यात्मक समूहों का उदय, जिन्होंने वंशानुगत चरित्र प्राप्त किया और अंतर्विवाह तथा बहिर्विवाह के नियमों का पालन किया, जैसे बढ़ई, कुम्हार, सुनार, लोहार आदि।

(ख) ब्राह्मणवादी समाज में जनजातीय समूहों के प्रवेश के कारण जाति का उदय।

(ग) रेक्टेरियन जाति का उदय, जैसे महाभारत में लिंगायत और वनिसनव जाति आदि।

(घ) अन्य कारक, जैसे प्रवास, क्रॉस-ब्रीडिंग आदि।

यह निर्धारित करना कठिन है कि याज्ञवल्क्य के समय या उससे पहले सांप्रदायिक जाति थी या नहीं। मिश्रित जाति के ऐसे उदय की अन्य तीन प्रक्रियाएँ विजवामित्र और अन्य लोगों की स्थिति को

दर्शाती हैं जिन्होंने जन्म से नहीं बल्कि अपने कर्मों से ब्रह्मत्व प्राप्त किया था। जैसा कि हम पहले ही देख चुके हैं हरिवंश में नभगरिष्ठ के दो पुत्रों का उल्लेख है जो वैश्य थे लेकिन बाद में ब्राह्मण बन गए। हम तालगुंडा शिलालेख में पढ़ते हैं कि कैसे ब्राह्मण मयूरसरमन ने पृथ्वी पर विजय प्राप्त करने के लिए तलवार उठाई और उसके वंशजों ने वरहम की उपाधि धारण की, जो मनु के अनुसार क्षत्रिय उपाधि है यानी वे क्षत्रिय बन गए। याज्ञवल्क्य का मानना है कि माता-पिता का दोषरहित विवाह एक सज्जाति के जन्म की पूर्व शर्त थी। बालम भट्ट ने नियोग का वह रोचक प्रश्न उठाया है, जिसे स्वयं यांजवल्क्य ने वैध घोषित किया है, तथा कहा है कि "ब्राह्मण विधवा द्वारा नियोग विधि से उसके पति के छोटे भाई द्वारा पाला गया पुत्र भी ब्राह्मण है, यद्यपि इस मामले में पक्षकार एक दूसरे से विवाहित नहीं हैं, यह शास्त्र निर्मित ब्राह्मण का मामला है"। प्राचीन भारतीय समाज में अनेक जाति समूहों की उपस्थिति तथा उपजातियों की संख्या प्रतिदिन बढ़ रही है। पिछली जनगणना रिपोर्ट में कम से कम तीन हजार जातियों के अस्तित्व को दर्शाया गया है। मनु ने छह अनुलोम जातियों का उल्लेख किया है, लेकिन वास्तव में केवल तीन का नाम है: 1. अम्बसिहा, 2. निषाद, 3. उग्र। मनु द्वारा केवल तीन नामों की गणना से पता चलता है कि वह निश्चित नहीं था, जैसा कि पहले ही कहा जा चुका है, कि उच्च जाति के पुरुष तथा तत्काल अगली श्रेणी की महिला के बीच संबंधों की स्थिति क्या है। याज्ञवल्क्य इन अनुलोम उपजातियों की सामाजिक स्थिति के बारे में स्पष्ट रूप से कुछ नहीं कहते हैं, बल्कि केवल यह टिप्पणी करते हैं कि अनुलोमों को सत् या अच्छा जाना चाहिए, जबकि प्रतिलोम असत् या बुरे हैं।

7.10 भारत में जाति के सिद्धांत

भारत में जाति (जाति) की उत्पत्ति के बारे में कुछ प्रमुख सिद्धांत निम्नलिखित हैं:

7.10.1 पारंपरिक सिद्धांत

पारंपरिक ज्ञान यह मानता है कि जाति व्यवस्था की शुरुआत दैवीय है और वर्ण व्यवस्था के चार वर्ण ब्रह्मा के शरीर से निकले हैं। इस प्रकार, जाति व्यवस्था इस संरचना का विस्तार है। ब्राह्मण, जो ब्रह्मा के मुखिया थे और आमतौर पर शिक्षक और विचारक थे, पदानुक्रम के शीर्ष पर थे। ब्रह्मा की भुजाओं का उपयोग क्षत्रिय, योद्धा और राजा बनाने के लिए किया गया था; उनकी जांघों का उपयोग वैश्य, या व्यापारी बनाने के लिए किया गया था; और उनके पैरों का उपयोग शूद्र, या निचली जातियों को बनाने के लिए किया गया था। यानी, शूद्र का कार्य बाकी सभी की सेवा करना है, क्योंकि भुजाएँ सुरक्षा प्रदान करती हैं, जांघें खेती या व्यापार करने में सक्षम बनाती हैं, और पैर पूरे शरीर को सहारा देते हैं। इस दृष्टिकोण के समर्थक अपने दावे का समर्थन करने के लिए ऋग्वेद के पुरुषसूक्त और मनुस्मति जैसे अंशों का उपयोग करते हैं।

7.10.2 नस्ल आधारित सिद्धांत

संस्कृत में, जाति को वर्ण के रूप में जाना जाता है, जिसका अर्थ है रंग। यह चतुर्वर्ण व्यवस्था थी जिसने "ब्राह्मण, क्षत्रिय, वैश्य और शूद्र" को जन्म दिया और अंततः भारतीय सभ्यता में जाति व्यवस्था

को जन्म दिया। "भारत में जातियाँ और संस्कृति" में, भारतीय इतिहासकार डी.एन. मजूमदार का दावा है कि आर्यों के आगमन के बाद भारत में जाति व्यवस्था शुरू हुई।

ऋग्वेदिक साहित्य इस बात पर जोर देता है कि आर्य और गैर-आर्य भाषण, धार्मिक प्रथाओं, शारीरिक विशेषताओं और त्वचा के रंग के मामले में एक दूसरे से कैसे भिन्न हैं। वैदिक काल के दौरान प्रचलित वर्ण व्यवस्था का मुख्य आधार श्रम और पेशे का विभाजन था। ऋग्वेद में, तीन वर्गों ब्रह्म, क्षत्र और विश का कई बार उल्लेख किया गया है। ब्रह्म और कवि-पुजारी क्रमशः योद्धा प्रमुख और क्षत्र का प्रतिनिधित्व करते थे। विश सभी नियमित लोगों से बना है। ऋग्वेद में चौथे वर्ग का केवल एक बार उल्लेख है, जिसे "शूद्र" कहा जाता है। शूद्र वर्ग घरेलू कामगारों का प्रतिनिधित्व करता था।

7.10.3 राजनीतिक सिद्धांत

इस तर्क में तर्क दिया गया है कि ब्राह्मणों ने समाज में शक्ति और प्रमुखता प्राप्त करने के लिए एक चतुर चाल के रूप में जाति व्यवस्था का आविष्कार किया। डॉ. घुरये के अनुसार, "भारतीय-आर्य संस्कृति के ब्राह्मण वंशज जाति, गंगा में पले-बढ़े और बाद में भारत के अन्य क्षेत्रों में चले गए।" इसके अलावा, राजा का पक्ष जीतने और पुजारी के माध्यम से आध्यात्मिक योग्यता प्राप्त करने के लिए, ब्राह्मणों ने इस सिद्धांत को एकीकृत किया।

7.10.4 व्यावसायिक सिद्धांत

जाति के भीतर, व्यवसाय के आधार पर एक पदानुक्रम है। गंदे निगमों के लिए काम करने वाले लोगों के पास महान और बेहतर नौकरियां थीं। न्यूफील्ड के सिद्धांत के अनुसार, भारत में जाति व्यवस्था के निर्माण में श्रम और कार्य ही एकमात्र कारक थे। व्यावसायिक विचलन और कई उप-प्रजातियों, जैसे कि तेली, चमार और लोहार का निर्माण, कार्यात्मक विकास के साथ हुआ।

7.11 भारत में जाति व्यवस्था की विशेषताएँ

अतः निष्कर्ष के रूप में हम यह कह सकते है कि एक समाज विभिन्न छोटे-छोटे सामाजिक समूहों से बना होता है जिन्हें जातियाँ कहते हैं। इन सभी जातियों में सुस्थापित सामाजिक समूह होते हैं जिनकी सदस्यता जन्म से निर्धारित होती है। प्रत्येक जाति को जनजाति के अनुसार आगे विभाजित किया जाता है। एक ही जनजाति के लोगों के लिए विवाह करना वर्जित है क्योंकि माना जाता है कि वे सभी एक ही पूर्वज के वंशज हैं।

300 ईसा पूर्व में भारत में रहने वाले यूनानी खोजकर्ता मेगस्थनीज के अनुसार, विरासत में मिला व्यवसाय जाति व्यवस्था की दो विशेषताओं में से एक था। हालाँकि खाने-पीने की सीमाएँ हैं, लेकिन ब्राह्मणों के लंबे समय से चले आ रहे वर्चस्व के कारण हर कोई उनके द्वारा दिए जाने वाले भोजन को स्वीकार करता है। हालाँकि यह सभी जातियों के लिए पहचान योग्य है, लेकिन प्रत्येक का अपना नाम है।

कभी-कभी, कोई कंपनी किसी खास जाति से जुड़ी हो सकती है। निचली जातियों को बाहर करके और उन पर अपनी संस्कृति को दूषित करने का आरोप लगाकर, उच्च जातियों ने अपनी कथित आनुवंशिक, आध्यात्मिक और औपचारिक शुद्धता को बनाए रखा। प्रत्येक जाति की प्रतिष्ठा की रक्षा के लिए, परंपराएँ और जातिगत मानदंड काफी हद तक अपनाए जाते हैं। समुदाय इन्हें सार्वजनिक रूप से लागू करने के लिए पंचायत या निर्वाचित सभा का उपयोग करता है। किसी व्यक्ति की जाति उसके विवाह के विकल्प को प्रभावित करती है, साथ ही राज्य क्लबों, लाभ समूहों और अनाथालयों के उद्देश्य को भी प्रभावित करती है। एक जाति के वंशानुगत कौशल और ज्ञान को पीढ़ी दर पीढ़ी हस्तांतरित करके, इसने संस्कृति पर दबाव डालने और उत्पादकता सुनिश्चित करने में सहायता की है। सांस्कृतिक मानदंडों, मूल्यों और रीति-रिवाजों को प्रसारित करने की अपनी शक्ति के कारण जाति समाजीकरण में एक महत्वपूर्ण कारक है।

7.12 जाति और वर्ण के बारे में चर्चा

याज्ञवल्क्य का मानना है कि माता-पिता का दोषरहित विवाह सजला के जन्म की पूर्व शर्त थी, हालाँकि, विष्णु केवल बताते हैं लेकिन माता-पिता के विवाह के बारे में कुछ नहीं कहते हैं।

पहले की जनगणना रिपोर्ट कम से कम तीन हज़ार जातियों के अस्तित्व को दर्शाती है जो विवाह और भोजन में सख्ती से अनन्य हैं और प्रत्येक एक दूसरे पर श्रेष्ठता का दावा करती है। मानवविज्ञानी सोचते हैं कि यह बहुलता निम्नलिखित कारकों के कारण है:

(क) विभिन्न कार्यात्मक समूहों का उदय जिन्होंने वंशानुगत चरित्र प्राप्त किए और अंतर्विवाह और बहिर्विवाह के नियमों का पालन किया जैसे; बढ़ई, कुम्हार, सुनार, लोहार आदि।

(ख) ब्राह्मणवादी समाज में आदिवासी समूहों के प्रवेश के कारण जातियों का उदय।

(ग) महाराष्ट्र में लिंगायत और वैष्णव जातियाँ आदि।

(घ) अन्य कारक जैसे, प्रवास, क्रॉस ब्रीडिंग आदि।

याज्ञवल्क्य ने छह उपजातियों—मूर्धवसिक्त, अम्बष्ठ, निषादो, महिस्य उग्र और करण को अनुलोम के रूप में गिना है, अर्थात, माता-पिता से पैदा हुए जहाँ पिता उच्च और माता निम्न जाति या वर्ण से संबंधित हैं। विवरण इस प्रकार है:

"क्षत्रिय की बेटियों के साथ ब्राह्मण से मुसधवसिक्त पैदा होता है, वैश्य की बेटी अम्बष्ठ और शूद्र की बेटी से निषाद या परसाव"। "वैश्य की पुत्रियों से क्षत्रिय और शूद्र की पुत्री से क्रमशः महिष्य और उग्र उत्पन्न होते हैं।

प्रारंभिक धर्मसूत्र लेखकों के समय में उन्हें ब्राह्मणों का दर्जा प्राप्त था, लेकिन स्पष्ट रूप से उनका दर्जा मध्यदेश के ब्राह्मणों जितना ऊंचा नहीं था।

निषाद भी असभ्य संस्कृति की एक ऑस्ट्रो-एशियाई जनजाति थे और आर्यनदम के बाहर रहते थे।

आर.पी. चंदा बताते हैं कि पंचविंसा ब्राह्मण में विवजित यज्ञ करने वाले को निषादों के बीच तीन दिन तक रहना आवश्यक है, जबकि कात्यायन के श्रौतसूत्र और पैमिनी के मीमांसा में।

धर्मशास्त्र लेखक उन्हें पारसव की उपाधि देते हैं, जिसका अर्थ मनु ने "जीवित शव" बताया है।

डॉ. रायचौधरी बताते हैं कि "बाद के समय में अम्बष्ठ दक्षिण-पूर्वी भारत में मेकल पर्वतमाला के पास और बिहार और बंगाल में भी मगध और शूद्र से क्षत्रल और वैश्य लड़की से अयोगव पाए जाते हैं।" गौतम, कौटिल्य और मनु ने एक ही विवरण दिया है वैष्ठ ने पाँच नाम बताए हैं: चंडाल, सूत और तीन नए नाम अंत्यवसी, रामक और पुक्कस। वैदेहक या विदेह के लोग और मगध या मगध के लोग प्राचीन भारत के इतिहास में महत्वपूर्ण भूमिका निभाने वाली काफी प्रसिद्ध जनजातियाँ हैं। प्राचीन भारत में विदेह के राजा जनक का सम्मान किया जाता है। बिहार के पटना और गया जिलों के मगध निवासी स्पष्ट रूप से पूरी तरह से ब्राह्मण नहीं थे। परगिटास ने सुझाव दिया है कि यह उनके देश में था कि आर्यों ने संभवतः आक्रमणकारियों के एक समूह के साथ घुलमिल गए थे जो स्पष्ट रूप से समुद्र के रास्ते जाति से आए थे।"

इस आर्यावर्त का वर्णन इस प्रकार किया गया है:

"आदर्श या अदर्शन (अर्थात वह स्थान जहाँ सरस्वती नदी रेत में लुप्त हो जाती है, पंजाब में वर्तमान हिसार) के पूर्व में स्थित यह क्षेत्र; कलकौना (जिसे आमतौर पर प्रयाग या इलाहाबाद के पास एक जंगली क्षेत्र के रूप में पहचाना जाता है) के पश्चिम में; हिमालय के दक्षिण में, और परिपात्र (अर्थात वर्तमान विंध्य पर्वतमाला का पश्चिमी भाग) के उत्तर में स्थित इस क्षेत्र को आर्यावर्त कहा जाता है"।

अवन्ति, अंग, मगध, सुराष्ट्र, दक्षिणपथ, उपभारत-सिंधु और सौवीर के देश, अर्थात इसके चारों ओर की पट्टी में उपरोक्त आर्यावर्त है। भाषाविद उपरोक्त आर्यावर्त को आर्य समूह की आंतरिक पट्टी की भूमि कहते हैं, जबकि इसके चारों ओर आर्य समूह की बाहरी पट्टी है। आर.पी. चंद्रा बताते हैं कि इस बाहरी पट्टी में हम मध्य भूमि के आर्य समूह से भिन्न प्रजाति के लोगों से मिलते हैं।

मनु कहते हैं:

"पवित्र संस्कारों की उपेक्षा और ब्राह्मणों का गठन न करने के परिणामस्वरूप, क्षत्रियों की निम्नलिखित जनजातियाँ धीरे-धीरे इस दुनिया में शूद्रों की स्थिति में चली गईं। अर्थात, पौंड्रक, कोड, द्रविड़, कम्बज, यवन, शक, बड़ौदा, पह्लावे, सिनार, किरात, दर्दो"।

डॉ. डी.आर. भंडारकर ने दिखाया है कि कैसे यवन, शक आदि ब्राह्मणवादी समाज का अभिन्न अंग बन गए और कैसे उन्होंने सम्मानजनक स्थिति भी हासिल की। महान महाकाव्य इस बिंदु पर बहुत प्रकाश डालता है। इस प्रकार शकों की भूमि, शकद्वीप की बात करें तो जनजाति को भावपूर्ण श्रद्धांजलि दी जाती है और यह भी कहा जाता है कि लोगों का चार गुना विभाजन (चतुर्वर्ण्य) भी भूमि में प्रचलित है।

अनुलन और प्रतिलोम के सिद्धांत को प्रतिपादित किया गया क्योंकि वे मानते थे कि जन्म सामाजिक विभाजन का आधार है। आदिवासी जातियों के मामले में, हम एक बहुत ही महत्वपूर्ण तथ्य देखते हैं। यदि हम धर्मशास्त्र के विवरण का विश्लेषण करते हैं तो हम पाते हैं कि इसके उच्च स्तर पर ब्राह्मणवादी संस्कृति का एक स्तर है जिसके नीचे अनार्य या गैर-ब्राह्मणवादी परतें हैं।

याज्ञवल्क्य केवल पाँचवीं या सत्तरवीं में विवाह के माध्यम से जाति के उत्थान की बात करते हैं। दूसरी ओर, आपस्तम्ब का मानना है कि जाति परिवर्तन केवल वर्तमान जन्म के कर्मों के माध्यम से अगले जन्म में ही संभव है: "निम्न जाति के लोग यदि अपने कर्तव्यों का पालन करते हैं, तो वे अगले जन्मों में अगले उच्च जन्म में जन्म लेते हैं। उच्च जाति के लोग यदि अपने कर्तव्यों की उपेक्षा

करते हैं, तो वे अगले जन्मों में अगले निम्न जन्म में जन्म लेते हैं। गौतम और मनु जाति परिवर्तन के लिए सात जन्मों या पीढ़ियों की बात करते हैं, जबकि याज्ञवल्क्य पाँच या सात की बात करते हैं।

7.13 ऋग्वेद में वर्ण जाति के संबंध में विवाद

वर्णों को ऋग्वेद (सबसे पुराना जीवित भारतीय ग्रंथ) में एक स्तोत्र के बाद से जाना जाता है, जिसमें ब्राह्मण (पुजारी), क्षत्रिय (कुलीन), वैश्य (सामान्य व्यक्ति) और शूद्र (सेवक) को मुख्य व्यक्ति (पुरुष) के मुख, भुजाओं, ऊँटों और पैरों से सृष्टि के चौथे क्रम में दर्शाया गया है। पहले तीन वर्णों के पुरुष "द्विज" (दिव्य) होते हैं: आध्यात्मिक पुनर्जन्म (उपनयन) के समारोह से गुजरने के बाद, उन्हें सदस्य के रूप में दीक्षा दी जाती है और सभी वेदों का अध्ययन करने के लिए स्वतंत्र होते हैं। हिंदू धर्म के प्राचीन ग्रंथ। शूद्र आम लोगों, चरवाहों के रूप में सेवा में रहते हैं और शासक वर्गों यानी धर्मनिरपेक्ष क्षत्रिय या बैरन और धर्मनिरपेक्ष ब्राह्मणों के साथ विपरीत व्यवहार करते हैं। ब्राह्मण और क्षत्रिय खुद इस मायने में विपरीत हैं कि पूर्व पुजारी हैं, जबकि बाद वाले का वास्तविक वर्चस्व है। पुराने विवरण में वंशानुगत सदस्यता की तुलना में वर्गों के कार्यों पर बहुत अधिक जोर दिया गया है, जाति के विपरीत जो कार्यों पर आनुवंशिकता पर जोर देती है। चार वर्गों (चतुर्वर्ण्य) की प्रणाली पारंपरिक कानून निर्माताओं के समाज के विचारों के लिए मौलिक है। उन्होंने प्रत्येक के लिए दायित्वों का एक अलग सेट निर्दिष्ट किया। ब्राह्मण का कार्य वैश्य को खेती करने और शूद्र को सेवा करने के लिए संरक्षण देने के लिए बैरन का अध्ययन करना और सलाह देना है। इतिहास से पता चलता है कि, हालांकि, चार-वर्गीय व्यवस्था केवल एक सामाजिक मॉडल थी, फिर एक वास्तविकता बन गई। जातियों (या जाति) की बहुलता को चार वर्गों और उनके वंशजों के बीच अतिविवाही और अतिविवाही गठबंधन के परिणाम के रूप में समझाया गया है। शूद्रों को उनमें शामिल करना गरिमा का एक उपाय है। पाँचवीं श्रेणी की अनौपचारिक स्वीकृति के लिए अभी भी अन्य को समायोजित करने का एक कदम। पंचम (संस्कृत: "पाँचवाँ"), जिसमें "अछूत" वर्ग और अन्य शामिल हैं, जैसे कि आदिवासी समूह, जो व्यवस्था से बाहर हैं और, परिणामस्वरूप, अवर्ण ("वर्ग") आधुनिक समय में, पारंपरिक हिंदू, जाति व्यवस्था की असमानताओं के प्रति जागरूक हैं, फिर भी चार-वर्ण व्यवस्था को अच्छे समाज के लिए मौलिक मानते हुए, अक्सर जातियों को फिर से संगठित करके इस स्पष्ट वर्ण व्यवस्था की वापसी की वकालत करते हैं। बदले में, अलग-अलग जातियों ने एक विशेष वर्ण के साथ पहचान करके और उसके पद और सम्मान के विशेषाधिकारों की मांग करके अपने सामाजिक रैंक को बढ़ाने की कोशिश की है।

चित्तपावन

चित्तपावन को पोरन (गोवा का क्षेत्र) और पश्चिमी भारत के महाराष्ट्र राज्य में ब्राह्मणों की पोंकोनोस्थ जाति भी कहा जाता है। वे पूना के पेशवाओं (1713–1818) के शासन के दौरान प्रशासक के रूप में महाराष्ट्र में काफी प्रतिष्ठित हुए, जो इस जाति से संबंधित थे। उनके बीच गोरे रंग और हल्के रंग की आंखों की प्रधानता ने इस अटकल को जन्म दिया है कि वे जहाज से आए यूरोपीय नाविकों के वंशज हैं, जबकि कई चित्तपावन ब्राह्मण प्रशासनिक परंपरा को जारी रखते हैं, अन्य जुलूस और छात्रवृत्ति में सक्रिय हैं।

सेट्टी

दक्षिणी भारत में फैली जातियों का सेट्टी समूह, मोटे तौर पर बनियों के समान है, जो उत्तर में व्यापारी जातियों का एक समान समूह है। वे मुख्य रूप से बैंकर, साहूकार, साहूकार, दुकानदार और व्यापारी के रूप में व्यापारिक कार्यों में माहिर हैं। वे एक विशेष व्यापार शब्दावली का प्रयोग करते थे जिसमें कुछ निश्चित सेट्टी महलों में आकृतियों के लिए कमोबेश गुप्त नाम होते थे, सामूहिक विवाह 10 या 15 वर्षों के अंतराल पर आयोजित किए जाते थे। जाहिर तौर पर अर्थव्यवस्था के कारणों जैसे विवाह का मौसम कई महीनों तक चलता था।

जाति

जाति को हिंदू समाज में जाति भी कहा जाता है। यह शब्द संस्कृत के जटा से लिया गया है, जिसका अर्थ है "जन्म लेना" या "अस्तित्व में लाना" और यह जन्म से निर्धारित अस्तित्व के रूप को दर्शाता है। भारतीय दर्शन में जाति (जीनस) उन चीजों के समूह का वर्णन करती है, जिनमें समाजशास्त्रीय रूप से सामान्य विशेषताएं होती हैं, जाति का उपयोग हिंदुओं के बीच एक जाति समूह को इंगित करने के लिए सार्वभौमिक रूप से किया जाने लगा है।

सबसे पुराने वैदिक पाठ में क्षत्रिय (क्षत्र या अधिकार के धारक) को पहले स्थान पर रखा गया है, फिर ब्राह्मण (पुजारी और कानून के शिक्षक), फिर वैश्य (व्यापारी-व्यापारी), और अंत में शूद्र (कारीगर और मजदूर)। व्यक्तियों और समूहों का एक वर्ग से दूसरे वर्ग में ऊपर और नीचे की ओर जाना असामान्य नहीं था; स्थिति में वृद्धि उस समय के शासकों के लिए उत्कृष्ट सेवा के लिए एक मान्यता प्राप्त पुरस्कार थी। किंवदंती है कि

मैथिल

मैथिल ब्राह्मण बिहार भारत (प्राचीन मिथिला साम्राज्य का क्षेत्र) में ब्राह्मणों की जाति अपनी रूढ़िवादिता और सीखने में रुचि के लिए प्रसिद्ध थी। इन ब्राह्मणों के नामों के बाद आमतौर पर मिश्र नाम आता है; कई महान विद्वान इस जाति के सदस्य रहे हैं, विशेष रूप से वसुपति मिश्र (**9**वीं शताब्दी)। उनके पास कोई और स्थानिक विभाजन नहीं है, लेकिन पाँच पदानुक्रमित समूहों के बीच विवाह का एक जटिल पैटर्न देखते हैं, जिनमें से प्रत्येक अपने से नीचे के समूह से पत्नी ले सकता है। क्षत्रिय को क्षत्रिय या कस्त्रिया भी लिखा जाता है, जो हिंदू भारत के चार वरहों या सामाजिक वर्गों में अनुष्ठान की स्थिति में दूसरा सबसे ऊंचा है, पारंपरिक रूप से सैन्य या शासक वर्ग। क्षत्रियों को उनके अत्याचार की सजा के रूप में विष्णु जी के छठे अवतार परशुराम ने नष्ट कर दिया था, कुछ विद्वानों का मानना है कि यह पुजारी और शासकों के बीच वर्चस्व के लिए एक लंबे संघर्ष को दर्शाता है। मनु-स्मृति (हिंदू कानून की एक पुस्तक) और अधिकांश अन्य धर्मशास्त्रों (शुद्धिशास्त्र का कार्य) जैसे ब्राह्मी ग्रंथ ब्राह्मणों की जीत की रिपोर्ट करते हैं, लेकिन महाकाव्य ग्रंथ अक्सर एक अलग विवरण देते हैं, और यह संभावना है कि सामाजिक वास्तविकता में शासक आमतौर पर पहले भाग लिए हों। दलितों (विशेष रूप से विष्णु जी, कृष्ण जी और भगवान राम जी) का शासकों के रूप में लगातार प्रतिनिधित्व इस बात को पुष्ट करता है, जैसा कि हिंदू इतिहास के अधिकांश भाग में धार्मिक भूमिकाओं और विशेषाधिकारों की विस्तृत सेवाएँ इतिहास से संबंधित हैं। ये बड़े पैमाने पर एक शासक की छवि को धर्म (धार्मिक

और नैतिक कानून) और शुभ धन के संरक्षक के रूप में पुष्ट करते हैं। आधुनिक समय में क्षत्रिय वर्ण में जाति समूहों का एक व्यापक वर्ग शामिल है, जो स्थिति और कार्य में काफी भिन्न हैं, लेकिन शासक पद, युद्ध की खोज या भूमि पर कब्जे के अपने दावों से एकजुट हैं।

7.14 प्राचीन भारत में जनजातियों का भौगोलिक विस्तार

ऋग्वेद हमें प्रारंभिक वैदिक काल के भौगोलिक विस्तार का अंदाजा देने वाला एकमात्र स्रोत है। जब प्रारंभिक ऋग्वेदिक भजन लिखे गए थे, आर्य संस्कृति का केंद्र जमुना और सुतुद्री (सतलुज) के बीच का किनारा और सरस्वती नदी के ऊपरी हिस्से में था।

ऋग्वैदिक जनजातियों द्वारा अंततः कब्जा किए गए भौगोलिक क्षेत्र को स्पष्ट रूप से उन क्षेत्रों और नदियों, पहाड़ों, इलाकों, जनजातियों और राज्यों के उल्लेख से संकेत मिलता है, जो उन्हें आसानी से पहचानने की अनुमति देते हैं। ऋग्वेद में निम्नलिखित नदियों का उल्लेख है: कुभा (आधुनिक काबुल), सुवस्तु (स्वाल) क्रुमु (कुर्रम), गोमती (गुमल) सिंधु (इंडस) और इसकी दो सहायक नदियाँ अर्थात विस्टा (झेलम), अस्किन (चिनाब) परुश्री (रावी), सुतुद्री (सतलज), और विपासा (ब्यास) सोषमा (सोहन) मरुद्रिविधा (मर्याउनर्दिका) सरस्वती दृषद्वती (राप्शी या चितंग), यमुना, गंगा और सरुआ। इन नदियों का उल्लेख आर्यों के कब्जे में देश के काफी हिस्से को दर्शाता है इस क्षेत्र के अधिकांश भाग को आर्यों द्वारा सप्त सिंधु या सात नदियों की भूमि के रूप में जाना जाता था (जिसमें सिंधु, सिंधु और सरस्वती नदी की पाँच सहायक नदियाँ शामिल थीं)। आर्यों के देश को बाद के शास्त्रों में आर्यावर्त के रूप में भी नामित किया गया था।

ऋग्वेदिक आर्य समुद्र या महासागरों से परिचित नहीं थे। ऋग्वेद में समुद्र शब्द का उल्लेख है जिसका अर्थ संभवतः इस काल में केवल जल का संग्रह था, समुद्र नहीं। ऋग्वेदिक आर्य किसी भी प्रकार के रेगिस्तान से परिचित नहीं थे।

ऋग्वेदिक ऋषि हिमालय या हिमवंत पर्वत से अच्छी तरह परिचित थे, लेकिन विंध्य या सतपरास से नहीं। अन्य पहाड़ियाँ आर्यिका मयवंत (सोम शिलामेंट (सुलेमान पर्वतमाला) आदि के स्रोत के रूप में संदर्भित) को संदर्भित करती हैं। वैदिक द्रायणों को ज्ञात संपूर्ण क्षेत्र कई जनजातीय रियासतों में विभाजित था, जिन पर सामान्यत: विभिन्न जनजातियों के नेता या विभिन्न जनजातियों के नेता या राजा शासन करते थे। दशराजन युद्ध या युद्ध में अक्सर विभिन्न ऋग्वैदिक मनुष्यों के प्रति राजाओं के रवैये का उल्लेख मिलता है, कई महत्वपूर्ण वैदिक जनजातियों और उनके व्यक्तित्व का उल्लेख मिलता है। यह युद्ध जनजाति परिवार के भरत राजा सुदास और विष्णुमित्र के नेतृत्व में तत्कालीन राजाओं के जनजातीय संघ के बीच हुआ था; इस संघ में पांच प्रसिद्ध जनजातियाँ पुरु, यदु, तुर्वस, अनु और द्रेकेय शामिल थीं—साथ ही पाँच कम प्रसिद्ध जनजातियाँ, अर्थात अलीना, पप्ता, भभनास, शिवा और विशनिन भी शामिल थीं। परुष्णी (रावी) नदी के तट पर हुए खूनी संघर्ष सुदास को राजा भेड़ा के नेतृत्व में तीन गैर आर्य जनजातियों—अजस सिग्रीस और यक्षों के खिलाफ लड़ना पड़ा, लेकिन ये नए संघ भी यमुना नदी के तट पर पराजित हुए। भरत ऋग्वैदिक युग में सरस्वती और यमुना के बीच के क्षेत्र में बसे थे। पुरुस सरस्वती के दोनों ओर रहने वाली एक और बहुत महत्वपूर्ण जनजाति थी।

अनुस, पायथीस, यदु और तुर्वसस भरत के खिलाफ पुरुस के सहयोगी थे। ये पांच ऋग्वेद के पंचजनह (पांच लोग) हैं ज़िमर के अनुसार, यदु और तुर्वस जनजातियाँ दक्षिणी पंजाब में रहती थीं। सुदूर उत्तर पश्चिम में गांधारी, पक्थस, एलिनास, भौआना और विशनिन का कब्जा था। शहीद और चेदि पंजाब के दक्षिण में राजस्थान और मालवा के क्षेत्र में बसे थे। आर्यों के मुख्य विरोधी गैर आर्यन मूल के स्वदेशी लोग जैसे पणि और दास थे। ऋग्वेद में पणियों को धनी लोगों के रूप में वर्णित किया गया है, जिन्होंने वैदिक पुजारियों को संरक्षण देने और वैदिक अनुष्ठान करने से इनकार कर दिया था, और जिन्होंने आर्यों के मवेशियों को चुरा लिया था। पणियों से ज़्यादा घृणा दासों या दसियों से की जाती थी, जो काली चमड़ी वाले दुष्ट और बलि न देने वाले थे और आर्यों की भाषा से बिल्कुल अलग भाषा बोलते थे। अन्य प्रमुख गैर-आर्य जनजातियाँ अमासा अयग्ना, अव्रता, आकाशमन, असुर, मर्डवोर्क आदि थीं।

उत्तर वैदिक काल (1000–600 ई.पू.)

इस काल में आर्यों ने पूर्वी उत्तर प्रदेश, उत्तरी बिहार और पूर्वी राजस्थान के कुछ हिस्सों में अपना विस्तार किया। शतपथ ब्राह्मण पूर्वी मैदानी इलाकों में इस विस्तार पर प्रकाश डालता है।

इसमें राजकुमार विदेघ माधव द्वारा 'विधा' नामक एक राज्य की स्थापना की रिपोर्ट दी गई है। पुरुओं और भरतों को मिलाकर कुरु बनाए गए, जिनके साम्राज्य का नाम आधुनिक थानेश्वर दिल्ली और ऊपरी दोआब था। पांचाल भी एक मिश्रित वर्ग थे, जिनका क्षेत्र मोटे तौर पर आधुनिक बरेली, बदायूं, फर्रुखाबाद और आसपास के जिलों के बराबर है। इस काल का प्रमुख सामाजिक-राजनीतिक केंद्र गंगा-यमुना दोआब का पुरु-पंचाल जनपद था।

इसके अलावा, पूर्व में क्षेत्र, जैसे कि कासल (पूर्वी उत्तर प्रदेश, इसकी प्रारंभिक राजधानी अयोध्या थी, बाद में इसे सरस्वती, काशी (वाराणसी), विदेह (उत्तर बिहार), मगध (दक्षिण बिहार), अंग (सोन और गंगा नदियों पर अपनी बस्तियां स्थापित की) और वंगस (पूर्वी बंगाल) द्वारा बदल दिया गया। उत्तरी जनजातियाँ उत्तरकुरुस, उत्तरा मद्रास, गांधारी, कम्बोज और केकय थीं। दक्षिण भारत में सतवंत, विदर्भ, निषाद आदि जनजातियाँ थीं। ऐतरेय ब्राह्मण में उल्लिखित उत्तर वैदिक काल की कुछ गैर आर्य जनजातियाँ आंध्र पंड्रास सतारा, पुलिंदसाद मातृब्स हैं। बाद के वैदिक ग्रंथों में नर्मदा, गंडक, चंबल आदि नदियों का उल्लेख है। शतपथ ब्राह्मण में पूर्वी और पश्चिमी समुद्रों (बंगाल की खाड़ी और अरशन समुद्र) का उल्लेख है माधगदेश (मध्य भारत) और दक्षिणपथ (दक्षिण भारत)

जाति एक ऐसी व्यवस्था है जो प्राचीन काल से ही भारतीय समाज का हिस्सा रही है। इसकी संरचनात्मक संरचना के अनुसार, जाति व्यवस्था को समाज द्वारा इसके मूल के बारे में अलग-अलग राय के बावजूद स्वीकार किया जाता है। भारतीय संस्कृति, रीति-रिवाज, जाति और पंथ आज भी बहुत हद तक प्रभावी हैं। व्यावहारिक रूप से, जाति व्यवस्था के उच्च और निम्न स्तरीकरण के विचार को व्यक्त किया जाता है। समाज में जाति और जाति-आधारित परंपराएँ मौजूद हैं, हालाँकि संविधान के तहत जाति के आधार पर भेदभाव निषिद्ध है। भारतीय समाज के बारे में, जो वैदिक युग से है, वर्ण और जाति को समझने के साधन के रूप में माना जा सकता है। फिर भी, वर्ण व्यवस्था पूरी तरह से गायब नहीं हुई थी। लेकिन वर्ण व्यवस्था विलुप्त होने से बहुत दूर थी। डॉ. डी.आर. भंडारकर ने

यह प्रदर्शित किया है कि कैसे अतीत में भारत में आने वाली विभिन्न विदेशी जनजातियों को जाति व्यवस्था में स्वीकार किया गया था।

7.15 निकोलस डर्क्स का जाति पर दृष्टिकोण

अपनी 2001 की पुस्तक "कास्ट्स ऑफ माइंड: कोलोनियलिज्म एंड द मेकिंग ऑफ मॉडर्न इंडिया" में अमेरिकी विद्वान निकोलस बी. डर्क्स (1947) ने बताया कि कैसे भारतीय जाति व्यवस्था को जनगणना और औपनिवेशिक स्वामियों की शासन करने की शक्ति द्वारा समर्थन प्राप्त था। वास्तव में, निकोलस डर्क्स के अनुसार, जाति न तो एक अखंड व्यवस्था है जो एक मौलिक सांस्कृतिक आदर्श को मूर्त रूप देती है और न ही प्राचीन भारत से अपरिवर्तित अवशेष है। जाति एक हालिया घटना है जो भारत और ब्रिटिश औपनिवेशिक नियंत्रण के बीच एक विशिष्ट ऐतिहासिक मुठभेड़ से उभरी है, न कि भारतीय परंपरा का एक मौलिक प्रतिनिधित्व है। डर्क्स यह दावा नहीं करते कि अंग्रेजों ने जाति का आविष्कार किया। हालाँकि, ब्रिटिश शासन के तहत जाति एक एकल शब्द में एकीकृत हो गई, जो भारत की कई सामाजिक पहचानों और संगठनात्मक संरचनाओं को समाहित कर सकती थी। अठारहवीं सदी के जेसुइट की टिप्पणियों से लेकर उन्नीसवीं सदी के उत्तरार्ध की जनगणना के गणना संबंधी जुनून तक, डर्क्स ने दक्षिण भारत के मध्ययुगीन राज्यों से लेकर आरंभिक औपनिवेशिक अभिलेखों के पाठ्य-सामग्री तक जाति के कैरियर का पता लगाया है; औपनिवेशिक प्रशासकों के नृवंशविज्ञान संबंधी लेखन से लेकर बीसवीं सदी के भारतीय विद्वानों के लेखन तक, जो नृवंशविज्ञान को औपनिवेशिक विरासत से बचाने की कोशिश कर रहे हैं। इसके अलावा, उनकी किताब **20**वीं सदी में जाति की राजनीति के विकास की जांच करती है, जिसमें जाति-आधारित आंदोलनों के आगमन पर विशेष ध्यान दिया गया है, जिसने राष्ट्रवादियों की आम सहमति को खतरे में डाल दिया है।

7.16 दीपांकर गुप्ता के अनुसार वर्ण और जाति

प्रसिद्ध समाजशास्त्री दीपांकर गुप्ता भारतीय समाज में वर्ण और जाति के विचारों पर अवधारणात्मक दृष्टिकोण प्रस्तुत करते हैं। सदियों से, भारत की सामाजिक संरचना दो महत्वपूर्ण सामाजिक संरचनाओं द्वारा ढाली गई है: वर्ण और जाति। वर्ण, ऋग्वेद और अन्य प्राचीन भारतीय साहित्य में पाए जाने वाले समाज के चार विभाजनों को दिया गया नाम है। चार वर्ण शूद्र (श्रमिक और सेवक), वैश्य (व्यापारी और किसान), क्षत्रिय (योद्धा और शासक) और ब्राह्मण (पुजारी और विद्वान) हैं। गुप्ता के विचार में वर्ण एक सैद्धांतिक संरचना है जो सामाजिक पदों और रोजगार पर आधारित एक आदर्श सामाजिक संरचना का प्रतीक है। गुप्ता के अनुसार, वर्ण एक ढांचा है जो कठोर प्रणाली के बजाय सामाजिक गतिशीलता की अनुमति देने के लिए पर्याप्त लचीला है। वह इस बात पर जोर देते हैं कि व्यक्ति अपनी क्षमताओं और उपलब्धियों के आधार पर वर्णों में यात्रा कर सकते हैं। हालाँकि, गुप्ता मानते हैं कि सामाजिक गतिशीलता वास्तव में सीमित रही है और वर्ण को अक्सर सामाजिक स्थिति और विरासत में मिले पेशे से जोड़ा जाता रहा है।

दीपाकर गुप्ता के अनुसार, "भारतीय जाति व्यवस्था: एशियाई से सामंती उत्पादन पद्धति तक" (वर्ण से जाति तक)। एशिया में उत्पादन के दो मुख्य तरीके वर्ण और जाति थे। वर्ण की विशेषता सामान्य शोषण थी, जबकि जाति सामंती उत्पादन पद्धति का परिणाम थी, जिसकी विशेषता एक बंद गाँव में स्थानीयकृत शोषण थी। जाति के कृषि कार्य वर्ण योजना की सभी श्रेणियों के लिए खुले थे, और निचले वर्ग काफी आत्मनिर्भर थे, जिससे किसानों और कारीगरों के बीच अंतर करना मुश्किल हो गया।

दूसरी ओर, प्रत्येक वर्ण के भीतर मौजूद विभिन्न जातियों या उपसमूहों को जाति कहा जाता है। जाति ज्यादातर जन्म से निर्धारित होती है और इसे अंतर्जातीय विवाह या अंतरजातीय विवाह और पेशेवर विशेषज्ञता द्वारा परिभाषित किया जाता है। वर्ण के विपरीत, गुप्ता का तर्क है कि जाति एक अधिक मूर्त और सीमित सामाजिक इकाई है। किसी व्यक्ति का व्यवसाय, सामाजिक संपर्क और सामाजिक पहचान जाति द्वारा निर्धारित होती है।

गुप्ता इस बात पर जोर देते हैं कि जाति एक बहुआयामी सामाजिक घटना है जिसमें सामाजिक पदानुक्रम, रिश्तेदारी, व्यवसाय और अनुष्ठान जैसे कई तत्व शामिल हैं। प्रत्येक जाति की अपनी परंपराएँ, प्रथाएँ और नियम होते हैं जो नियंत्रित करते हैं कि उसके सदस्य कैसे व्यवहार करते हैं और एक दूसरे से कैसे संबंध रखते हैं। एक समुदाय में, सामाजिक सद्भाव को बनाए रखने और पारस्परिक संबंधों को नियंत्रित करने के लिए जाति आवश्यक है। गुप्ता वर्ण और जाति के विचारों के बीच के संबंध और अंतर को उजागर करते हैं। जाति सामाजिक विभाजन की वास्तविक अभिव्यक्ति है, जबकि वर्ण सैद्धांतिक आधार है।

गुप्ता का तर्क है कि वर्ण और जाति के बीच की कड़ी गतिशील और बहुआयामी है, जो समाज को चार प्राथमिक श्रेणियों में व्यापक वर्गीकरण प्रदान करती है, जबकि जाति इन श्रेणियों को असंख्य अद्वितीय समूहों में विभाजित करती है। वर्ण एक व्यापक रूपरेखा प्रदान करता है, जबकि जाति प्रत्येक वर्ण को विविधता और विशिष्टता की अतिरिक्त परतें प्रदान करती है। गुप्ता के अनुसार, जाति को अक्सर सामाजिक बहिष्कार और नियंत्रण के लिए एक उपकरण के रूप में नियोजित किया गया है, जिसके परिणामस्वरूप पूर्वाग्रह और असमानता जारी रही है।

गुप्ता वर्ण और जाति की अपनी जांच के माध्यम से भारतीय सामाजिक व्यवस्था के जटिल कामकाज को स्पष्ट करते हैं। वे सामाजिक गतिशीलता की संभावना पर प्रकाश डालते हैं और इस विचार का खंडन करते हैं कि वर्ण एक निश्चित और अडिग संरचना है। गुप्ता इस बात पर भी जोर देते हैं कि जाति सामाजिक संबंधों को कैसे नियंत्रित करती है और सामाजिक पहचान को आकार देती है। फिर भी, गुप्ता के दृष्टिकोण की आलोचना की गई है। कुछ लोग तर्क देते हैं कि सामाजिक गतिशीलता पर जोर देकर, वे भेदभाव और संस्थागत बाधाओं को नजरअंदाज करते हैं जो बहिष्कृत समूहों को सामाजिक गतिशीलता की सीढ़ी पर आगे बढ़ने से रोकते हैं। कुछ लोग तर्क देते हैं कि गुप्ता का तर्क यह बताने में विफल रहता है कि जाति किस तरह वर्ग और लिंग सहित अन्य प्रकार की सामाजिक असमानताओं के साथ जुड़ती है। वर्ण और जाति के बारे में दीपांकर गुप्ता की समझ भारतीय सामाजिक व्यवस्था में महत्वपूर्ण अंतर्दृष्टि प्रदान करती है। उनका दृष्टिकोण जाति-आधारित सामाजिक सीमाओं की जटिल और सूक्ष्म प्रकृति पर जोर देता है जबकि वर्ण और जाति के बीच गतिशील लिंक को उजागर करता है। भले ही गुप्ता के दृष्टिकोण का महत्वपूर्ण प्रभाव पड़ा हो, लेकिन इन विचारों के बारे में विरोधी तर्कों और वर्तमान चर्चाओं को ध्यान में रखना महत्वपूर्ण है।

आदर्श रूप से, पूंजीवादी व्यवस्था पूंजी द्वारा श्रम के शोषण के आधार पर एक नया विभेदीकरण पदानुक्रम बनाती है। हालाँकि, ऐसी सभ्यताएँ जो अन्य तरीकों को पूरी तरह से त्यागने के लिए उत्पादन का एक ही तरीका प्रदर्शित करती हैं—यानी, अपने "शुद्ध" रूप में—शायद ही कभी मौजूद होती हैं। एक सभ्यता में, जैसा कि भारत में है, कई उत्पादन के तरीके सह-अस्तित्व में हो सकते हैं और होते भी हैं, जिसमें "एक प्रमुख होता है, यानी समाज के बुनियादी संबंधों को नियंत्रित करता है"। इस प्रकार, समकालीन भारत में जातिविहीन समाज के लिए यह बहुत अधिक माँग होगी, जहाँ पूर्व-पूंजीवादी तत्व अभी भी प्रबल हैं और पूंजीवाद को औद्योगिक क्रांति (समाजवादी या पूंजीवादी) के बिना पेश किया गया था। मीलासॉक्स ने स्पष्ट रूप से दिखाया है कि विकासशील देशों में पूंजीपति इन पूर्व-पूंजीवादी प्रणालियों का उपयोग "सुपर शोषण" के लिए करते हैं क्योंकि वे "सामाजिक सुरक्षा के कार्यों" को नहीं लेना चाहते हैं। पूंजीवादी शोषण की अनिश्चितता के कारण, इसलिए गाँव, कबीले, जाति और सामंती प्रभु के पारंपरिक संबंध टूटने के बजाय मजबूत हुए। सामंती युग के दौरान, कुछ ही भूस्वामियों के पास अधिकांश भूमि थी, जो सामाजिक-राजनीतिक प्राधिकरण आधार और धन के संकेतक दोनों के रूप में कार्य करती थी। इससे अधिक व्यावसायिक विशेषज्ञता का परिणाम हुआ, साथ ही मध्यम और निम्न वर्गों के बीच सामाजिक मानदंडों और आर्थिक आदान-प्रदान को विकसित करने की आवश्यकता भी हुई। अंततः, वर्ण व्यवस्था की उत्पत्ति पर एक करीबी नज़र—आर्यों द्वारा विजय जिन्होंने मूल आबादी को गुलाम बनाया—हमें सख्त अंतर्जातीय प्रतिबंधों और "प्राकृतिक श्रेष्ठता" औचित्य को समझने में मदद करेगी जो जातियों को प्रेरित करती है। इन दोनों समूहों के बीच एक स्पष्ट नस्लीय विभाजन था, जिसने स्वदेशी जनजातियों की अधीनता के लिए एक आसान औचित्य प्रदान किया—विशेष रूप से, रंग का रूपक। "प्राकृतिक श्रेष्ठता" का विचार और इसे पवित्र करने वाले संस्कार केवल इसी कारण से भारतीय समाज में गहराई से समाए हुए थे; इस मिथक की प्रासंगिकता को अक्सर अनदेखा कर दिया जाता है। साहित्य का अवलोकन भारत में जाति व्यवस्था की उत्पत्ति और विशिष्टताओं को समझने के लिए, साथ ही इसकी विशिष्टताओं और अस्तित्व के मुख्य कारणों पर कुछ प्रकाश डालने के लिए, हमने वर्ण और अती को उत्पादन के तरीके से जोड़ने का प्रयास किया है। हमारा शोध यह भी दर्शाता है कि वर्ण व्यवस्था की वैचारिक संरचना को सामान्य रूप से व्यवस्था और विशेष रूप से अती की कठोरता और कर्मकांड को समझने के लिए उस युग की सामाजिक-आर्थिक संरचनाओं की विशिष्ट विशेषताओं के संबंध में समझना चाहिए। इस प्रकार, हम श्रीनिवास के इस सिद्धांत से असहमत हैं कि यदि वर्ण मॉडल को नजरअंदाज कर दिया जाए तो जाति संरचना समझ में आती है। इस तथ्य के बावजूद कि "वे समाज का एक अभिन्न अंग हैं," श्रीनिवास का दावा है कि अछूतों का वर्ण व्यवस्था में कोई स्थान नहीं है। भारत की अनूठी प्रासंगिक परिस्थितियों पर चर्चा करना महत्वपूर्ण है, जिसने अलग-अलग आर्थिक संरचनाओं को जन्म दिया, जिन्होंने विभिन्न आर्थिक युगों के तहत जाति व्यवस्था और वर्ण/अती के लिए आधार के रूप में कार्य किया, जिन्हें आमतौर पर उत्पादन के एशियाई और सामंती तरीके कहा जाता है। यह रणनीति भारतीय समाज को शाश्वत गतिरोध और कालातीतता की स्थिति में ले जाने के यूरोकेन्द्रित प्रयासों के विरुद्ध पूर्वाग्रह को कम करेगी। अंततः, इस अध्ययन से भारतीय इतिहास के एक निर्णायक काल के दौरान उत्पादन की एशियाई पद्धति और सामाजिक संरचना पर इसके प्रभुत्व पर पुनर्विचार की उम्मीद है।

7.17 अभ्यास के लिए मॉडल प्रश्न

- भारतीय राजनीतिक विचारों में वर्ण और जाति के अर्थ, अर्थ और विशेषताओं पर चर्चा करें।
- वर्ण ने जाति को एक सैद्धांतिक रूपरेखा दी जो भारतीय सामाजिक व्यवस्था का वास्तविक और व्यावहारिक आधार था; कथन के आलोक में भारतीय सामाजिक व्यवस्था में वर्ण और जाति की भूमिका पर चर्चा करें।
- वर्ण और जाति दोनों के लिए जाति के उपयोग ने भारतीय सामाजिक व्यवस्था में वर्ण और जाति की अलग-अलग उत्पत्ति और भूमिका को भ्रमित (भ्रमित) कर दिया है।
- समतावादी संविधान के बावजूद, जाति अभी भी भारतीय सामाजिक व्यवस्था की एक वास्तविकता है; क्या आप सहमत हैं? अपने विचारों के समर्थन में तर्क दें।

REFERENCES

Beni Prasad, *The state in Ancient India*, Prayagraj, The Indian Press limited, 1928.

Dipankar Gupta, "From Varna to to Jati: The Indian Caste system: from Asiatic to the Feudal Mode of Production", *Journal of Contemporary Asia*, Vol. 10: 3, 2008, pp. 249–271

Nicholas B. Dirks, *Castes of Mind: Colonialism and the Making of Modern India*, Princeton, NJ: Princeton University Press, 2001, pp. 63–80.

P. Sharan, *Ancient Indian Political Thought and Institutions*, Meenakshi Prakashan, Merrut, 1978.

Ram Sharan Sharma, *Economic and social history of early India*, Hindi Medium implementation Directorate, New Delhi, 2011, pp. 43–45.

Ram Sharan Sharma, *Aspects of Political Ideas and Institutions in Ancient India*, Motilal Banarsidass Publishers Private Ltd, 2001. pp. 233.

Sudhakar Chattopadhyaya, 'Jati and Varna (Caste System) in 'Social Life in Ancient India', Academic Publishers, Calcutta, 1965, pp. 5–25.

शब्दावली

दंड (अधिकार का एक प्राचीन प्रतीक) दंड के लिए हिंदू शब्द है। प्राचीन भारत में, दंड आमतौर पर शासक द्वारा स्वीकृत किए जाते थे। दंड अपराधी को उसके द्वारा किए गए धर्म के उल्लंघन को सही करने का एक तरीका प्रदान करता है।

धर्म व्यक्ति का नैतिक मूल्य है। यह नैतिक आचार संहिता से जुड़ा है या राजा के कर्तव्यों और मनुष्यों की धार्मिक मान्यताओं का एक समूह हो सकता है। धर्म उन शाश्वत नियमों को दर्शाता है जो दुनिया को बनाए रखते हैं।

धर्मशास्त्र (संस्कृत: धर्मशास्त्र) कानून और आचरण पर संस्कृत ग्रंथों की एक शैली है, और धर्म पर ग्रंथों (शास्त्रों) को संदर्भित करता है। धर्मसूत्र के विपरीत जो वेदों पर आधारित हैं, ये ग्रंथ मुख्य रूप से पुराणों पर आधारित हैं। कई धर्मशास्त्र हैं, जिनकी संख्या 18 से लेकर लगभग 100 तक होने का अनुमान है, जो अलग-अलग और परस्पर विरोधी दृष्टिकोण रखते हैं। इनमें से प्रत्येक ग्रंथ कई अलग-अलग संस्करणों में मौजूद है, और प्रत्येक की जड़ें 1 सहस्राब्दी ईसा पूर्व के धर्मसूत्र ग्रंथों में हैं जो वैदिक युग में कल्प (वेदांग) अध्ययनों से उभरे हैं।

मनु-संहिता, जो मानव जाति का कानून है। मनुस्मृति जिसे मानव-धर्मशास्त्र के रूप में भी जाना जाता है, वैदिक समाज की धर्मशास्त्र पाठ्य परंपरा का सबसे महत्वपूर्ण और सबसे पुराना छंदात्मक कार्य है।

मत्स्य-न्याय एक प्राचीन भारतीय दर्शन है जो मछली के कानून के सिद्धांत को संदर्भित करता है। इसे प्रकृति के मौलिक नियम के रूप में वर्णित किया गया है, जिसे कहावत द्वारा समझाया गया है कि बड़ी मछली छोटी मछली को खा जाती है, इसलिए मजबूत कमजोर को खा जाता है। इसे जंगल के कानून के बराबर माना जा सकता है। सरल शब्दों में, जब अव्यवस्था होती है तो मजबूत कमजोर पर हावी हो जाता है। नीति (नैतिक कानून) में दिए गए प्राचीन भारतीय राजनीतिक विचार में कहा गया है कि मत्स्य न्याय (बड़ी मछली छोटी मछली को निगल जाती है), जो कि प्रकृति का एक दोष है, को समाप्त किया जाना चाहिए।

मीमांसा एक संस्कृत शब्द है जिसका अर्थ है "चिंतन" या "आलोचनात्मक जांच" और इस प्रकार यह चिंतन की एक परंपरा को संदर्भित करता है जो कुछ वैदिक ग्रंथों के अर्थों पर आधारित है। इस परंपरा को पिरता मीमांसा के रूप में भी जाना जाता है क्योंकि यह अनुष्ठान क्रियाओं से संबंधित

पहले (पुरोआ) वैदिक ग्रंथों पर केंद्रित है, और इसी तरह कर्म-मीमांसा के रूप में भी जाना जाता है क्योंकि यह अनुष्ठान क्रिया (कर्म) पर केंद्रित है। यह हिंदू धर्म के छह वैदिक "पुष्टि" (आस्तिक) स्कूलों में से एक है।

मोक्ष का शाब्दिक अर्थ है संसार से मुक्ति। मुक्ति या रिहाई की यह अवधारणा हिंदू धर्म, बौद्ध धर्म और जैन धर्म सहित धार्मिक परंपराओं के एक विस्तृत स्पेक्ट्रम द्वारा साझा की जाती है। मोक्ष को भारतीय दर्शन और धर्म में मुक्ति भी कहा जाता है, मृत्यु और पुनर्जन्म (संसार) के चक्र से मुक्ति।

निकाय पाली शब्द है जिसका अर्थ है "मात्रा"। जिसका अर्थ पाली और संस्कृत दोनों में "संग्रह", "सभा", "वर्ग" या "समूह" है। इसका सबसे अधिक उपयोग पाली बौद्ध ग्रंथों त्रिपिटक के संदर्भ में किया जाता है, जो सुत्त पिटक में पाए जाते हैं।

प्रायश्चित संस्कृत शब्द है जिसका अर्थ है "प्रायश्चित, तपस्या, शुद्धि"। हिंदू धर्म में, यह एक धर्म-संबंधी शब्द है और इसका अर्थ है स्वेच्छा से अपनी गलतियों और गलत कामों को स्वीकार करना, स्वीकारोक्ति, पश्चाताप, कर्म के परिणामों को पूर्ववत या कम करने के लिए प्रायश्चित करना। इसमें जानबूझकर और अनजाने में किए गए गलत कामों के लिए प्रायश्चित शामिल है। पश्चाताप और प्रायश्चित पर प्राचीन हिंदू साहित्य व्यापक है, जिसका सबसे पहला उल्लेख वैदिक साहित्य में मिलता है। पुरुष सूक्तम (संस्कृत पुरुषसूक्तम्) ऋग्वेद का भजन है, जो पुरुष, "ब्रह्मांडीय प्राणी" को समर्पित है। यह शुक्ल यजुर्वेद संहिता और अथर्ववेद संहिता में भी पाया जाता है।

सदाचार से तात्पर्य ऐसे व्यवहार से है जो नैतिक रूप से सही व्यवहार या सोच, धार्मिकता, ईमानदार और सम्माननीय हो।

शुक्रनीति धर्मशास्त्र का एक हिस्सा है और इसे शुक्राचार्य की नैतिकता प्रणाली माना जाता है। यह शासन के विज्ञान पर एक ग्रंथ है, जो राजनीति विज्ञान के सिद्धांतों को लागू करने के माध्यम से नैतिकता को बनाए रखने की दिशा में संरचित है। शुक्रनीति नैतिकता पर ध्यान केंद्रित करती है, जिस पर यह जोर देती है कि यह लोगों और राज्य (राज्य) के समग्र कल्याण के लिए आवश्यक है। इस प्रकार यह मानव गतिविधि के आर्थिक, सामाजिक और राजनीतिक पहलुओं को विनियमित करने का प्रयास करता है।

ऐतरेय ब्राह्मण ऋग्वेद की शाकल शाखा का ब्राह्मण है, जो पवित्र भजनों का एक प्राचीन भारतीय संग्रह है। ऐतरेय उपनिषद का पहला अध्याय दुनिया के निर्माण की व्याख्या करता है। इसमें कहा गया है कि सभी जीवित प्राणी स्वयं से उत्पन्न होते हैं और उनकी इच्छा लोगों के साथ की होती है। इसमें यह भी कहा गया है कि जब जीवात्मा पुरुष की रचना हुई, तो उसने अंगों को अलग करके पवित्र बनाया। आर्य ब्राह्मण ऋग्वेद के शुक्ल पक्ष का एक प्राचीन भारतीय ग्रन्थ है। परंपरा के अनुसार, इस कार्य का श्रेय महिदास ऐतरेय को दिया जाता है।

अवेस्ता पारसी धर्म के धार्मिक ग्रंथों का प्राथमिक संग्रह है, जो अवेस्तान भाषा में रचित है। अवेस्ता ग्रंथ कई अलग-अलग श्रेणियों में आते हैं, जिन्हें या तो बोली के अनुसार या उपयोग के अनुसार व्यवस्थित किया जाता है। धार्मिक समूह में मुख्य ग्रंथ यास्ना है, जिसका नाम यास्ना समारोह से लिया गया है, जो पारसी धर्म की पूजा का प्राथमिक कार्य है, और जिसके दौरान यास्ना का पाठ किया जाता है।

ब्रह्म पुराण संस्कृत भाषा में हिंदू ग्रंथों के अठारह प्रमुख पुराण संग्रहों में से एक है। इसे सभी संकलनों में प्रथम महा-पुराण के रूप में सूचीबद्ध किया गया है, और इसलिए इसे आदि पुराण भी कहा जाता है। इस ग्रंथ का एक अन्य शीर्षक सौर पुराण है, क्योंकि इसमें सूर्य या सूर्य देवता से संबंधित कई अध्याय शामिल हैं। ब्रह्म पुराण वास्तव में भौगोलिक महात्म्य (यात्रा मार्गदर्शिका) और विविध विषयों पर अनुभागों का संकलन मात्र है।

संस्कृत में लिखा गया **धर्मशास्त्र साहित्य** 5,000 से अधिक शीर्षकों वाला है। इसे तीन श्रेणियों में विभाजित किया जा सकता है: (1) सूत्र (संक्षिप्त कहावतें), (2) स्मृतियाँ (छंदों में छोटे या लंबे ग्रंथ), और (3) निबंध (विभिन्न तिमाहियों से स्मृति छंदों का सारांश) और वृत्ति (व्यक्तिगत सतत स्मृतियों पर टिप्पणियाँ)। निबंध और वृत्ति, कानूनी सलाहकारों के लिए अभिप्रेत न्यायिक कार्य, भिन्न-भिन्न सूत्रों और स्मृतियों को सुसंगत बनाने में काफी सहायता करते हैं।

कामंदक का नीतिसार, जिसे कामंदकीय-नीतिसार के नाम से भी जाना जाता है, गुप्त वंश के काल में रचा गया था। यह कौटिल्य के अर्थशास्त्र पर आधारित था। नीतिसार (अनुवाद: राजकौशल का सार) या कामंदकी का नीतिसार, राजनीति और शासन कला पर एक प्राचीन भारतीय ग्रंथ है। इसे कामन्दक कमंदक ने लिखा था, जिसे कामन्दकी या कामन्दकीय के नाम से भी जाना जाता था, जो चाणक्य का शिष्य था।। इसमें 19 खंड हैं। यह कार्य पाटलिपुत्र के चंद्रगुप्त को समर्पित है। विद्वानों का अनुमान है कि यह कार्य हितोपदेश के अनुरूप बनाया गया था। कामन्दकीय नीतिसार को मौर्योत्तर ग्रंथ माना जाता है क्योंकि इसमें मौर्य सम्राट चंद्रगुप्त का नाम लिया गया है। नीतिसार में 20 सर्ग (अध्याय) और 36 प्रकरण हैं। *यह कौटिल्य के अर्थशास्त्र पर आधारित* है और सामाजिक व्यवस्था के सिद्धांत, राज्य की संरचना, शासक के दायित्व, सरकारी संगठन, सरकार के सिद्धांत और नीतियाँ, अंतरराज्यीय संबंध, दूतों और जासूसों की नैतिकता, विभिन्न राजनीतिक उपायों का प्रयोग, युद्ध की विभिन्न शैलियाँ, नैतिकता के प्रति दृष्टिकोण आदि जैसे विभिन्न सामाजिक तत्वों से संबंधित है।

Bibliography

A.S. Altekar, "Origin and Types of the State" in State and Government in Ancient India, Motilal Banarsidass, Banaras, 1949, pp. 12–23.

Aiyanagar, K.V.R., (1932), Aspects of the Hindu View of Life: According to the Dharmasastra, Baroda.

Amartya Sen, "Introduction" in The Idea of Justice, Harvard University Press, 2009 Sarkar, Benoy Kumar Political Institutions, and theories of comparative Politics, pp. 158–162.

Annie Besant, *Dharma,* Theosophical Publishing House, Madras, 1964, p. 1.

Anthony D. Smith, *National Identity*, Penguin, London, 1991, p. 43.

Ashutosh Dayal Mathur, *Medieval Hindu Law: Historical Evolution and Enlightened Rebellion,* Oxford University Press, 2007.

Benedict Anderson, *Imagined Community*, Verso, New York, 1983, p. 55.

Beni Prasad, The State in Ancient India: Study in the Structure and Practical Working of Political Institutions in North India in Ancient Times, The Indian Press, Allahabad, 1928, pp. 1–16.

Benoy Kumar Sarkar, "The Hindu Theory of the State", *Political Science Quarterly*, Vol. 36, No. 1 (March 1921), pp. 79–90.

Bhardwaj, H.C. (1979), Aspects of Ancient Indian Technology, Delhi.

C.E. Bosworth, "An Early Arabic Mirror for Princes: Ṭāhir Dhū l-Yamīnain's Epistle to His Son Abdallāh (206/821)," *Journal of Near Eastern Studies*, Jan., 1970, Vol. 29, No. 1 (Jan., 1970), pp. 25–41.

Chakladar, H.C. (1929), Social life in Ancient India: Studies in Vatsysyana are Kamasutra, Calcutta.

Charles Tilly, 'Reflections on the History of European state-making' in Tilly, C. (ed.), *The formation of National States in Europe*, Princeton University Press, Princeton, 1975, p. 42.

Clifford Angell Bates, "The Trajectory of Machiavelli's Concept of State in Early Modern Politics," *Dialogi Polityczne*, November, 2022, 1(32), pp. 9–10.

Clifford Angell Bates, "The Trajectory of Machiavelli's Concept of State in Early Modern Politics," *Dialogi Polityczne*, November, 2022, 1(32), p. 7.

Dipankar Gupta, "From Varna to Jati: The Indian Caste System, from the Asiatic to the Feudal Mode of Production", *Journal of Contemporary Asia*, Vol. 10: 3, 2008. pp. 249–271.

Donald R. Davis Jr, "*Rectitude and Rehabilitation (danda) in the Spirit of Hindu Law*, Cambridge University Press, N.Y., 2010, pp. 128–143.

Gavin Flood, *An Introduction to Hinduism*, Cambridge University Press, Cambridge, 1996, p. 56.

George H. Sabine, "The Concept of the State as Power," *The Philosophical Review* , July 1920, Vol. 29, No. 4 (July 1920), p. 302.

Ghoshal U.N., A History of Hindu Political theory OUP: London, 1983, pp. 213–222, 247–259.

H.N. Sinha, 1938, Sovereignty in Ancient Indian Polity, London, Luzacc and Company.

Hermann Kulke, (ed.), *The State in India 1000–1700*, OUP, Delhi, 1995.

J. Crawford, *The Creation of States in International Law*, 2nd edition, Claredon Press, 2006, p. 4.

J.D.B. Miller, *A World of States*, Croom Helm, London, 1981.

J. Duncan Derrett, "Two Inscriptions Concerning the Status of Kammalas and the Application of Dharmaśāstra" in *Essays in Classical and Modern Hindu Law,* Vol. 1, Leiden E.J. Brill, 1976.

Jagadish P. Sharma, "Non-Monarchical Governments in Vedic India" Republics in Ancient India. Brill, Leiden, 1968, pp. 15–60.

James L. Fitzgerald, "*Dharma* and its Translation in the *Mahābhārata*" in Patrick Olivelle (ed.), *Dharma: Studies in its Semantic, Cultural and Religious History,* Motilal Banarsidass Publishers Private Limited, Delhi, 2009.

Joel P. Brereton, "*Dharman* in the *Ṛigveda*", in Patrick Olivelle (ed.), *Dharma: Studies in its Semantic, Cultural and Religious History,* Motilal Banarsidass Publishers Private Limited, Delhi, 2009.

John Brockington, "The Concept of *Dharma* in the *Rāmāyaṇa*" in Patrick Olivelle (ed.), *Dharma: Studies in its Semantic, Cultural and Religious History,* Motilal Banarsidass Publishers Private Limited, Delhi, 2009.

John Dunn, *The Cunning of Unreason*, Harper Collins, New York, 2000, p. 66.

John E. Tashjean, "On Theory of Statecraft," *The Review of Politics* , July 1973, Vol. 35, No. 3 (July 1973), p. 379.

John E. Tashjean, "On Theory of Statecraft," *The Review of Politics* , July 1973, Vol. 35, No. 3 (July 1973), p. 378.

John Ross Carter, Traditional Definitions of the Term "Dhamma" Philosophy East and West, Vol. 26, No. 3 (July 1976), pp. 329–337.

Joseph Strayer, *Feudalism*, Van Nostrand, Princeton, 1965, p. 30.

K.P. Jayaswal (1924), Hindu Polity, Calcutta.

K.P. Jayaswal (1955), Hind Polity, Bangalore Printing and Publishing Company Limited.

Louise Marlow (ed.), Medieval Muslim Mirrors for Princes: An Anthology of Arabic, Persian and Turkish Political Advice, Cambridge University Press, 2023.

Margaret Chatterjee, "The Concept of Dharma" in M.C. Doeser and J.N. Kraay (eds.) Facts and Values, Philosophical reflections from Western and Non-Western Perspectives, Martinus Nijhoff Publishers, Dordrecht, 1986, pp. 177–188.

Nicholas B. Dirks, Castes of Mind: Colonialism and the Making of Modern India, Princeton, NJ: Princeton University Press, 2001, pp. 63–80.

Olle Qvarnstrom, "*Dharma* in Jainism—A Preliminary Survey" in Patrick Olivelle (ed.), *Dharma: Studies in its Semantic, Cultural and Religious History,* Motilal Banarsidass Publishers Private Limited, Delhi, 2009.

Partha Chatterjee, "All Nations are Modern" in The Truths and Lies of Nationalisms: As narrated by Charvak, Permanent Black, 2021. pp. 5–25.

Patrick Olivelle (ed.), *Dharma: Studies in its Semantic, Cultural and Religious History,* Motilal Banarsidass Publishers Private Limited, Delhi, 2009.

Patrick Olivelle (ed.), *Dharma: Studies in its Semantic, Cultural and Religious History*, Motilal Banarsidass Publishers Private Limited, Delhi, 2009, p. 85.

Patrick Olivelle (tr.), *Manu's Code of Law: A Critical Edition and Translation of the Mānava Dharmaśāstra,* Oxford University Press, New Delhi, 2004.

Patrick Olivelle, "Dharmaśāstra: A Textual History", in Timothy Lubin, Donald R. Davis Jr. and Jayanth K. Krishnan (ed.), *Hinduism and Law: An Introduction*, Cambridge University Press, U.K., 2010, p. 31.

Patrick Olivelle, "Semantic History of *Dharma*: Middle and Late Vedic Periods", in Patrick Olivelle (ed.), *Dharma: Studies in its Semantic, Cultural and Religious History,* Motilal Banarsidass Publishers Private Limited, Delhi, 2009.

Paul Horsch, "From Creation Myth to World Law" in Patrick Olivelle (ed.), *Dharma: Studies in its Semantic, Cultural and Religious History,* Motilal Banarsidass Publishers Private Limited, Delhi, 2009.

Prasad, Beni (1927), Theory of Government in Ancient India (post-Vedic), Abhijeet publications, New Delhi Jayaswal, K.P. (2013), Hindu Polity, Vishvabharti Publications, New Delhi.

Quentin Skinner, 'The State' in Ball, T., Farr, J. and Hanson, R. (eds.), Political innovation and conceptual change: Cambridge University Press, Cambridge, 1989, p. 326.

R.K. Mukherji (1992), Local self-government in Ancient India, Oxford.

R.S. Sharma, "Sabha and Samiti" in *Aspects of Political Ideas and Institutions in Ancient India*, Motilal Banarsidass Publishers, Delhi 1999, reprint. pp. 105–118.

Radha Krishna Choudhry, "Theory of Punishment in Ancient India", in Proceedings of the Indian History Congress, Vol. 10, 1947, pp. 166–171.

René Grotenhuis, *Nation-Building as Necessary Effort in Fragile States*, Amsterdam University Press, 2016, p. 33.

René Grotenhuis, *Nation-Building as Necessary Effort in Fragile States*, Amsterdam University Press, 2016, p. 28.

Richard Devetak, The Modern State, in Richard Devetak, Anthony Burke, Jim George (eds.), *An Introduction to International Relations*, Cambridge University Press, Cambridge, p. 138.

Richard W. Lariviere, "Dharmaśāstra, Custom, 'Real Law' and 'Apocryphal' *Smṛtis*", in Patrick Olivelle (ed.), *Dharma: Studies in its Semantic, Cultural and Religious History,* Motilal Banarsidass Publishers Private Limited, Delhi, 2009.

Robert Lingat, *The Classical Law of India*, Munshiram Manoharlal Publishers Pvt. Ltd., 1993.

Robin Waterfield, *Plato of Athens: A Life in Philosophy*, Oxford University Press, New York, 2023.

Rupert Gethin, "He who sees Dhamma sees Dhammas: Dhamma in Early Buddhism" in *Journal of Indian Philosophy*, Vol. 32, No. 5/6 (December 2004), pp. 513–542.

Rupert Gethin titled "He Who Sees *Dhamma* Sees *Dhammas*: *Dhamma* in Early Buddhism" in Patrick Olivelle (ed.), *Dharma: Studies in its Semantic, Cultural and Religious History,* Motilal Banarsidass Publishers Private Limited, Delhi, 2009.

Saletore, Bhasker Anand (1963), Ancient Indian Political Thought and Institutions, Asia Publishing House, Bombay.

Sharma, R.S. (2005), Aspects of Political Ideas and Institutions in Ancient India, Motilal Banarsidass, New Delhi.

Sudhakar Chattopadhyaya, "Jati and Varna (Caste System)", in *Social Life in Ancient India*, Academic Publishers, Calcutta, 1965, pp. 7–29.

Sushma Yadav and Ram Avtaran Sharma (2000), Indian State: Origin and Development, AAkaar Publications, Delhi.

U.N. Ghosal (1923), *A History of Indian Political Theories*, Calcutta.

Vedprakash Arya and Manohar G. Metre, *Ancient Indian Political Ideas and Institutions*, Current Publications, 2003.

Wendy Doniger and Brian K. Smith (tr.), *The Laws of Manu*, Penguin Books, 1990.

Werner Menski, *Hindu Law: Beyond Tradition and Modernity*, Oxford University Press, New Delhi, 2003.

अनुक्रमणिका

अग्ना सुत्त, 15
अज्ञानता के परदे, 91
अमर्त्य सेन, 93
अरस्तू, 88
अर्थशास्त्र, 14, 115
अवेस्ता, 25
अशोक, 49
अशोक के शिलालेख, 50
आइडिया ऑफ जस्टिस, 94
आनुपातिक दंड, 66

इमेजिन्ड कम्युनिटीज, 130
इसोक्रेट्स, 5

ऋग्वेद, 137
ऋग्वेदिक काल, 106
ऋग्वेदिक युग, 107

ए. एस. अल्तेकर, 83, 125
एंथनी डी. स्मिथ, 3
एम. एन. श्रीनिवास, 137
एम. विलियम्स, 137

ओरिएंटल निरंकुशता, 28
ओलिवेल, 38
ओले क्वार्नस्ट्रोम, 38

कणादकी, 76
कामंदक का नीतिसार, 76
कौटिल्य, 9, 64, 74, 75
कौटिल्य का अर्थशास्त्र, 16, 72
क्रिस ब्राउन, 94

क्षत्रिय, 142

गैर-राजतंत्रीय, 108
गौतम संहिता, 86
ग्रामणी, 105
ग्रैबमैन, 37

चार्ल्स टिली, 3
चित्तपावन, 149

जगदीश पी. शर्मा, 108
जाति, 141, 144, 150
जीन बोडिन, 2
जेम्स एल. फिट्ज़गेराल्ड, 39
जैन धर्म, 18
जॉन ब्रॉकिंगटन, 39
जॉन रॉल्स, 89
जॉन रॉस कार्टर, 43
जॉन लॉक, 88

डेविड गौथियर, 90
डोनाल्ड आर. डेविस, 57
डोनाल्ड आर. डेविस जूनियर, 62, 66

थ्योरी ऑफ जस्टिस, 94
थेरवाद, 43
थॉमस हॉब्स, 2

दंड, 13, 56, 58, 61, 64, 66, 67, 68, 79
दंड नीति, 61, 62, 87
दंड प्रशासन, 66
दण्ड पुनर्वास, 66
दण्ड व्यवस्था, 79
दिव्य अधिकार, 23
दीपांकर गुप्ता, 137, 153, 154

धम्म, 41–44, 46–48, 52
धर्म, 33–36, 41–44, 48, 52
धर्म और विधि, 116
धर्म शास्त्र, 80, 136

निकाय, 45
निकोलस डर्क्स, 137, 153
निकोलो मैकियावेली, 1
निवारक दण्ड व्यवस्था, 65
नीति, 77
नीतिशास्त्र, 77
नेशनलिटी, 117
नैतिक संहिता, 83
न्याय के मूल सिद्धांत, 92
न्याय, 70, 71, 72, 88, 94
न्याय पद्धति, 80

पारलौकिक संस्थागतवाद, 93, 95
पार्थ चटर्जी, 123, 129
पैट्रिक ओलिवेल, 35, 36
पॉल होर्श, 37
प्रक्रियात्मक न्याय और तात्त्विक न्याय, 78
प्रतिशोध, 68
प्रतीकात्मक दण्ड व्यवस्था, 65
प्रोफेसर कीथ, 27
प्लेटो, 88

बेंजामिन, 67
बेनी प्रसाद, 6, 28
बेनॉय कुमार, 7
बौद्ध धम्म, 52
बौद्ध धर्म, 18
ब्रह्म पुराण, 140
ब्राह्मण, 142

मंडल सिद्धांत, 78
मज्जिम निकाय, 120
मत्स्य न्याय, 8, 11, 12, 120
मनु, 13
मनु की संहिता, 79
मनुस्मृति, 14, 15, 23, 40, 60, 113, 136
महाजनपद, 18
महाभारत, 16, 99
माता भूमिपुत्रोहमपृथ्व्याः, 120
मार्गरेट चटर्जी, 48
मुख्य कुलीन, 112
मूल स्थिति, 91
मृच्छकटिकम्, 84
मैथिल, 150
मोंटेवीडियो कन्वेंशन, 1
मोनियर विलियम्स, 117

याज्ञवल्क्य स्मृति, 73

रजनी कोठारी, 137
रणवीर चक्रवर्ती, 116
राजधर्म, 77
राजन, 104
राजन सभा, 103
राज्य, 122, 124
राज्य का हिंदू सिद्धांत, 11
राष्ट्र, 117, 121, 124
राष्ट्र-राज्य, 125, 127
राष्ट्रवाद, 118
रिचर्ड डब्ल्यू, 39
रूपर्ट गेथिन, 38, 44, 47
रॉबर्ट नोज़िक, 90
रॉल्स, 92
रोनाल्ड ड्वॉर्किन, 90
रोमिला थापर, 50

लेविथान, 2

वज्जियन संघ, 107, 108
वर्ग और वर्ण, 135
वर्ण, 141
वर्ण और जाति, 153

वसुधैव कुटुम्बकम, 120
विधाता, 104
वी.एम. आप्टे, 113
वेंडी डोनिगर, 35
वैश्य, 143

शतपथ ब्राह्मण, 116, 125
शतपथ और ऐतरेय ब्राह्मण, 116
शांति पर्व, 14
शाक्य साम्राज्य, 120
शुक्राचार्य, 83
शूद्र, 143
शोषण दंड, 65

षाड्गुण्य नीति, 78

संवैधानिक राजतंत्र, 22
सप्त सिंधु, 25
सप्तांग सिद्धांत, 14, 77
सभा और समिति, 101, 102, 103, 111
समतावादी समुदाय, 90
समिति, 101, 102, 103, 106
समिति विधाता, 103
सर ऑरेल स्टीन, 25
सर्वधर्म समभाव, 117
सावरकर, 128
सामााजिक अनुबंध, 15
सुधारात्मक दण्ड व्यवस्था, 65
सेट्टी, 150
स्मृतियाँ, 88

हिंदू न्यायशास्त्र, 95
हिंदू राज्य की अवधारणा, 6
हिंदू राष्ट्र, 128